Nathschläger

Existenzielle Soziale Arbeit

Johannes Nathschläger

Existenzielle Soziale Arbeit

Verlag Julius Klinkhardt
Bad Heilbrunn • 2023

In dankbarer Erinnerung an Dr. Otto Zsok

Die Veröffentlichung wurde gefördert aus dem Open-Access-Publikationsfonds der Katholischen Hochschule Nordrhein-Westfalen.

Dieser Titel wurde in das Programm des Verlages mittels eines Peer-Review-Verfahrens aufgenommen. Für weitere Informationen siehe www.klinkhardt.de.

Bibliografische Information der Deutschen Nationalbibliothek
Die Deutsche Nationalbibliothek verzeichnet diese Publikation in der Deutschen Nationalbibliografie; detaillierte bibliografische Daten sind im Internet abrufbar über http://dnb.d-nb.de.

2023.kg. Verlag Julius Klinkhardt.
Coverabbildung: © Supermelon, Adobe Stock.
Satz: Kay Fretwurst, Spreeau.

Druck und Bindung: AZ Druck und Datentechnik, Kempten.
Printed in Germany 2023. Gedruckt auf chlorfrei gebleichtem alterungsbeständigem Papier.

ISBN 978-3-7815-6039-0 digital doi.org/10.35468/6039

ISBN 978-3-7815-2596-2 print

Zusammenfassung

Wie finde ich Sinn in meinem Leben? Wie frei kann ich in meinem Leben entscheiden und handeln? Wie gehe ich mit Leid, Schuld und Tod um? Wie führe ich ein authentisches Leben?

Unter Rückgriff auf einige der großen Denker der Existenzphilosophie wie Jean-Paul Sartre und Martin Heidegger unternimmt Johannes Nathschläger den Versuch zu zeigen, wie diese und andere existenziellen Fragen in den vielfältigen Handlungsfeldern der Sozialen Arbeit eine „Querschnittsaufgabe“ darstellen, die bislang – vor allem im deutschsprachigen Raum – merkwürdigerweise nur wenig Beachtung fand. Dieser Herausforderung muss sich die Soziale Arbeit als Profession und wissenschaftliche Disziplin gleichermaßen stellen und dazu passende Methoden entwickeln und anwenden. Anregungen hierzu kann sie u.a. bei der existenziell orientierten Psychotherapie eines Irvin Yalom oder Viktor Frankl erhalten. Dieses Buch möchte hierzu eine Debatte anstoßen und richtet sich daher gleichermaßen an Fachkräfte, Studierende und Lehrende der Sozialen Arbeit.

Abstract

How do I find meaning in my life? How freely can I decide and act in my life? How do I deal with suffering, guilt and death? How do I live an authentic life?

Drawing on some of the great thinkers of existential philosophy, such as Jean-Paul Sartre and Martin Heidegger, Johannes Nathschläger makes an attempt to show how these and other existential questions represent a „cross-sectional-task" in the diverse fields of action of social work, which has so far - especially in the German-speaking world - strangely received little attention. Social work as a profession and scientific discipline must face this challenge in equal measure and develop and apply appropriate methods for it. The existentially oriented psychotherapy of Irvin Yalom or Viktor Frankl, among others, can provide inspiration for this. This book aims to initiate a debate on this topic and is therefore addressed equally to professionals, students and teachers of social work.

Inhaltsverzeichnis

Vorwort

Welchen Zweck oder welche Bedeutung hat mein Leben? Was ist der Sinn des Lebens angesichts der Unvermeidbarkeit des Todes? Was bedeutet es, frei zu sein? Wie kann ich authentisch leben? Und wie gehe ich mit Leid, Schuld und tragischen Ereignissen um?

Mit diesem Buch soll der Versuch unternommen werden, die Bearbeitung dieser und anderer *existenzieller* Probleme und Fragen als bislang nur wenig thematisierte Kernaufgabe der Sozialen Arbeit – quer durch viele Handlungsfelder – zu beschreiben und daraus das Konzept einer *existenziellen Sozialen Arbeit* abzuleiten.

Die grundlegende Bezugswissenschaft für dieses Vorhaben stellt die Philosophie dar. Für eine Theorie oder ein Konzept Sozialer Arbeit ist das eher ungewöhnlich, da man sich hier in der Regel eher an soziologischen oder psychologischen Theorien orientiert. In der *Existenzphilosophie* lassen sich jedoch zahlreiche Gedanken und Argumente finden, die dabei helfen, ebenjene existenziellen Fragen in ihrer Tiefe und Bedeutung zu verstehen. Sie bieten uns solcherart eine reichhaltige Reflexionsgrundlage für den theoretischen Diskurs wie auch die Praxis Sozialer Arbeit mit Menschen in unterschiedlichsten Lebenslagen.

Die Soziale Arbeit (hier v. a. bezogen auf den deutschsprachigen Raum) hat im Laufe ihrer Geschichte verschiedene Phasen durchlebt und in unterschiedlichen Theorien verschiedenste Bedeutungszuschreibungen erhalten. In den beiden wunderbaren Übersichtswerken *Klassische Theorien der Sozialen Arbeit* (2023) und *Zeitgenössische Theorien der Sozialen Arbeit* (2017) gelingt es Peter Hammerschmidt mit seinen jeweiligen Co-Autoren kompakt und gut verständlich darzustellen, wie sich der Theoriendiskurs entwickelt hat und welche Wendungen er im Lichte wechselnder politischer und gesellschaftlicher Verhältnisse vollzog. Ebenso verständlich, aber noch deutlich systematischer untersucht Helmut Lambers (2020) die Theorienlandschaft. Neben den genannten Werken liefern auch noch weitere Übersichtswerke mal mehr, mal weniger systematische Übersichten (z. B. Engelke, Borrmann und Spatschek 2018 oder May und Schäfer 2021).

Bei der Lektüre dieser Übersichtswerke gewinnt man schnell den Eindruck, dass der Diskurs auch in den letzten Jahren zu keinem Stillstand zu kommen scheint. Jede Zeit hat ihre Theorien darüber, was Soziale Arbeit ist, welche Funktion sie in der Gesellschaft einnimmt, was ihre Aufgaben sind und was nicht.

Die Handlungsfelder in denen Sozialarbeiterinnen und -pädagogen tätig sind, differenzieren sich immer weiter aus. Soziale Arbeit übernimmt immer wieder neue Aufgaben, wodurch sich auch ihre Identität und ihr Selbstverständnis stets im Wandel zu befinden scheinen. Jedenfalls findet Soziale Arbeit schon länger nicht mehr nur dort statt, wo soziale Probleme wie Armut oder Sucht konzentriert auftreten, sondern schlicht überall – und quer durch nahezu alle gesellschaftlichen Schichten: Im katholischen Gymnasium auf dem Land genauso wie im interkulturellem Frauentreff in der Großstadt. Im Sozialdienst des städtischen Krankenhauses und in der Werkstatt für Menschen mit Beeinträchtigungen. Im Jugendtreff wie in der Familienberatungsstelle. Im erlebnispädagogischen Kletterwald wie in der Weiterbildungsakademie für ehrenamtliche Helfer in Musik- und Kulturvereinen. Selbst Fußballklubs wie der FC Bayern beschäftigen Sozialarbeiter (etwa bei der Betreuung von Fanprojekten), globale Wirtschaftsunternehmen, wie etwa die Lufthansa oder VW, sowieso.

Doch gibt es im Angesicht dieser Breite an Handlungs- und Tätigkeitsfeldern noch so etwas wie gemeinsame Themen, die theoretisch rekonstruiert werden können – und zwar so, dass daraus im besten Falle auch ein gemeinsames Band beruflicher Identität abgeleitet werden kann?

Die vorweggenommene Antwort an dieser Stelle lautet schlicht: **Ja!** Es sind die Themen, die insbesondere in der ersten Hälfte des 20. Jahrhunderts von der Philosophie aufgegriffen wurden, genauer gesagt von der *Existenzphilosophie*: Sinn und Sinnlosigkeit, Isolation, Einsamkeit und das Ringen um eine authentische Lebensweise. Ebenso geht es um Freiheit, Verantwortung und Schuld sowie schließlich den Umgang mit Krankheit, Leid und Tod. Alle diese Themen sind dem spätmodernen Individuum zur Bewältigung auf seinem Lebensweg mit aufgegeben. Bei all diesen existenziellen Themen findet der Mensch sich auf sich selbst zurückgeworfen und muss Antworten finden um sein Leben selbstbestimmt führen zu können.

Das vorliegende Buch stellt den Versuch dar, unter Rückgriff auf die Existenzphilosophie eine theoretische Argumentation zu entwickeln, die bewusst an den genannten existenziellen Themen und Fragen ansetzt und sie als gemeinsame Zuständigkeit der Profession Sozialer Arbeit definiert. Damit hoffe ich, eine Debatte anstoßen zu können über eine erweiterte, *existenzielle Perspektive* bezüglich Aufgaben und Funktion Sozialer Arbeit im 21. Jahrhundert. Zur Zielgruppe zählen daher Studierende und Dozierende der Sozialen Arbeit – genauso aber natürlich auch Praktikerinnen und Praktiker in den unterschiedlichen Handlungsfeldern, die bereit und willens sind, sich in ihrer Arbeit mit Menschen auf eine tiefe, existenzielle Dimension menschlichen Lebens einzulassen.

Einleitung

Bevor ich 2016 eine Hochschulprofessur an der Katholischen Hochschule NRW in Münster annahm, war ich 12 Jahre lang in verschiedenen Handlungsfeldern der Sozialen Arbeit tätig. Vier Jahre davon arbeitete ich in einer ambulanten Einrichtung der Jugend- und Suchthilfe. Im Bezugsbetreuersystem haben meine Kollegen[1] und ich dort jeweils sechs bis acht junge Menschen nach erfolgter Entgiftung und stationärer Therapie auf ihrem Weg (zurück) in ein selbstbestimmtes Leben begleitet. Die Arbeitsweise brachte es mit sich, Klientinnen und Klienten oft über mehrere Jahre hinweg zu betreuen. Pro Woche fanden in der Regel mindestens zwei Kontakte statt – zumeist in Form von Einzelgesprächen. Es gab aber auch regelmäßige Gruppenangebote innerhalb der therapeutischen Wohngemeinschaften, in denen die jungen Menschen lebten.

Für mein eigenes Verständnis und meine berufliche Identität als Sozialpädagoge[2] war diese berufliche Station besonders prägend. Dies hatte zum einen mit der breiten Vielfalt an Themen zu tun, welche wir während der gemeinsamen Zeit der Betreuung mit den Klienten bearbeiteten: Integration in Schule und Ausbildung, Freizeitgestaltung, Haushaltsführung, gesunde Ernährung, Sexualität, Schuldenklärung, Mediennutzung, Umgang mit körperlichen und psychischen Erkrankungen, Partnerschaftskonflikte, Angehörigen- und Familienarbeit, Klärung von Zukunftsperspektiven. Und über allem schwebte als latentes Thema natürlich immer die Frage nach dem (künftigen) Umgang mit Drogen und Alkohol, mit Suchtdruck und Rückfällen.

Wir hatten in der Arbeit verschiedene, gut durchdachte Manuale mit denen es uns mal mehr, mal weniger gut gelang, systematisch den Betreuungsprozess zu gestalten. Nicht alles lässt sich planen – wie das halt so ist in der Sozialen Arbeit (und im Leben allgemein). Als Kollegen gaben wir unser Bestes, um den Klientinnen und Klienten auf ihrem Weg, jene Unterstützung zukommen zu lassen, die sie benötigten, um jenem Ziel gerecht zu werden, welches im ersten Satz der deutschsprachigen Fassung der internationalen Definition Sozialer Arbeit da lautet:

> „Soziale Arbeit fördert als praxisorientierte Profession und wissenschaftliche Disziplin […] die Stärkung der Autonomie und Selbstbestimmung von Menschen." (DBSH 2014)

---

1 Zur besseren Lesbarkeit wird in diesem Buch munter zwischen männlicher, weiblicher und neutraler Schreibweise hin- und hergewechselt.

2 Die Berufsbezeichnungen Sozialarbeiter bzw. Sozialarbeiterin und Sozialpädagoge bzw. Sozialpädagogin werden in diesem Buch in der Regel synonym verwendet. Je nach Aufgabenzuschnitt erfolgte aber in Einzelfällen auch eine bewusste Zurechnung zur Sozialpädagogik. Auch wenn eine klare Trennung der Berufsbilder der Sozialarbeit und Sozialpädagogik in Deutschland in der Praxis faktisch nicht mehr existiert (anders als etwa in Österreich), rechne ich meine bisherigen beruflichen Tätigkeiten in der Sozialen Arbeit allesamt dem sozialpädagogischen Spektrum zu.

Es gab aber noch einen zweiten Grund, warum mich diese Arbeitsstelle nachhaltig beeinflusste. Neben den eben aufgezählten, *expliziten* Aufgaben und Zuständigkeiten, welche die Arbeit mit sich brachte, stellte ich im Laufe der Zeit immer mehr fest, dass es ein gemeinsames Band, eine Art „Querschnittsaufgabe" gab, mit der wir Fachkräfte uns regelmäßig konfrontiert sahen. Diese ist aber eher als *implizit* zu beschreiben. Eine Aufgabe, die im Alltag eher „mitschwingt" und nicht so richtig greifbar ist – und die man so kaum wortwörtlich in einen Hilfeplan aufnehmen würde. Auf einen Satz heruntergebrochen, würde ich es den *Umgang mit Sinn- und Orientierungskrisen* nennen. Dieses Thema zeigte sich oft und intensiv in der Arbeit mit jungen Menschen, die gerade versuchen, einen neuen Weg in ihrem Leben einzuschlagen, welcher zunächst vor allem durch den Verzicht auf Drogen und Alkohol gekennzeichnet ist. Meine damalige Einrichtung hatte einen Abstinenz-Anspruch: Es galt ein klar kommuniziertes Verbot des Konsums von jeglichen berauschenden Substanzen während der Zeit der Betreuung – legalen wie illegalen. Fragen und Aussagen wie: „*Wozu nüchtern bleiben*?" „*Was macht im Leben noch Spaß, wenn ich nicht feiern und trinken darf*?", „*Ohne Drogen empfinde ich irgendwie alles als sinnlos und möchte mich dann erst recht schnell wieder ‚dicht' machen*" bis hin zu „*Mein Leben fühlt sich leer und sinnlos an*" beschrieben hier eine oftmals latente Gefühlslage unter den Klientinnen und Klienten.

Auch mit anderen Themen, die ich in weiterer Folge als *existenziell* (in einem nicht-materiellen Sinne – dazu später mehr) bezeichnen werde, wurden wir als sozialarbeiterische Fachkräfte regelmäßig konfrontiert: Wie *frei* bin ich als Mensch im täglichen Hamsterrad unserer Gesellschaft wirklich? Wer bin ich eigentlich und was will ich noch aus meinem Leben machen? Wie gehe ich mit schicksalhafter Krankheit, Unglück oder Behinderung um? Warum geschieht gerade mir so viel Leid? Wie gehe ich mit meinen Schuldgefühlen um? Mit meinem schuldig-geworden-sein an anderen, wie auch mit jenen, die in der Vergangenheit an mir schuldig geworden sind? Und natürlich die Angst vor der eigenen Vergänglichkeit und die damit verbundene Frage, wie man mit Sterben und Tod umgeht. Alle diese Fragen und Themen schwebten latent, wie eine tiefsitzende und nicht weiterziehen wollende Wolke über der Zusammenarbeit mit den Klientinnen und Klienten.

Als ich später in die ambulante Erziehungshilfe wechselte, ging damit auch ein Wechsel der *expliziten* Themen einher – der Fokus verschob sich hier naturgemäß stark in Richtung der Bewältigung innerfamiliärer Konflikte, Umgang mit Schulabsentismus, Kindeswohlgefährdung usw. Die genannten *impliziten* Themen blieben aber. Auch Mütter und Väter in den mittleren Jahren leiden regelmäßig an dem, was Viktor Frankl einst ein *existenzielles Vakuum* genannt hat – ein Gefühl dauerhafter Sinnleere, welches zu vielerlei psychischen und psychosomatischen Folgeerkrankungen führen kann. Auch die anderen genannten Themen waren häufig präsent, ganz besonders auch hier wieder: Schuld, Verantwortung, Freiheit und authentische Lebensführung.

Während der Flüchtlings- und Migrationskrise in den Jahren 2014–2016 war ich in München an zentraler Stelle für die Koordination der Erstaufnahme und Versorgung von unbegleiteten Minderjährigen tätig. In unserem Verbund unterschiedlicher freier und öffentlicher Träger der Jugendhilfe befanden sich damals phasenweise bis zu 700 Kinder und Jugendliche zwischen 12 und 18 Jahren in Obhut des Jugendamtes, bevor sie – nach Erstuntersuchung und Alterseinschätzung – schließlich in andere Einrichtungen bayern- und bundesweit überführt wurden. Ein explizites Ziel teilten fast alle Jugendlichen, die mir in dieser Zeit begegneten: Eine Perspektive für ein Leben in Deutschland. Doch viele Hoffnungen auf eine bessere Zukunft wurden in den völlig überfüllten Unterkünften und den langwierigen bürokratischen Prozessen schnell wieder brüchig. Mit der Aufenthaltsdauer in den Erstaufnahmeeinrichtungen steigerte sich auch die Zahl akuter psychischer Krisen bei den jungen Menschen, die nicht selten unter einer posttraumatischen Belastungsstörung litten. Hinzu kam die oft explosive Situation unter den jungen Menschen auf engstem Raum. Als Sozialpädagoginnen und Sozialarbeiter waren wir mehr denn je gefordert, uns auch auf die existenziellen Sorgen und Themen einzulassen, die hier naheliegenderweise wieder anders ausgeprägt waren als in der Suchthilfe oder der ambulanten Erziehungshilfe.

Die Reaktionen vieler Kolleginnen und Kollegen auf solche zum Ausdruck gebrachten existenziellen Nöte lassen sich – unabhängig vom jeweiligen Tätigkeitsfeld – grob in zwei Richtungen beschreiben:

1. Ignorieren im Sinne von „Überhören" – und sich mehr oder weniger strikt weiter an die expliziten Themen halten.
2. Als vermeintlich klares psychiatrisch/psychologisches Problem definieren („Klientin X scheint Depressionen zu haben") und durch Vermittlung in eine psychologische Beratung und ggf. Psychotherapie das Thema dann pauschal „wegdelegieren".

Ich fand diese Situation unbefriedigend und es löste in mir stets Unbehagen aus, wenn ich mich selbst dabei ertappte, auf die vielfältigen existenziellen Fragen und Sorgen meiner Klienten nur mit einem knappen Schulterzucken zu reagieren.

Doch was genau wäre hier der Auftrag Sozialer Arbeit im Umgang mit Sinnfragen und anderen existenziellen Krisen? Sind das nicht tatsächlich viel zu philosophisch anmutende Themen für so eine praxisorientierte Tätigkeit wie die Soziale Arbeit? Sind Fragen wie die nach dem Sinn des Lebens, nicht außerdem viel zu privat? Und selbst wenn man diese Fragen alle mit *Nein* beantworten sollte (und damit eine Zuständigkeit der Sozialen Arbeit anerkennt): Bleibt für solche Fragen im hektischen Arbeitsalltag chronisch unterbesetzter Einrichtungen und Behörden überhaupt noch Zeit?

Wenn sich Fachkräfte mit solchen Verweisen faktisch aus der Zuständigkeit für seelisch-existenzielle Nöte verabschieden sollten, begehen sie – meiner mittlerweile festen Überzeugung nach – einen Fehler der sich nicht mit den Zielen und Aufgaben der Profession Sozialer Arbeit vereinbaren lässt. Wenn es Soziale Arbeit mit der Förderung von Selbstbestimmung und Autonomie wirklich ernst meint, dann darf sie nicht vor dem Umgang mit Krisen zurückschrecken, die sich nicht in *expliziter* Gestalt (wie z. B. Wohnungs- oder Arbeitslosigkeit, Verschuldung, häuslicher Gewalt usw.) zeigen, sondern eben eher *implizit* – ob als Sinn- oder Orientierungskrise, als Gefühl der Selbstentfremdung oder Verzweiflung im Angesicht von Leid und Tod.

Weil mich die Frage nach einem professionellen Umgang mit existenziellen Fragen in der Praxis Sozialer Arbeit schon früh nicht mehr los ließ, entschloss ich mich im Jahr 2008, eine dreieinhalbjährige Ausbildung zum Logotherapeuten nach Viktor Emil Frankl (1905–1997) zu machen. Bei der Logotherapie handelt es sich um eine sinnzentrierte Form der Psychotherapie. Ausgehend von der Prämisse, dass der Mensch grundlegend durch einen *Willen zum Sinn* geprägt ist, argumentierte Frankl dafür, ärztliche Aufgaben (er selbst war Neurologe und Psychiater) Richtung Seelsorge auszuweiten, respektive von Anfang an mitzudenken (vgl. Frankl 2007). Durch die Beschäftigung mit der Logotherapie erhielt ich viele Anregungen, auch in methodischer Hinsicht, die ich in der Arbeit mit meinen Klienten in der Sucht-Nachsorge teilweise mit verblüffendem Erfolg umsetzen konnte (vgl. Nathschläger 2012b). Das Denken Frankls prägte mich sehr tief und es darf daher auch nicht verwundern, dass einige seiner Ansätze und Methoden in diesem Buch eine exponierte Rolle spielen werden.

Getragen von der Überzeugung, dass der Mensch über einen *freien Willen* verfügt (auch dazu später mehr), ist es ihm aufgegeben in dieser Welt einen Platz, einen Sinn zu suchen und sich dabei mit dem auseinanderzusetzen, was Karl Jaspers die *Grenzsituationen des Lebens* genannt hat (vgl. Jaspers 1956, 203–206): Den Umgang mit Leiden, Kampf und Schuld im Lichte der Endlichkeit des eigenen Lebens. Bei diesen existenziellen Aufgaben kommt in unserer Gesellschaft der Profession Soziale Arbeit eine wesentlich größere Aufgabe zu, als dies bislang im deutschsprachigen Diskurs gesehen und diskutiert worden ist. Genau darum soll es hier gehen.

1843 veröffentlichte Sören Kierkegaard seinen Roman *Entweder-Oder* (Kierkegaard 1843/2005), in welchem er zwei unterschiedliche Lebensweisen thematisierte: Die *Ästhetische* und die *Ethische*. Dahinter verbirgt sich das Ringen des Autors um eine authentische Lebensweise in der modernen Welt inmitten der durch die zeitgleich stattfindende Industrialisierung Mitteleuropas sich abzeichnenden, gesellschaftlichen Veränderungen. Es geht bei Kierkegaard um Liebe, Schuld, Sinnfindung, Glauben und vieles mehr. *Entweder-Oder* machte ihn damals über Nacht berühmt und postum wurde er zum Begründer der Existenzphilosophie erklärt.

Die Existenzphilosophen des 20. Jahrhunderts haben in Anschluss an Kierkegaard ab den späten 1920er-Jahren auf vielfältige Weise über das Besondere menschlichen

Seins nachgedacht. Geht man von den bekanntesten Namen aus, scheint es sich fast um eine Art deutsch-französisches Projekt zu handeln. Auf deutscher Seite sind hier allen voran Karl Jaspers und Martin Heidegger zu nennen, auf französischer Seite in erster Linie Jean-Paul Sartre, Albert Camus und Simone de Beauvoir.

Das Besondere an den von ihnen allen behandelten existenziellen Themen passt in eigentümlicher Weise zur vielzitierten *Allzuständigkeit* (vgl. z. B. Hochuli Freund und Stotz 2021) Sozialer Arbeit: Es sind Themen, die uns alle angehen, die für uns alle unabweisbar sind. So ist jeder Mensch konfrontiert mit der Endlichkeit seines Daseins, mit der Notwendigkeit *Sinn* für sich und sein Leben zu finden, mit dem Bedürfnis der Einsamkeit zu entfliehen oder mit ihr umzugehen. Im Kampf um die Durchsetzung seiner Interessen wird jeder von uns früher oder später auch am Anderen schuldig, weshalb Jaspers *Kampf* und *Schuld* ebenfalls als unabweisbare existenzielle Grenzsituationen sieht, denen sich jeder Mensch stellen muss (vgl. Jaspers 1956, 204).

Die Existenzphilosophie beeinflusste im 20. Jahrhundert nicht nur Kunst und Literatur, sondern beispielsweise auch die Psychotherapie. Der amerikanische Psychotherapeut Irvin Yalom (*1931) veröffentlichte zahlreiche Bücher rund um Themen wie Sinn, Leid und Tod – allerdings in der Regel in Romanform (besonders bekannt u. a. Yalom 2007 und 2008), weil sich viele existenzielle Themen eben besser in narrativer Weise ausdrücken und erzählen lassen. In seinem einzigen – gleichnamigen – Fachbuch kulminiert sein Denken in seiner Vorstellung einer *Existenziellen Psychotherapie* (Yalom 2010). Dort benennt er *Tod*, *Isolation*, *Freiheit* und *Sinnlosigkeit* als die zentralen (weil unausweichlichen) Inhalte psychotherapeutischer Behandlung.

Es stellt sich die Frage, warum in der Sozialen Arbeit nicht ebenfalls eine besondere Zuständigkeit für die Auseinandersetzung mit existenziellen Problemen und Krisen behauptet werden können sollte?

Sowohl aus eigener Erfahrung als in verschiedenen Handlungsfeldern tätige Fachkraft als auch von vielen meiner Praxiskontakte als Hochschullehrer weiß ich, dass existenziellen Fragen eine latente Bedeutung im beruflichen Alltag von Sozialarbeitern und -pädagogen zukommt und sich nicht wenige Fachkräfte fragen, wie sie beispielsweise mit Jugendlichen darüber sprechen sollen (vgl. dazu Nathschläger 2016). Oft höre ich, dass gerade Sinnfragen immer wieder in Gesprächen mit Klientinnen und Klienten aufbrechen, aber von den Kollegen in der Regel eher passiv und distanziert behandelt werden. Zu ungreifbar, zu unpraktisch, zu philosophisch wirken existenzielle Fragen, als dass sie Platz finden würden in den oft eng getakteten Terminkalendern. „Wir können hier keine Kamingespräche führen", sagte mir einmal ein befreundeter Abteilungsleiter im Jugendamt Berlin.

In anderen Arbeitsfeldern ist der Umgang mit existenziellen Themen schon eher akzeptierter Bestandteil der Profession. In Altenhilfe und Pflege gibt es kein Vor-

beikommen an der Auseinandersetzung mit der Endlichkeit des Lebens, mit den Lebensbilanzen von Menschen, die sich beispielsweise fragen „was jetzt noch kommt“. Aber auch dort stellt sich die Frage des professionellen Umgangs mit existenziellen Fragen und Krisen immer wieder aufs Neue.
Das vorliegende Buch hegt nicht den Anspruch, eine vollkommen eigenständige, neuartige Theorie Sozialer Arbeit dem bereits bestehenden Diskurs hinzuzufügen. Bescheidener und zutreffender wäre wahrscheinlich die Formulierung eines *theoretischen Konzeptes zur Rekonstruktion der Aufgaben Sozialer Arbeit als existenzielles Geschehen*. Konkret geht es mir darum...

1. Ein Bewusstsein für die Bedeutung existenzieller Themen als identitätsstiftenden Gegenstand Sozialer Arbeit zu entwickeln.
2. Mit Rückgriff auf die Existenzphilosophie das theoretische Konzept einer *existenziellen Sozialen Arbeit* zu entwerfen und schließlich
3. Maximen und Methoden für den Umgang mit existenziellen Fragen, Themen und Problemen in der Praxis zu benennen.

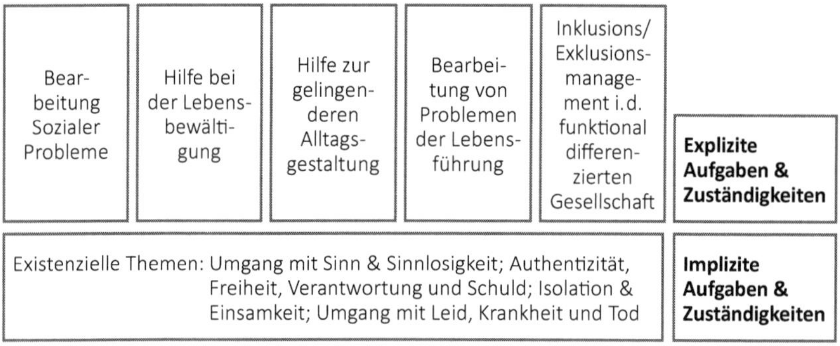

Abb. 1: Existenzielle Themen als verbindendes Band hinsichtlich Aufgabe und Funktion Sozialer Arbeit

Abb. 2: Existenzielle Themen als gemeinsamer Gegenstand in den Arbeits- und Handlungsfeldern der Sozialen Arbeit

Diese beiden Abbildungen sollen illustrieren, dass sich existenziellen Themen und Fragen sowohl in Relation zu unterschiedlichen zeitgenössischen *Gegenstandsbestimmungen* Sozialer Arbeit (Abbildung 1) als auch in Relation zur Breite der unterschiedlichen *Handlungsfelder* (Abbildung 2) als gemeinsamer Bezugspunkt und Arbeitsinhalt darstellen lassen.

Zum Aufbau des Buches

Im **ersten Kapitel** werde ich zunächst versuchen, die Existenzphilosophie als Bezugswissen Sozialer Arbeit auszuweisen. Ausgehend von der Frage, welche Bedeutung der Philosophie hier allgemein als Bezugswissenschaft zukommt, wird dann die spezifischere Frage in Angriff genommen, inwiefern Existenzphilosophie theoretisch brauchbare Wissensbezüge für die Soziale Arbeit bereitstellen kann. Sodann erfolgt die notwendige Erörterung zentraler Begriffe, die für das weitere Verständnis von Bedeutung sind. Abgerundet wird das erste Kapitel durch stichpunktartige Kurzportraits einiger existenzphilosophischer Denker auf die in diesem Buch wiederkehrend Bezug genommen wird.

Das **zweite Kapitel** gliedert sich in mehrere Abschnitte. Im ersten Abschnitt (2.1.) wird untersucht, inwiefern die Auseinandersetzung mit existenziellen Fragen in der Theoriendiskussion bereits stattfindet. Bei meinen Recherchen zu diesem Buch war von Anfang an eines auffällig: Während etwa in Nordamerika bereits seit den 1960er-Jahre über die mögliche Bedeutung und Rolle der Existenzphilosophie/des Existenzialismus für die Praxis der Sozialen Arbeit nachgedacht wird, geschieht dies im deutschsprachigen Raum bis heute so gut wie gar nicht. Über die Gründe dafür kann man nur spekulieren – einer mag in der Dominanz der kritischen Theorie der Frankfurter Schule auf die Theorienentwicklung der Sozialen Arbeit in der 2. Hälfte des 20. Jahrhunderts hierzulande liegen. Diese hat nach meiner Vermutung in der Theorienbildung zu einer starken Konzentration auf die politische und gesellschaftskritische Funktion Sozialer Arbeit geführt. Subjektzentrierte Konzepte und Überlegungen haben in der Folge bis heute einen schweren Stand im theoretischen Diskurs. Umso wichtiger ist es nun, sich zunächst mit den Werken angloamerikanischer Autoren einer existenziellen Sozialen Arbeit auseinanderzusetzen und ihre Erkenntnisse für die deutschsprachige Debatte fruchtbar zu machen.

Die Alltagswende in der Sozialpädagogik und insbesondere das mit ihr verbundene Konzept der Lebensweltorientierung von Hans Thiersch stellt sicherlich einen theoretischen Meilenstein im Diskurs rund um den Gegenstand und die Arbeitsweise Sozialer Arbeit im letzten Jahrhundert dar. Auch der Ansatz Sozialer Arbeit als Hilfe zur Lebensbewältigung von Lothar Böhnisch ist eine Konstante in der Theoriendiskussion. Beide Positionen sollen als Vertreter subjektorientierter Ansätze auf Unterschiede und mögliche Gemeinsamkeiten mit der Position einer existenziellen Sozialen Arbeit hin betrachtet werden.

Abschließend widmet sich der erste Abschnitt des zweiten Kapitels einer Betrachtung von Heiko Kleves' Theorie Sozialer Arbeit. Obwohl sein systemtheoretischer, konstruktivistischer und postmoderner Ansatz auf den ersten Blick in Kontrast zum Konzept der existenziellen Sozialen Arbeit zu stehen scheint, zeigen sich bei näherer Betrachtung auch überraschende Schnittstellen und bereichernde Anknüpfungspunkte zwischen beiden Ansätzen.
Im zweiten Abschnitt des zweiten Kapitels werden zunächst die existenziellen Themenkomplexe konkret benannt, deren Relevanz für die Soziale Arbeit – auch anhand zahlreicher Praxisbeispiele – dann im dritten Unterabschnitt schließlich ausführlich dargestellt wird. Die Fallbeispiele basieren auf meiner eigenen beruflichen Erfahrung als Sozialpädagoge in unterschiedlichen Handlungsfeldern sowie auf Beiträgen von Kolleginnen und Kollegen. Sie reflektieren konkrete Situationen und Fragen, die während der Fallarbeit auftauchen und sich dem existenziellen Themenspektrum zuordnen lassen. Zur Wahrung der Anonymität der Klientinnen und Klienten wurden alle personenbezogenen Daten geändert. Ziel ist es, existenzielle Themen in der Sozialen Arbeit begreiflich zu machen und aufzuzeigen, wie die Existenzphilosophie uns ein tieferes Verständnis dieser Themen ermöglicht und Wege zu ihrer Bewältigung aufzeigt.
Im **dritten Kapitel** wird es dann um konkrete Methoden gehen, die dabei behilflich sein können, existenzielle Themen in der Sozialen Arbeit aufzugreifen. Zunächst werden einige Maximen benannt, deren Akzeptanz durch die Fachkräfte als Voraussetzungen aus meiner Sicht unabdingbar sind. Sodann werden eine Reihe von bekannten und durchaus etablierten Methoden aus dem therapeutischen und beraterischen Bereich benannt und kompakt dargestellt.
Im **vierten Kapitel** wage ich schließlich noch einen Blick in die Zukunft der Profession. *Theorien* und, in einem bescheideneren Maße (vgl. Thiersch 2020), *Theorienkonzepte* der Sozialen Arbeit haben stets eine begrenzte Halbwertszeit. Ihre Fähigkeit, den Gegenstand und die Rolle der Sozialen Arbeit in der Gesellschaft plausibel zu rekonstruieren, hängt stark davon ab, wie gut sie künftige Entwicklungen antizipieren können. Unsere gegenwärtige Zeit ist geprägt von zahlreichen dynamischen gesellschaftlichen Entwicklungen und Herausforderungen, die oft mit dem Wortzusatz „-wandel" versehen sind, wie etwa demografischer Wandel, technologischer Wandel, Klimawandel oder sozialer Wandel. Hinzu kommen die verschiedenen Aspekte des Lebens, wie Arbeit, Wohnen, Bildung und Gesundheit, die einem ständigen Wandel unterliegen und uns alle betreffen. Angesichts dieser schwer vorhersehbaren Entwicklungen stellt sich die drängende Frage, ob das, was wir derzeit als Aufgabe und Funktion der Sozialen Arbeit sehen, in der nahen Zukunft noch Bestand haben wird. Ich werde fünf Thesen präsentieren und für eine Perspektive argumentieren, nach der die Soziale Arbeit einen Wandel hin zu einer *existenziellen Gestaltungsprofession* durchlaufen sollte, die stärker auf das Individuum fokussiert ist und dennoch ihre gesellschaftliche Verantwortung bei der Gestaltung des sozialen Raumes wahrnimmt.
Zu guter Letzt folgt noch ein kurzer Epilog mit einigen, persönlichen Gedanken.

1 Die Existenzphilosophie als Bezugstheorie Sozialer Arbeit

Im ersten Kapitel soll zunächst die potenzielle Rolle der Existenzphilosophie als tragfähige theoretische Grundlage für eine Theorie der Sozialen Arbeit untersucht werden. Dieser Ansatz erfordert dabei zunächst eine Reflexion auf die Philosophie als Bezugswissenschaft der Sozialen Arbeit, bevor wir uns danach der konkreten Frage widmen werden, inwiefern es tatsächlich plausibel ist, von der Existenzphilosophie als *Theorie* oder zumindest einem *theoretischen Bezugswissen* Sozialer Arbeit zu sprechen.

Sodann sollen einige Schlüsselbegriffe der Existenzphilosophie konkreter erläutert werden, wobei es hier das Ziel ist, einen verständlichen Zugang zu dieser philosophischen Strömung zu ermöglichen – unabhängig vom eigenen philosophischen Vorwissen.

Zuletzt werden einige der Hauptvertreter der Existenzphilosophie in Kurzportraits vorgestellt, auf deren Überlegungen und Gedanken im weiteren Verlauf wiederholt zurückgegriffen wird.

1.1 Philosophie als Bezugswissenschaft Sozialer Arbeit

Die Philosophie, abgeleitet vom griechischen *philosophia* („Liebe zur Weisheit"), dient der Sozialen Arbeit als anerkannte Bezugswissenschaft (vgl. Schumacher 2011), wenngleich hier nach Meinung vieler noch jede Menge Luft nach oben existiert (vgl. z. B. Perko 2017). Immerhin hat zuletzt Schlittmaier (2018) ein sehr honoriges Lehrbuch zur Philosophie in der Sozialen Arbeit vorgelegt, wo er die unterschiedlichen Disziplinen der Philosophie (u. a. Wissenschaftstheorie, Ontologie, Ethik, Sozialethik, Anthropologie und Ästhetik) darstellt und auf ihre Bedeutung hin für die Soziale Arbeit befragt. Auch sei erinnert an die Pionierarbeit von Wolfgang Schlüter (1995), der sich im deutschsprachigen Raum als einer der ersten mit einem philosophischen Lehrbuch an Studierende der Sozialen Arbeit gewandt hatte. Eine eigenständige „Philosophie der Sozialen Arbeit", wie sie z. B. Schmiljun (2017) fordert, ist aber tatsächlich noch ausstehend.

Die Philosophie unterscheidet sich durch ihren Grad der Abstraktion siginfikant von anderen Bezugswissenschaften wie Psychologie, Medizin, Theologie oder Soziologie.

Philosophie beschäftigt sich mit den grundlegendsten Strukturen der Wirklichkeit. Sie untersucht und analysiert dazu abstrakte Begriffe wie Wahrheit, Wissen, Schönheit, Gerechtigkeit oder gutes Leben. Philosophen nutzen die Methoden der logischen Analyse und kritischen Reflexion, um tiefgründigere Erkenntnisse über diese

Themen zu erlangen und ein besseres Verständnis für die Welt und unseren Platz in ihr zu schaffen.

Diese Methoden der logischen Analyse und kritischen Reflexion sind grundsätzlich für jede Wissenschaft von Bedeutung, auch für die Soziale Arbeit. Denken wir hier nur etwa an die Vermeidung von Stigmatisierungen von gesellschaftlichen Randgruppen, denen sich Soziale Arbeit im beruflichen Alltag entgegenzustellen hat. Stigmatisierungen basieren oft auf inakzeptablen Komplexitätsreduktionen, zu denen wir alle dann und wann im Alltag neigen. Vor allem Heiko Kleve hat immer wieder darauf hingewiesen, dass Soziale Arbeit gut beraten damit ist, gegenüber der Produktion von Eindeutigkeiten (und den damit zwangsläufig einhergehenden, oft unbewussten, Ausblendungen) im sozialarbeiterischem Alltag eine kritische und sensible Haltung einzunehmen (vgl. Kleve 2007). Im Kern also das, was eine philosophische Haltung auch ausmacht.

Bezüglich der Funktionsweise der Philosophie hier ein Beispiel: Die Psychologie analysiert menschliches Verhalten und Emotionen, um individuelle und gruppenbezogene Muster zu verstehen, während die Soziologie die Muster und Strukturen von Gruppen und Gesellschaften untersucht. Die Philosophie hingegen hinterfragt und analysiert (hier in der Teildisziplin der Ethik) die grundlegenden ethischen Prinzipien, die unser Verhalten und unsere Gesellschaftsstrukturen prägen.

Ähnlich lässt sich das Verhältnis von Philosophie und Theologie beschreiben[3]. Während die Theologie die menschliche Beziehung zu Gott und dem Transzendenten untersucht, hinterfragt die Philosophie die grundlegenden Annahmen und Überzeugungen, die dieser Beziehung zugrunde liegen. Diese philosophischen Untersuchungen können der Sozialen Arbeit helfen, ihre Klienten besser zu verstehen, insbesondere wenn sie mit existenziellen Fragen konfrontiert sind.

Die Philosophie reiht sich daher nicht einfach *neben* den anderen genannten Bezugswissenschaften ein, sondern geht diesen gewissermaßen *voraus*. Philosophischer Erkenntnisgewinn besteht in der Regel nicht darin, eindeutige und dogmatische Antworten auf Fragen zu erhalten, sondern Fragen als auch mögliche Antworten wiederum kritisch hinterfragen zu können. „Wenn am Ende mehr neue Fragen aufscheinen, als es Antworten auf alte Fragen gibt, ist das für eine philosophische Untersuchung kein schlechtes Ergebnis", pflegte ein mir bekannter Professor für Metaphysik stets zu sagen.

So betrachtet, steht das Verhältnis zwischen Philosophie und Sozialer Arbeit unter spannenden, aber auch schwierigen Vorzeichen. Denn Soziale Arbeit ist stets praktisch orientiert, sie ist *angewandte Wissenschaft*, ja sogar *Handlungswissenschaft* (z. B. Staub-Bernasconi 2017). Sie soll also als Disziplin letztlich Wissen (auch und

---

3 Das hier skizzierte Verhältnis zwischen Philosophie und Theologie ist geschichtlich allerdings noch recht jung. Insbesondere im Mittelalter wurde die Philosophie in vielzitierter Weise zur „Magd" der Theologie, insofern letztere die Philosophie (namentlich v. a. Aristoteles, aber auch die Stoiker) heranzog um damit ihre eigenen Lehren zu stützen und intellektuell zu untermauern.

gerade in Form von Methoden und Konzepten) hervorbringen, welches in der Praxis Anwendung findet. Insofern, so könnte man meinen, stört da eine Bezugswissenschaft nur, die permanent in Verdacht steht, eher neue Fragen zu produzieren als alte zu beantworten und – noch schlimmer – vermeintliche Gewissheiten stets kritisch zu hinterfragen pflegt.

Ganz so unnahbar, wie es nun scheint, ist das Wesen der Philosophie aber doch nicht. Es hat sich über die Jahrhunderte ein Wissenskanon etabliert, der verschiedene, klar voneinander abgrenzbare Themen und Fragestellungen beinhaltet. Beispiel Ethik: In der Sozialethik wurden, insbesondere seit der Aufklärung, verschiedene Konzepte von *Gerechtigkeit* intensiv diskutiert und bilden nun einen festen Wissensbestand, der dann auch Studierenden der Sozialen Arbeit zur Verfügung steht, um sich mit Konzepten wie Jeremy Benthams Utilitarismus, der Vertragstheorie nach John Rawls oder dem Fähigkeitenansatz nach Martha Nussbaum auseinanderzusetzen. Diese Auseinandersetzung fördert wiederum die Fähigkeit zum abstrakten Denken der künftigen Sozialarbeiterinnen und Sozialarbeiter. Ein weiteres Beispiel: In der philosophischen Anthropologie ist ein zentrales Thema jenes der Willensfreiheit des Menschen. Aber was versteht man unter *Freiheit*? Und wo liegen ihre Grenzen? In der Diskussion zwischen den Polen eines gehirnphysiologischen Determinismus á la Wolf Singer und eines Indeterminismus im Sinne des klassischen Rationalismus á la Descartes oder Kant lernen die Studierenden, sich nicht mit der erstbesten Antwort auf komplexe Fragen zufriedenzugeben und philosophische Probleme von unterschiedlichen Seiten kritisch zu betrachten. Für ihre spätere berufliche Tätigkeit eine essenzielle, unverzichtbare Kompetenz!

Nun stellt sich die Frage: Welche konkreten Schnittstellen existieren zwischen Philosophie (bzw. einzelnen philosophischen Disziplinen) und der Sozialen Arbeit (vgl. hierzu auch Nathschläger 2014b)?

Schumacher (2011, 145f.) weist den Gedanken zurück, dass eine Art „philosophische Lebenshilfe" einen zentralen Überschneidungspunkt zwischen beiden Disziplinen darstellen könnte. Er begründet das mit den verschiedenen „Stoßrichtungen" von Philosophie und Sozialer Arbeit. Während Philosophie eher die Stärkung des Einzelnen gegen die Anderen anstrebe (vgl. ebd., 148), ist bei der Sozialen Arbeit der soziale Aspekt von Anfang an prioritär. Zwei Ziele, die sich zwar nicht gegenseitig ausschließen, bei deren Verfolgung seitens der Sozialen Arbeit aber ganz offensichtlich eine klare Priorisierung des Sozialen (respektive der Frage nach sozialer Gerechtigkeit) vor dem subjektiven Glück des Individuums erfolgt.

Zugespitzt könnte man sagen, dass insbesondere die philosophische Disziplin der Ethik (mit ihren zentralen Begriffen des Glücks und der Gerechtigkeit) auf eine Soziale Arbeit trifft, deren Selbstverständnis weitestgehend vom sozialpolitischen Ziel der sozialen Gerechtigkeit in der Gesellschaft geprägt ist. Soll heißen: Wenn Soziale Arbeit sich auf die Ethik bezieht, interessiert sie sich – zumindest im deutschsprachigen Raum – in erster Linie für die gesellschaftliche Kategorie der Gerechtigkeit – und weniger für die des individuellen Glücks oder des guten Lebens.

Ein praktisches Beispiel dafür liefert die deutschsprachige Rezeption des eben schon erwähnten Fähigkeitenansatzes (Capabilities Approach) von Martha Nussbaum auf die auch Mührel (2017) kritisch hinweist. Für Nussbaum ist, ganz in aristotelischer Tradition, die Frage nach dem *Guten* stets der Frage nach der *Gerechtigkeit* vorgeordnet. Denn nur auf der Basis des Wissens, was für uns als Menschen *gut* bzw. erstrebenswert ist, können wir uns als Gesellschaft entsprechende Regeln überlegen, was wie *gerecht* verteilt werden soll. Ihre Analyse führt sie schließlich zum Terminus der *zentralen menschlichen Fähigkeiten*, die sie in einer Liste Punkt für Punkt ausbuchstabiert. Sie argumentiert, dass diese zehn komplexen Fähigkeiten es seien, die Menschen ein im vollumfänglichen Sinne *gutes Leben* erst ermöglichen (vgl. Nussbaum 2015). Mit anderen Worten: Sozial gerecht ist eine Gesellschaft nach Nussbaum erst dann gestaltet, wenn jeder Einzelne darin ein gutes Leben führen kann. Und die Voraussetzung für letzteres ist eben das Vorhandensein eines Minimums an zentralen Fähigkeiten. Dies führt bei ihr zu vielfältigen und anregenden Reflexionen über menschliches Glück und gutes Leben (vgl. dazu Nathschläger 2014a).

In der deutschsprachigen sozialwissenschaftlichen Rezeption der nussbaum'schen Philosophie ist davon bislang kaum etwas angekommen. Stattdessen liegt das Interesse der Autoren hierzulande klar auf dem Ziel der sozialen Gerechtigkeit. Das Glück des Einzelnen bleibt als Thema eher außen vor. Zu dieser Einschätzung kommt auch Mührel, weshalb er für eine Gleichberechtigung von Ethik (mit dem Fokus des Glücks) und der Politik (mit dem Fokus der Gerechtigkeit) in der Sozialen Arbeit plädiert (vgl. Mührel 2017, 87). Er bezieht sich auf den französischen Autor Robert Misrahi, der den Ausdruck „Garten der Existenz" als Metapher verwendet, um die Bedeutung der individuellen Lebensentwürfe und Glücksuche zu betonen (der Begriff des *Gartens der Existenz* wird im 4. Kapitel nochmal aufgegriffen)

Mührel's Plädoyer, uns als Disziplin und Profession Sozialer Arbeit mehr für das Glück des Einzelnen zu interessieren, möchte ich mich an dieser Stelle ausdrücklich anschließen.

> „Sozialpädagogik steht zuallererst in der pädagogischen Frage, wie Menschen ihren *Garten der Existenz* zu entwerfen und zu pflegen vermögen; und eben dabei behandelt sie sekundär jene sozialen Probleme und gesellschaftliche Umstände, die dies ermöglichen oder verhindern! Sie ist eben nicht zuerst *Angewandte (Sozial-)Politik*, sondern – dialogische – Grundlegung, Begleitung, in einem weiten Verständnis Erziehung zur Bildung und Gestaltung eines *Gartens der Existenz*. [Herv. i. O., J. N.]" (Mührel 2017, 91)

Die Philosophie kann der Sozialen Arbeit, wie hier beispielhaft gezeigt werden sollte, fruchtbare Hilfe leisten und dazu anregen, im allgemeinen wenig hinterfragte Paradigmen und Dogmen kritisch zu reflektieren. Die Bedeutung der Philosophie für die Soziale Arbeit ist insofern kaum hoch genug einzuschätzen.

> „Gerade weil es sich um unterschiedliche wissenschaftliche Zugänge handelt, ist Soziale Arbeit nicht in der Lage, solche Klärung selbst herbeizuführen; und doch ist sie darauf angewiesen, mit einem stimmigen Praxisverständnis, mit tragfähigen Vorstellungen vom Menschen, mit einem schlüssigen Gesellschaftsbild und nicht zuletzt mit einer zustimmungsfähigen Ethik zu agieren." (Schumacher 2011, 150)

Die Philosophie bereichert durch theoretisches Nachdenken und Reflektieren die Soziale Arbeit schon allein dadurch, dass sie historisch – insbesondere durch die „Schlüsseldisziplin" der Ethik – auf den Einzelnen und sein Leben fokussiert (und damit eine andere Position einnimmt als die Soziale Arbeit mit ihrem sozial- und gesellschaftskritischen Fokus (insbesondere im deutschsprachigem Raum). Die Philosophie richtet sich an den Einzelnen und begleitet ihn gewissermaßen beim Nachdenken, u. a. über sein Leben als Mensch.
Für die schwerpunktmäßige Beschäftigung mit der Strömung der Existenzphilosophie in diesem Buch ist das von besonderer Bedeutung. Denn Existenzphilosophie ist, wenn man so will, die „Speerspitze" einer subjektorientierten Perspektive innerhalb der neueren Philosophiegeschichte, der wir uns nun konkreter zuwenden wollen.

Zusammenfassung
Das Potential der Philosophie als Bezugswissenschaft der Sozialen Arbeit ist noch lange nicht ausgeschöpft. Insbesondere ihre Methoden der kritischen Reflexion, des Hinterfragens und des Abwägens von Argumenten machen sie zu einer unverzichtbaren Ressource für die Ausbildung angehender Fachkräfte. Die Philosophie richtet sich fundamental an den Einzelnen und möchte ihn in seiner Fähigkeit zum selbst-denken und selbst-entscheiden stärken. Ihr wohnt damit eine emanzipative Kraft inne, welche die Soziale Arbeit für ihre Ziele der Autonomie und Selbstbestimmung des Einzelnen nutzen kann und nutzen sollte. ◀

1.2 Die Existenzphilosophie – ein theoretischer Rahmen

Die Existenzphilosophie geht im Kern von der theoretischen Annahme aus, dass der Einzelne und sein Erleben die primäre Einheit des philosophischen Nachdenkens sind. Das von der Existenzphilosophie (respektive der ihr zuzurechnenden Denkerinnen und Denker) durch ihre Schriften explizit oder implizit entwickelte Menschenbild steht damit im Mittelpunkt einer möglichen Theorie dieser philosophischen Strömung.
In der Existenzphilosophie stehen die individuelle Freiheit und Selbstbestimmung im Vordergrund – anders als in anderen philosophischen Ansätzen wie dem Marxismus oder Strukturalismus, die den Einfluss von Gesellschaft auf das Individuum fokussieren. Hier geht es nicht darum, dass der Mensch durch äußere Umstände determiniert ist, sondern darum, dass er die Freiheit und Verantwortung hat, sein eigenes Leben zu gestalten, ja sogar es gestalten zu *müssen*. Jeder Mensch ist in dieser Philosophie einzig-

artig und nicht durch eine allgemeine Theorie oder eine externe Perspektive vollständig erfassbar. Diese Idee betont die Wichtigkeit individueller Erfahrungen und zeigt, dass Verirrungen und Einsamkeit Teil des menschlichen Lebens sind.
Es gibt einen zentralen Gedanken, den alle ihre Vertreter – zumindest im Kern – teilen und der v. a. von Sartre ausformuliert worden ist[4]: Beim Menschen geht die *Existenz der Essenz* voraus. Auch für die Argumentation in diesem Buch ist dieser Satz zentral, denn er ist der argumentative Garant für die Freiheit des Einzelnen. *Existenz* meint hier zunächst einmal die reine Faktizität des Daseins des Menschen, der sich in dieser Welt vorfindet. *Essenz* meint hingegen *Wesen* oder *Bestimmung* (näheres zum Existenz-Begriff siehe auch Kapitel 1.3.1). Der Mensch ist also *da* – aber er ist damit nicht gleichzeitig in seinem Wesen festgelegt oder bestimmt. Alles, was Menschen behaupten, was ihr Wesen oder ihre Bestimmung ist, kommt erst später dazu – durch den Menschen selbst, der Aussagen und Entscheidungen darüber trifft, was sein Wesen ausmacht. Denkend, entscheidend und handelnd bringt der Mensch sich selbst hervor.
Das bedeutet natürlich, dass die Existenzphilosophie, v. a. in ihrer offen atheistischen Ausprägung bei Heidegger und Sartre, Religionen oder politischen Ideologien skeptisch bis ablehnend gegenübersteht[5], insofern diese in der Regel eher das Gegenteil behaupten und dem Menschen bestimmte – etwa durch Gott verliehene – Bestimmungen und Wesenszüge attestieren. Ausgehend vom Gedanken an einen Schöpfergott glauben zum Beispiel Anhänger der abrahamitischen Religionen, dass Gott den Menschen als Krone der Schöpfung geschaffen hat. Ihm kommen dadurch bestimmte Aufgaben zu, die es zu erfüllen gilt und die sich an verschiedenen Stellen der heiligen Schriften ablesen lassen – z. B., dass der Mensch sich die Erde untertan machen soll (vgl. Genesis 1,28) usw. Dort wo ein Schöpfergott angenommen wird, kommen dem Menschen gewisse vordefinierte Aufgaben aufgrund seines *Wesens* als Mensch zu. Eines Wesens, für das der Einzelne selbst nichts kann, aber mit dem er umgehen muss um Erfüllung bzw. Erlösung zu finden.
Aber nicht nur in religiösen Anschauungen wird dem Menschen ein vordefiniertes Wesen zugesprochen. Auch im naturalistischen Sinne geschieht letztlich genau dies – z. B. wenn wir im Alltag über die „Natur des Menschen“ nachdenken. Auch dieses Sprechen über eine bestimmte *Natur* führt dazu, dem Menschen ein Wesen

4 Hier mögen Anhänger von christlich geprägten Autoren wie Jaspers oder Marcel Einspruch erheben, da – im Gegensatz zu den offenen Atheisten innerhalb der Existenzphilosophie – bei diesen Autoren ein göttliches Gegenüber angenommen. Dadurch könnte Sartres Diktum der Existenz, die der Essenz vorangeht, fragwürdig erscheinen. Aber so wie ich Marcel und Jaspers verstehe, ändert auch deren Vorstellung eines göttlichen Gegenübers nichts an der prinzipiellen Freiheit des Menschen und der damit einhergehenden Verantwortung, mit der sich jeder konfrontiert sieht und die niemanden abgenommen werden kann.

5 In diesem Zusammenhang mutet die spätere, zeitweise, Annäherung Sartres an den sowjetischen Kommunismus genauso widersprüchlich an wie Heideggers Nähe zum Nationalsozialismus.

zu attestieren, mit dem er auf die Welt kommt, welches ihn ein Leben lang prägt und in seinem Handeln zumindest graduell festlegt. Und zwar so festlegt, dass gegebenenfalls auch die Verantwortung für sein Handeln dadurch relativiert wird. Als klassischer Vertreter eines naturalistischen Determinismus wäre hier etwa John Stuart Mill (1806–1873) zu nennen. In *System der deduktiven und induktiven Logik* (1843/2022) argumentiert er, dass alle Ereignisse, einschließlich menschlicher Handlungen, durch universelle Ursache-Wirkungs-Beziehungen bestimmt sind. Er bekräftigt, dass soziale und psychologische Faktoren in diesen Beziehungen enthalten sind und menschliche Handlungen beeinflussen (wenngleich nicht vollständig determinieren), was Mill schließlich zur Position eines Kompatibilismus (wenn man so will, eines „weichen Determinismus", in welchem Determinismus und menschliche Willensfreiheit miteinander vereinbar gedacht werden) führte.

Die atheistische Strömung der Existenzphilosophie – und hier sei zunächst explizit Sartre genannt – lehnt dies ab. Mit dem Diktum, dass die Existenz der Essenz vorausgehe, nimmt Sartre den Menschen für seine Handlungen und Entscheidungen vollständig in die Verantwortung – eine Verantwortung die, wie wir noch sehen werden – auch dort nicht aufhört, wo dem Menschen keine Handlungsalternativen offenstehen sollten. Die Konsequenzen sind für den Menschen dramatisch:

> „In der Tat ist alles erlaubt, wenn Gott nicht existiert, und folglich ist der Mensch verlassen, denn er findet weder in sich noch außer sich einen Halt. Zunächst einmal findet er keine Entschuldigungen. Wenn tatsächlich die Existenz dem Wesen vorausgeht, ist nichts durch Verweis auf eine gegebene und unwandelbare menschliche Natur erklärbar; anders gesagt, es gibt keinen Determinismus, der Mensch ist frei, der Mensch ist die Freiheit." (Sartre 1946/2021, 155)

Viele Jahrhunderte lang trugen den Menschen die Gewissheiten, die er im Glauben gefunden hat (oder meinte, gefunden zu haben) durch Zeiten der Not und Krise. In der Hoffnung auf Erlösung im Jenseits, der Aufnahme in den Himmel ließ sich auch das Leid besser ertragen, was der Mensch auf der Erde zu erdulden hatte.

Im Zuge von Aufklärung und Laizismus brachen diese Garanten des Trostes immer mehr weg. „Wer ein Warum hat, erträgt fast jedes Wie", soll Nietzsche dereinst gesagt haben. Doch was oder wer sollte die Lücke füllen, die der „Tod Gottes" gerissen hatte?

Existenzphilosophen wie Sartre ging es nicht darum, direkte Antworten auf diese Frage im Sinne einer Lebensberatung zu geben. Ihnen ging es vielmehr darum, für die absolute Freiheit zu sensibilisieren, vor die sich der Mensch gestellt sieht, wenn er akzeptiert, dass er in seinem Wesen und seiner Bestimmung nicht durch Gott oder eine andere höhere Instanz festgelegt worden ist. Die aus dieser Freiheit erwachsende Verantwortung macht wiederum seine besondere Würde aus.

Nichtmenschliche Tiere sind nach aktuellem Kenntnisstand weitestgehend durch ihre Instinkte und Triebe in ihrem Verhalten festgelegt. Abweichungen davon sind eher die Ausnahme. Der Mensch hingegen leidet unter einem Instinktverlust – ganz besonders, seit er im Zuge der neolithischen Wende vor etwa 10 000 Jahren vom Jäger und Sammler zum Ackerbauern und Viehzüchter wurde. Gleichzeitig kämpft der Mensch darum, seine noch vorhandenen Triebe zu kontrollieren. Hierin liegt übrigens schon ein weiterer Hinweis auf die besondere Konstitution des Menschen: Er kann sich von seinen Trieben distanzieren – sie bewerten oder gar zum Problem erklären und beispielsweise moralische Regeln aufstellen, um seinen Trieben Herr zu werden. Ein gutes Beispiel sind hier entsprechende Regeln zur Sexualmoral, die in allen großen Religionen bzw. Gesellschaften existieren.

Außerdem sieht die Existenzphilosophie – besonders der französische Existenzialismus – das Leben und die Welt als unberechenbar und oft absurd an. Während viele traditionelle philosophische Lehren eine geordnete Welt vorstellen, ermutigt der Existenzialismus das Individuum dazu, seinen eigenen Weg und Sinn im Leben zu finden, auch wenn es mit Herausforderungen wie Leid oder Tod konfrontiert wird. Themen wie Tod, Isolation und die Suche nach Sinn sind daher zentral.

Ein letzter zentraler Aspekt existenzphilosophischer Theorienbildung der an dieser Stelle genannt werden soll, ist die normative Betonung von Authentizität. Individuen sollten aus existenzphilosophischer Perspektive immer bestrebt sein, ein authentisches Leben zu führen, das auf ihren eigenen Werten und Überzeugungen basiert, statt sich allein von den Normen und Erwartungen der Gesellschaft leiten zu lassen.

Insgesamt, so lässt sich zuspitzen, kann die Existenzphilosophie als theoretischer Rahmen verstanden werden, der die menschliche Existenz in ihrer Gesamtheit zu begreifen und zu erklären versucht. Sie bietet zwar keine in sich geschlossene Theorie, jedoch methodische Werkzeuge zur Reflexion über grundlegende Fragen des menschlichen Lebens und ermutigt solcherart zu einer tieferen Auseinandersetzung mit zentralen Themen wie Freiheit, Sinn, Authentizität und Tod. Als theoretischer Rahmen erfüllt die Existenzphilosophie – wie das bei nahezu allen philosophischen Schulen in der Regel der Fall ist – zwar nicht die strengen Maßstäbe, die man an eine (natur)wissenschaftliche Theorie legen würde. Aber das scheint auch gut so zu sein: Denn die wenigen philosophischen Theorien, die in der Vergangenheit versucht haben, diesen formalen Kriterien zu entsprechen sind in der Realität entweder kläglich gescheitert (hier denke ich etwa an die Theorie der geschichtlichen Entwicklung des Geistes bei Hegel) – oder wurden darüber hinaus sogar zusätzlich noch politisch missbraucht (bestes Beispiel: der sogenannte „wissenschaftliche Marxismus").

Die Existenzphilosophie und ihr Bild vom freien, sich-selbst-entwerfenden Menschen nehmen eine singuläre Stellung innerhalb der Philosophiegeschichte ein. Im Kontext dieses Buches wird die individuelle Freiheit, wie bei Sartre, nicht nur als Möglichkeit, sondern auch als Aufgabe und Notwendigkeit begriffen: Die Freiheit, sich selbst zu definieren und sein Leben selbst zu gestalten, bringt auch die Verantwortung mit sich, diese Freiheit zu nutzen und die Konsequenzen der eigenen Entscheidungen zu tragen (mehr dazu im zweiten Kapitel).

Zusammenfassung
Die Existenzphilosophie stellt den Einzelnen und sein Erleben ins Zentrum des philosophischen Nachdenkens. Diese Philosophie, vor allem in ihrer atheistischen Strömung, stellt sich skeptisch bis ablehnend gegenüber Religionen oder Ideologien, die den Menschen bestimmte Wesenszüge oder Bestimmungen zuweisen. Stattdessen wird der Mensch als grundsätzlich frei bzw. zur Freiheit verurteilt angesehen. Mit der Freiheit geht die Verantwortung für das eigene Denken, Entscheiden und Handeln, sowie die Möglichkeit des schuldig Werdens einher. Trotz ihrer mangelnden Einheitlichkeit bietet die Existenzphilosophie Werkzeuge zur Reflexion über zentrale menschliche Themen wie Freiheit, Sinn und Tod. ◀

1.2.1 Existenzphilosophie und Soziale Arbeit, oder: Die *Wie* und die *Wozu-Frage*

Dass die großen Themen der Existenzphilosophie auch ein gemeinsames Band der unterschiedlichen Handlungsfelder der Sozialen Arbeit darstellen könnten, wurde bereits in der Einleitung angedeutet. Im Folgenden soll diese These vertieft werden. Wenn man von Existenzphilosophie als philosophische Schule bzw. Strömung spricht, dann geht damit im Allgemeinen ein Kanon an bestimmten Denkerinnen und Denkern einher: Sartre, Camus und De Beauvoir auf der französischen, Jaspers und Heidegger auf der deutschen Seite etwa. Daneben wären sicherlich noch eine Reihe weiterer Namen zu nennen, die man zumindest dem Dunstkreis des existenzphilosophischen Denkens zurechnen darf: Hanna Arendt und Simone Weil, Gabriel Marcel oder Maurice Merlau-Ponty – um nur einige zu nennen[6]. Eine Sonderstellung kommt Friedrich Nietzsche zu und über allem schwebt der in der Einleitung bereits erwähnte Däne Sören Kierkegaard, der gemeinhin als Begründer der Existenzphilosophie bezeichnet wird, auch wenn sich hierüber sicherlich streiten lässt.
Doch zurück zum Ausgangsgedanken der Existenzphilosophie: Die Existenz geht der Essenz voraus. Wenn man diese Behauptung akzeptiert, dann gilt es zunächst den Existenzbegriff zu konkretisieren. Intuitiv schwebt hier vielen wahrscheinlich zunächst eine materielle Kategorie vor. Alltagssprachlich wird eine Bedrohung des eigenen Überlebens (z. B. durch Krieg, Hunger oder große Armut) als existenzielle Bedrohung beschrieben. Daran ist nichts falsch – allerdings meint der Existenzbegriff aus existenzphilosophischer Perspektive etwas anderes. Odo Marquard

6 Verschiedentlich wird auch Friedrich Nietzsche der Existenzphilosophie zugrechnet, was ich jedoch für ein Missverständnis halte. Inhaltlich mögen manche Bezüge zwar dafür sprechen (z. B. die Auseinandersetzung mit der menschlichen Lebensform, die Kritik der christlichen Moral oder auch Nietzsches Beschäftigung mit der Frage, wie der Mensch Sinn in einer Welt ohne Gott finden kann), andererseits unterscheidet sich sein Werk in Stil und Fokus aber fundamental von den klassischen Existenzphilosophen, weshalb ich persönlich die Zuordnung Nietzsches zur sog. *Lebensphilosophie* für zutreffender halte (vgl. Albert 2017).

beschreibt deswegen zwei Arten von Philosophie, die sich auf den Existenz-Begriff beziehen und die man auf die beiden folgenden Fragen zuspitzen kann:

1. ***Wie bzw. wodurch*** kann der Mensch existieren?
2. **Wozu** soll der Mensch existieren?

Marquard hierzu konkret:

> „Die eine Philosophie, die Selbsterhaltungsphilosophie, fragt: Existenz – wodurch? Die andere Philosophie, die Existenzphilosophie fragt: Existenz – wozu? […] hier kommt so etwas wie die Sinnfrage hinein, zu der Menschen, die rein durch ihre Not der Überlebensfristung definiert werden, gar nicht die Distanz, nicht die Zeit haben." (Marquard 2013, 44)

Anhand dieser Unterscheidung der *Wie* (bzw. *Wodurch*) Frage einerseits und der *Wozu*-Frage andererseits wird sich schnell zeigen, warum ich die Existenzphilosophie für anschlussfähig an den zeitgenössischen Theoriendiskurs der Sozialen Arbeit halte – und in ihr sogar eine äußerst erhellende und notwendige Erweiterung des theoretischen Diskurses sehe.
Während die erste Frage sich auf die grundsätzlichen Bedingungen richtet, unter denen es Menschen schlicht möglich ist, (materiell) zu leben und zu überleben, richtet sich die zweite Frage an die „Davongekommenen" (ebd.). Damit meint Marquard jene Menschen, die sich im Großen und Ganzen keine unmittelbaren Sorgen um die Befriedigung ihrer körperlichen und materiellen Grundbedürfnisse mehr machen müssen. Grundsätzlich – so könnte man sagen – also die große Mehrheit der Menschen in westlichen Industriegesellschaften bzw. dem Globalen Norden – und damit auch ein großer Teil der Adressatinnen und Adressaten der Sozialen Arbeit hierzulande. Zwar sind auch in Deutschland Millionen von Menschen von Armut betroffen oder gelten als armutsgefährdet. Allerdings handelt es sich in den allermeisten Fällen um sogenannte „relative Armut" – also Armutsverhältnisse, die sich aus der Relation zum verfügbaren Durchschnittseinkommen in einem bestimmten Land oder Region ergeben. Relative Armut verhindert oft eine umfängliche soziale Teilhabe der davon Betroffenen – aber sie bedroht in den meisten Fällen eben nicht das „nackte Überleben". Eine interessante Parallele zu Marquards „Davongekommenen" ergibt sich auch mit Blick auf die zentrale These des israelischen Historikers Yuval Noah Harari in dessen Buch *Homo Deus* (Harari 2017). Dieser geht davon aus, dass sich die Menschheit Anfang des 21. Jahrhunderts historisch vor eine bislang unbekannte Situation gestellt sieht, insofern die drei großen Menschheitsplagen (Hunger, Krieg und Krankheit) in einem niemals dagewesen Maße weltweit unter Kontrolle zu sein scheinen. Das mag auf den ersten Blick zynisch erscheinen, wenn wir an bestehende Krisenherde wie den Jemen, die Ukraine oder andere Regionen denken. Und in den Ohren von immer noch hunderten Millionen an Hunger leidenden Menschen weltweit mag es erst recht wie Hohn klingen. Aber in Relation zur Gesamtzahl aller lebenden Menschen, war die Wahrscheinlichkeit wohl noch

nie so hoch wie heute, ein Leben lang von Krieg, Hungersnöten oder vorzeitigem Tod durch schwere Krankheit verschont zu bleiben.
Für den Theoriendiskurs der Sozialen Arbeit ist das ein bedeutsamer Aspekt. Denn von ihrem klassischen Charakter in der Tradition der Fürsorge für die Ärmsten und Schwächsten im Sinne einer „Kernklientel" hat sie sich, zumindest hierzulande, bereits ein ganzes Stück weit entfernt.
Anders gesagt ließe sich fragen, was Soziale Arbeit noch macht, wenn sie sich nicht mehr nur oder hauptsächlich um Menschen kümmert, die im weitesten Sinn um das materielle Überleben kämpfen (an dieser Stelle sei auch auf die perspektivischen Überlegungen und Thesen im 4. Kapitel verwiesen)?
Die zweite Frage oben erweitert nun unseren Blickwinkel auf die von Marquard so bezeichneten „Davongekommenen". Hier geht es nicht mehr (nur) um die materielle Überlebenssicherung, hier geht es um die Frage: *Wozu eigentlich existieren* – oder etwas zugespitzter: *Wozu eigentlich leben*?
Die Kanonisten der Existenzphilosophie kümmern sich de facto ausschließlich um die zweite Frage. Um die erste Frage dreht sich hingegen das Interesse einiger anderer Philosophen, die der neueren *philosophischen Anthropologie* zugeordnet werden, allen voran Arnold Gehlen und Helmut Plessner.
Im Zentrum der Überlegungen dieses Buches steht hingegen ebenfalls die zweite Frage. *Wozu* existieren? Man könnte den Verdacht hegen, dass sich die *Wozu*-Frage, erst dann stellt, wenn die *Wie*-Frage geklärt ist – wenn man also zu Marquards „Davongekommenen" zählt. Trotzdem handelt es sich bei der Wozu-Frage um kein „Luxus-Problem" oder eine Art reines Privatvergnügen. Soziale Arbeit stößt in allen Handlungsfeldern in unterschiedlicher Art und Weise auf die *Wozu*-Frage, denn sie prägt das Dasein der Menschen in unserer Gesellschaft wie kaum eine andere. Und sie beschäftigt uns alle, sie ist unabweisbar – wie das die Existenzphilosophen auch erkannt haben.
Soziale Arbeit, die Menschen unterstützt, muss daher nicht nur auf die traditionelle Frage *Wie überleben?* eine Antwort finden, sondern auch mit einer (wenn nicht *der*) zentralen Frage der Existenzphilosophie: *Wozu überleben?* umzugehen lernen. Und exakt darin liegt die Attraktivität und das Potenzial der Existenzphilosophie für die Soziale Arbeit!
Akzeptiert man dieses Argument, ändert sich hinsichtlich des professionstheoretischen Verständnisses potenziell Entscheidendes: Soziale Arbeit wäre dann nicht etwa „nur" Feuerwehr zur Linderung objektiv unmittelbar erkenn- und beschreibbarer Not (z. B. aufgrund sozialer Probleme wie Armut, Diskriminierung, Sucht, Vernachlässigung usw.). Das Hilfe-Mandat würde sich stattdessen von der *Wie-überleben* bzw. *Wie-existieren*-Frage auf die bislang kaum wahrgenommene *Wozu-leben?* bzw. *Wozu-existieren*-Frage ausdehnen. Eine solche Ausdehnung muss natürlich sehr gut und plausibel begründet werden.
Soziale Arbeit hat historisch einen expliziten pädagogischen Auftrag (in der Entwicklungslinie der Jugendfürsorge bzw. Sozialpädagogik) und einen materiellen

Auftrag (in der Entwicklungslinie der Armenfürsorge bzw. Sozialarbeit). Was sie nicht hat, ist etwa ein psychologischer Auftrag (den haben die Psychologen) oder einen explizit seelsorgerlichen Auftrag (den haben die Priester, Rabbis, Imame und andere religiöse Instanzen). Zumindest in der Theorie. In der Praxis sieht es ganz anders aus, wie hier schon mehrfach angedeutet wurde – und wie sich insbesondere im zweiten Kapitel noch zeigen wird. Gleichwohl kann man das, was hier unter *existenzieller Sozialer Arbeit* skizziert werden soll, nicht auf klassische Seelsorge oder Psychotherapie reduzieren (und umgekehrt natürlich auch nicht).
Das nun folgende Fallbeispiel von Sascha dient als praktische Veranschaulichung der zuvor diskutierten Fragestellungen. Es verdeutlicht, wie eng die *Wie* existieren?- und die *Wozu* existieren?-Fragen im sozialarbeiterischen Alltag verknüpft sind. Dadurch bekommen wir eine Ahnung, inwiefern die Existenzphilosophie und ihre Themen Relevanz für das theoretische Nachdenken über den Gegenstand Sozialer Arbeit haben. Saschas Geschichte zeigt, dass neben materiellen Aspekten auch das Streben nach Sinn und Zweck im Leben eine entscheidende Rolle spielt. Durch seine konkrete Situation wird deutlich, wie essenziell es für die Soziale Arbeit ist, einen ganzheitlichen Ansatz zu verfolgen, der beide Fragestellungen berücksichtigt.

Fallbeispiel 1: Sascha

Sascha ist 23 als er zum vierten Mal innerhalb der letzten sieben Jahre aus einer Haftanstalt entlassen wird. Er trinkt Alkohol seit er 12 Jahre alt ist und nimmt härtere Drogen seit er mit 14 die Schule abgebrochen hat. Danach wurde er vielfach straffällig, insbesondere durch Ladendiebstähle, Kreditkartenbetrug und diversen Verstößen gegen das Betäubungsmittelgesetz. Nach seiner Entlassung wird er von einer Bewährungshelferin unterstützt. Mit ihr trifft er sich 1–2-mal wöchentlich, bei Bedarf auch öfter. In den Gesprächen geht es um lebenslagenspezifische Probleme – Umgang mit Suchtdruck spielt dabei genauso eine Rolle, wie praktische Probleme bei der Selbstversorgung in seiner ersten eigenen Wohnung oder Streitigkeiten mit der Nachbarin wegen zu lauter Musik. Sascha führt seit seiner letzten Haftstrafe ein Leben ohne Alkohol und Drogen. Er hat für sich erkannt, dass er nur nüchtern und abstinent eine Chance hat, sein Leben auf die Reihe zu kriegen. Was in der Haft noch einigermaßen machbar schien, war nun „draußen" ein regelrechter Spießrutenlauf: Alkohol ist in der Gesellschaft sowieso allgegenwärtig, aber auch weiche und harte Drogen waren im Prinzip an jeder zweiten Ecke verfügbar, wenn man sich im Milieu einigermaßen auskannte.
Eines Tages konfrontierte Sascha seine Bewährungshelferin – nennen wir sie Melanie – mit folgender Frage: „Melanie, wofür soll ich eigentlich nüchtern bleiben? Es ist alles so mühsam und stressig. Ich weiß, dass ich mit Alkohol und Drogen mein Leben vor die Wand fahre. Aber mir fehlt zunehmend der Grund, es nicht zu tun." ◀

Sascha konfrontiert die Sozialarbeiterin Melanie mit der *Wozu*-Frage. Die *Wie*-Frage bietet in diesem Fall zunächst die Grundlage für die Zusammenarbeit der beiden. Die Bewährungshilfe ist ein klassisches Handlungsfeld der Sozialen Arbeit. Fachkräfte unterstützen die (ehemals) Inhaftierten (und ggf. deren Angehörige) bei Themen, die durchaus das Prädikat „existenziell" verdienen – allerdings eben vor allem im Sinne der *Wie*-Frage: Aus der Ich-Perspektive des Adressaten formuliert:

- Wie soll ich eine Wohnung finden?
- Wie soll ich von meinen hohen Schulden runterkommen?
- Wie finde ich einen zu mir passenden Ausbildungsplatz?
- Wie kann ich lernen, gewaltlos Konflikte zu bewältigen?
- Usw.

Auf dem Terrain der *Wie*-Frage liegt die besondere Kompetenz sozialpädagogischer Fachkräfte. Hierum drehen sich auch die Methoden, Theorien und Konzepte, mit welchen Studierende der Sozialen Arbeit in ihrem Studium konfrontiert werden. Doch was ist mit der „Wozu"-Frage, die bei Sascha identisch mit der Sinnfrage ist? Wie geht man mit ihr um? Soll man es hier überhaupt mit einer Antwort versuchen? Oder fällt dies nicht in die Zuständigkeit der Sozialen Arbeit?

Die Besonderheit der Sinnfrage liegt wahrscheinlich darin, dass derjenige der sie stellt, in der Regel nicht eine bestimmte Antwort von seinem Gegenüber erwartet und dann ist das Problem gelöst im Sinne von *„Ah, so ist das also mit dem Sinn des Lebens. Wow, jetzt wird alles gut, danke!"* Sinnfragen lassen sich nicht so beantworten, wie Fragen zur Antragstellung auf Wohngeld oder zu einer Ratenzahlung wegen Schwarzfahrens.

Eine These dieses Buches ist es, dass die Sinnfrage im Zentrum zeitgenössischer Selbstversicherung und Identitätsbildung des Individuums im 21. Jahrhundert steht. Wenn dies aber zutrifft, dann wäre es geradezu absurd zu glauben, dass sie aus dem Prozess der Beratung, Begleitung, Förderung und Betreuung ausgespart werden kann, den Soziale Arbeit ihren Adressatinnen und Adressaten anbietet.

Wenngleich es auf den ersten Blick ob seiner prekären Lebensumstände zunächst nicht so scheinen mag: Auch Sascha gehört womöglich schon zu den Davongekommenen. Er dokumentiert dies in der oben beschriebenen Sequenz dadurch, dass er die Wozu-Frage stellt. Damit hebt er das Gespräch auf eine andere Ebene. Die Frage ist: Was gilt es auf dieser Ebene als Fachkraft der Sozialen Arbeit zu tun? Was zu beachten? Wie spricht, berät und unterstützt man Menschen auf dieser Ebene?

Im zweiten Kapitel soll versucht werden, die neue Ebene, auf der uns die Wozu-Frage führt, besser phänomenologisch auszuleuchten. Dabei hilft uns die Existenzphilosophie und ihr Fokus auf die bereits genannten Themen.

Zusammenfassung

Die Existenzphilosophie stellt die Sinnfrage: Wozu leben? Für die Soziale Arbeit bringt das neue Herausforderungen mit sich: Ein ausschließlicher Fokus wie bisher auf grundlegende Bedingungen und Verhältnisse (sozialen) Lebens und sozialer Probleme erscheint fragwürdig. Wenn Soziale Arbeit sich grundsätzlich an alle Menschen richtet, dann darf sie vor der Sinnfrage und anderen existenziellen Nöten von „Davongekommenen" nicht zurückschrecken. Das Fallbeispiel von Sascha hat gezeigt, wie sich die Wozu-Frage beispielhaft im beruflichen Alltag zeigen kann – und dass es einer sensiblen Wahrnehmung bedarf um hier professionell zu agieren. ◀

1.2.2 Kritik an der Existenzphilosophie und deren Relevanz

Die Existenzphilosophie bietet keine in sich geschlossene Theorie wie beispielsweise die luhmannsche Theorie sozialer Systeme, der Sozialkonstruktivismus von Berger und Luckmann oder der Capabilities Approach in der Version von Martha Nussbaum – um nur einige besonders populäre Meta- und Bezugstheorien zeitgenössischer Theorien Sozialer Arbeit zu benennen.
Diese fehlende Systematik wurde den Vertreterinnen und Vertretern der Existenzphilosophie übrigens immer wieder, auch aus dem eigenen Lager, vorgeworfen – beispielsweise von Jürgen Habermas. Ein weiterer Kritikpunkt betrifft den starken Subjektivismus, der das existenzphilosophische Nachdenken prägt. Begriffe wie *Sinn*, *Freiheit*, *Schuld* usw. scheinen sich einer objektiven, rationalen Bewertung und Diskussion zu entziehen, was natürlich hochproblematisch für jeden diskursiven Anspruch ist. Als dritter Kritikpunkt wird der Existenzphilosophie, (insbesondere dem französischen Existenzialismus) ein inhärenter Pessimismus vorgeworfen.
Diese drei Kritikpunkte – die fehlende Systematik, der starke Subjektivismus und der Vorwurf des Pessimismus – möchte ich hier kurz auf ihre Relevanz prüfen, die sie gegebenenfalls auf den Versuch haben könnten, die Existenzphilosophie als Bezugswissen der Sozialen Arbeit auszuweisen.
Zunächst zur Frage der fehlenden Systematik: Die Themen der Existenzphilosophie stellen, wenn man so will, Markierungen auf unserem Lebensweg dar, mit denen wir uns als Einzelne früher oder später konfrontiert sehen. Es ist richtig, dass weder Sartre noch einer der anderen bekannten Existenzphilosophen den Versuch unternommen haben, diese Themen, Fragen und Probleme systematisch in einer Monografie o. ä. darzustellen und systematisch aufzubereiten. Das ist kein Zufall, sondern liegt an den Eigenheiten des philosophischen Gegenstandes – der menschlichen Existenz – selbst. Das zeigte sich schon bei jenem Denker, der gemeinhin als Begründer der Existenzphilosophie gesehen werden darf.
Sören Kierkegaard kann als Antipode von Georg Friedrich Willhelm Hegel (1770–1831) gelesen werden. Während Hegel mit seiner „Phänomenologie des Geistes" (1807) einen gleichermaßen imposanten wie schlecht verständlichen Versuch vorlegte, die Entwicklung des (menschlichen) Geistes ein für alle mal zu klären, tat Kierkegaard nichts dergleichen. Er äußerte sich vielmehr spöttisch über diesen Versuch des preußischen Staatsphilosophen Hegel, die Wahrheit (hier: des Geistes) systematisch darzustellen. Die Titelwahl für eines seiner Bücher mit dem Namen „Philosophische Brocken" (1844) kann deshalb in diesem Zusammenhang als Kritik

an den großen philosophischen Systementwürfen gelesen werden. Seriöses philosophisches Nachdenken ist für Kierkegaard eben nicht an die Maxime gebunden, dass an dessen Ende ein gigantisches (im Falle Hegels fast tausendseitiges) Denkgebäude stehen muss. Hin und wieder sind auch einfach ein paar „Brocken" das, was beim Versuch rauskommt, der Wahrheit näher zu kommen. Und menschliches Leben und Erleben ist für Kierkegaard zu komplex, zu widersprüchlich, zu eigentümlich – kurz: zu *subjektiv* – um es philosophisch als gigantisches geistiges Konstrukt ein für allemal ausleuchten und festzurren zu können. Mit dieser Position setzt sich Kierkegaard zwar in der Folge auch dem Vorwurf des Subjektivismus und des Relativismus aus. Auf der anderen Seite wirkt das aber heute – knapp zwei Jahrhunderte nach dem Tod der beiden Philosophen – weit weniger unfreiwillig komisch, als etwa Hegels Versuch, die Entwicklung des menschlichen Geistes im Ideal des preußischen Staates (und noch konkreter: in der Person des preußischen Staatsphilosophen – also sich selbst) aufgehen zu sehen.

Aus Sicht der Sozialen Arbeit ist der Vorwurf der fehlenden Systematik nur bedingt von Relevanz. Die Existenzphilosophie ist keine erkenntnistheoretische Grundlage, wie es z. B. die Hermeneutik für die Lebensweltorientierung von Thiersch oder die soziale Systemtheorie von Luhmann für Kleves postmodernen Theorienentwurf darstellt. Gleichwohl bedürfen bestimmte Prinzipien der Existenzphilosophie – insbesondere die starke Subjektorientierung – gar keiner systematischen Ausarbeitung um das Nachdenken über eine existenzielle Soziale Arbeit zu begründen. Fehlende Systematik kann hier vielleicht sogar von Vorteil sein, weil sie eine gewisse Demut vor den Eigenheiten, Widersprüchlichkeiten und Ambivalenzen menschlichen Lebens vermittelt, welches sich immer wieder erfolgreich Versuchen entzieht, letztgültig definiert zu werden.

Hand in Hand mit dem Vorwurf der fehlenden Systematik geht der Vorwurf des starken Subjektivismus. Der eine Vorwurf führt quasi zum anderen – und umgekehrt. Dort, wo es um Themen geht, die sich zuallererst auf das Erleben von Individuen beziehen (wie es bei Leid, Schuld, Sinnlosigkeit usw. der Fall ist) und nicht um allgemeine Strukturen der Wirklichkeit (Zeit, Raum, Gesellschaft oder den Begriff der Wirklichkeit), dort betritt man philosophisch immer dünnes Eis, denn verallgemeinerbare Aussagen und Positionen scheinen kaum begründbar.

Doch genau das ist Soziale Arbeit: Arbeit mit Subjekten, mit je einmaligen Menschen, Charakteren und Persönlichkeiten. Insofern wandelt sich der Vorwurf des Subjektivismus, welcher der Existenzphilosophie gemacht wird, in ihrer Anwendung auf die Soziale Arbeit eher zu einem Pluspunkt. Der Subjektivismus der Existenzphilosophie könnte der Sozialen Arbeit theoretisch etwas bieten, was sie im Kern ausmacht, aber von anderen Theorien so nicht geliefert bekommt: Die Möglichkeit, die Tiefen (und manchmal auch Abgründe) des subjektiven Erlebens zum Objekt einer wissenschaftlich orientierten theoretischen Konzeption zu machen.

Der dritte Vorwurf richtet sich gegen den vermeintlichen Pessimismus, der sich insbesondere gegen den französischen Existenzialismus von Sartre, aber auch von Camus richtet. Im Vorwort zu dem von ihr herausgegebenen *Lesebuch mit Bildern* über Jean-Paul Sartre führt Hakenesch (2005, 7) über das Denken Sartres aus:

> „Am Anfang dieses Denkens steht jedoch die Einsicht in die abgründige Einsamkeit des Menschen angesichts der Grundlosigkeit und Zufälligkeit seines Daseins, allen Daseins, angesichts der vergeblichen Illusion, in den Augen der Anderen einen Sinn, eine Notwendigkeit, eine Rechtfertigung der eigenen Existenz gespiegelt zu sehen. [...] Das Gesetz der Einsamkeit könnte man so ausdrücken: Kein Mensch kann die Aufgabe, seine Existenz zu rechtfertigen, auf andere abwälzen."

Viele Menschen könnten von dieser Sichtweise Sartres überfordert sein. Denn wenn unser Dasein tatsächlich grundlos und zufällig sein sollte – es also keinen metaphysischen Überbau gibt, der so etwas wie Sinn und eine verbindliche Werteordnung begründet – dann könnte man schließen, dass es gar keine objektivierbaren Werte geben kann. Die Folge wäre ein Werte-Nihilismus. In Kombination mit dem von Camus postulierten *Absurden* scheint es daher naheliegend, dem Existenzialismus den Vorwurf einer pessimistischen Grundtendenz anlasten zu können. Wenig überraschend sieht Sartre dies ganz anders. In *Der Existenzialismus ist ein Humanismus* setzt er sich konkret mit dem Vorwurf auseinander und formuliert sogar die These, dass der Existenzialismus in Wahrheit ein Optimismus sei. „[...]: es gibt keine optimistischere Lehre, da das Schicksal des Menschen in ihm selbst liegt" (Sartre 1946/2000, 164). Spannend für unsere Erörterung hier ist die Tatsache, dass Sartre seinen Subjektivismus selbst als Theorie bezeichnet – und zwar eine, die nicht nur im Endeffekt optimistisch sei, sondern darüber hinaus auch ein Garant für die menschliche Würde, denn sie ist „[...] die einzige, die ihn nicht zum Objekt macht" (ebd., 165). Soll heißen: Da der Existenzialismus menschliches Leben nicht in einer höheren Ordnung aufgehen sieht, sondern stets als Selbstzweck erachtet, entspricht er damit eigentlich jenem Grundsatz, den wir auch aus dem Grundgesetz kennen: Die Unantastbarkeit der menschlichen Würde.

Die Existenzphilosophie ist der Versuch einer theoretischen Beschäftigung mit zutiefst subjektiven, individuellen und unausweichlichen Kategorien menschlichen (Er)lebens. Als solches haben die ihr zuzurechnenden Autorinnen und Autoren sich der schwierigen Aufgabe gestellt, in verschiedensten Schriftgattungen – von Essays und Abhandlungen, über Theaterstücke und Dramen bis hin zu Romanen – zentralen Fragen menschlicher Existenz nachzuspüren. Sie trafen damit zu ihrer Zeit (hier v. a. während und kurz nach dem Zweiten Weltkrieg) nicht nur einen Nerv in der damaligen Gesellschaft, sondern beeinflussten zahlreiche Kreise außerhalb der Philosophie, wie Künstler und Schriftsteller, aber auch Politiker und den einfachen Mann und die einfache Frau von nebenan. Sie inspirierten Ärzte, Theologinnen, Psychologen und Psychotherapeutinnen. Und nun wird es Zeit, dass sie auch Sozialarbeiter und Sozialpädagoginnen inspirieren.

Zusammenfassung
Die oftmals gegen die Existenzphilosophie vorgebrachte Kritik – insbesondere der Vorwurf eines (vermeintlichen) Pessimismus und Subjektivismus – erscheinen in ihrer möglichen Relevanz für die Soziale Arbeit wenig überzeugend. Die Betonung individueller menschlicher Erfahrungen in der Existenzphilosophie findet vielmehr Parallelen in der Sozialen Arbeit, die sich ebenso mit den einzigartigen Lebenswegen von Menschen auseinandersetzt. Existenzphilosophische Ideen und Konzepte können so in der Praxis Sozialer Arbeit den Fachkräften dabei helfen, menschliches Leben und Verhalten auf einer tieferen Ebene noch besser zu verstehen und wertzuschätzen.

1.3 Klärung zentraler Begrifflichkeiten

Bevor im nächsten Kapitel der Fokus auf die Darstellung des aktuellen Forschungsstandes und die potenzielle Anschlussfähigkeit einer existenziellen Sozialen Arbeit an bestehende Theorien gerichtet werden soll, müssen nun noch einige zentrale Begrifflichkeiten erläutert und teilweise voneinander abgegrenzt werden. Dabei wird sich zeigen, dass insbesondere *Existenz* selbst ein hoch theoretischer Begriff ist, der durch verschiedene Autoren verschiedene Bedeutungszuschreibungen erhalten hat. Im Anschluss werde ich mich der Frage nähern, welche konkreten Fragen und Themen mit dem Existenz-Begriff verbunden sind, und schließlich zeigen, wie sich die oft synonym verwendeten Begriffe der *Existenzphilosophie* und des *Existenzialismus* voneinander unterscheiden – und warum ich ersterem hier in der Regel den Vorzug gebe.

1.3.1 Existenz

Bereits im Zuge der Einleitung dürfte klar geworden sein, dass sich der hier verwendete Existenz-Begriff nicht auf eine materielle Dimension bezieht, wie dies alltagssprachlich in der Regel geschieht, wenn wir z. B. sagen, dass jemand Existenzsorgen plagen, weil er oder sie den Arbeitsplatz verloren hat und in der Folge vielleicht nicht mehr den Kredit für das Haus bedienen kann. Wenngleich diese materielle Dimension auch in der Sozialen Arbeit von Bedeutung ist (man denke nur an das Handlungsfeld der Schuldnerberatung), so umfasst der Existenzbegriff schon im wortetymologischen Sinn mehrere, weit über das materielle hinausgehende, Aspekte. Eine erste Annäherung erhielten wir im Zuge der Unterscheidung der *Wie-* und der *Wozu-Frage* bei Odo Marquard (vgl. 1.2.1)
Der Begriff *Existenz* stammt vom lateinischen *ex-sistere*, was so viel bedeutet wie *herausstehen* oder *hervortreten*. In der Existenzphilosophie bezieht sich *Existenz* auf die individuelle, konkret gelebte Erfahrung eines Menschen und seine Positionierung in der Welt.

Im Folgenden möchte ich einige existenzphilosophische Kerngedanken verschiedener Denker sammeln, wobei einige (Nietzsche und Plessner) nicht im engeren Sinne der

Existenzphilosophie zugerechnet werden, ihre Positionen mir aber für unsere Zwecke gewinnbringend erscheinen.
Sören Kierkegaard unterschied zwischen der objektiven Wahrheit, die von den Naturwissenschaften untersucht wird, und der subjektiven Wahrheit, die mit der individuellen Existenz verbunden ist (vgl. Kierkegaard 1846/1957[7]). Er betonte die Bedeutung der persönlichen Entscheidungen und die Unvorhersehbarkeit des Lebens. Für ihn war die Existenz ein ständiger Prozess der Selbstfindung und -gestaltung. Für den Zusammenhang dieses Buches ist dieser Aspekt von zentraler Bedeutung, insofern Kierkegaard auf das gespannte Verhältnis zwischen Existenzphilosophie und (Natur)wissenschaft verweist. Denn letztlich behandelt diese philosophische Strömung Fragen und Themen, die in das unmittelbare subjektive Erleben des Einzelnen fallen – und mit den Mitteln und Methoden der modernen Wissenschaft kaum objektiviert werden können. Gleichwohl wäre es falsch, deswegen die Aussagen der Existenzphilosophie als „unwissenschaftlich" abzuqualifizieren, weil sie dazu neigen, sich empirisch verifizierbaren Antworten zu entziehen. Ein unmittelbar einleuchtendes Beispiel wäre der Versuch, ein für alle Mal die Frage nach dem Sinn des Lebens mit naturwissenschaftlicher Methode zu beantworten – nur weil dies nicht gelingt, heißt das nicht, dass die Frage selbst unwissenschaftlich bzw. für die Wissenschaft irrelevant wäre.
Nietzsche legte ebenfalls viel Wert auf die individuelle Freiheit und betonte dabei vor allem den Aspekt der Selbstüberwindung (vgl. Nietzsche 1886/2006 sowie 1883/2005) Er forderte die Menschen auf, ihre eigene Existenz und Bedeutung in der Welt zu schaffen, indem sie sich von traditionellen moralischen und religiösen Werten lösen und ihre eigenen Werte entwickeln. Für Nietzsche bestand die Aufgabe der Existenz darin, sich aktiv und schöpferisch im Leben zu betätigen und die eigene Individualität zu verwirklichen. Die Frage nach einem objektiven Sinn der Existenz beantwortete er negativ und sah den Menschen vor einem ewigen Kreislauf („ewige Wiederkehr des Gleichen") gestellt. Die Freiheit menschlicher Existenz liegt für ihn darin, mit Inbrunst „Ja" zu sagen – und auf diese Art nicht an seinem Schicksal zu verzweifeln.
Martin Heidegger (1889–1976) unterschied in seinem Hauptwerk „Sein und Zeit" (Heidegger 1927/2006) zwischen *Existenz* und *Dasein*. *Existenz* war für ihn ein abstrakter Begriff, während *Dasein* die konkrete, gelebte Erfahrung des Menschen beschreibt. Heidegger betonte die Bedeutung von Zeitlichkeit, Geworfenheit und Endlichkeit des menschlichen Daseins. Letzteres ist für ihn durch seine eigene Vergänglichkeit und die Notwendigkeit, Entscheidungen zu treffen, geprägt. Dieser Gedanke der *Geworfenheit* des Menschen in sein Dasein wird uns in den folgenden Abschnitten, zumal bei den Fallbeispielen, immer wieder begegnen.

7 Die Originalausgabe des Buches erschien 1846 in Kopenhagen. Kierkegaard schrieb sie unter dem Pseudonym Johannes Climacus.

Jean-Paul Sartre (1905–1980) verwendete, wie bereits mehrfach erwähnt, den Begriff *Existenz* in Abgrenzung zum Begriff der *Essenz*. Er argumentierte, dass es keine vorgegebene menschliche Natur gibt und dass jeder Mensch durch seine Entscheidungen und Handlungen sein eigenes Wesen schafft. Für Sartre bedeutet Existenz, sich in einer Welt ohne feste Bedeutung oder vorgegebene Werte zurechtzufinden und Verantwortung für die eigenen Handlungen zu übernehmen. Existenz ist also für ihn frei von jeder weiteren (vorgegebenen) Eigenschaft – in gewisser Weise also eine Art „Rohmaterial". *Existieren*, so kann man Sartre hier interpretieren, bedeutet dann, dieses Rohmaterial zu gestalten und selbst zu bestimmen, welche *Essenz* (Wesen) aus der *Existenz* hervorgeht. Damit sind für Sartre insbesondere die Themen *Freiheit* und *Verantwortung* unmittelbare Folgen der Existenz als die dem Menschen vorbehaltene Seinsweise (vgl. hierzu insbesondere Sartre 1943/1993 und Sartre 1946/2000).

Simone de Beauvoir (1908–1986) betonte die Notwendigkeit, sich der gesellschaftlichen Erwartungen bewusst zu werden und diese kritisch zu hinterfragen. Sie sah die menschliche Existenz, wie ihr Lebensgefährte Sartre, als einen ständigen Prozess der Selbstgestaltung und -entwicklung, in dem jeder Mensch, unabhängig von Geschlecht oder sozialer Position, die Verantwortung trägt, ein authentisches und freies Leben zu führen. Für die Soziale Arbeit ist traditionell ihre feministische Kritik an patriarchalen Gesellschaftsstrukturen von besonderem Interesse, welche für die soziale Konstruktion von Geschlechtern und damit verbundenen Rollenzuschreibungen sorgen (vgl. de Beauvoir 1949/2000).

Sowohl die sich aus der Etymologie des *Heraus-stehens* ergebende Perspektive auf *Existenz* als auch die unterschiedlichen, skizzierten Begriffszuschreibungen o. g. Denker liefern wichtige Aspekte für ein umfassendes Verständnis des Existenz-Begriffes. Als spezifisch menschliche Seinsweise bedeutet existieren also „heraustreten", was durch den Einzelnen vollzogen wird. Doch ein heraustreten aus *was*? Eine mögliche Antwort dafür findet sich in Heideggers Begriff des *man*, der damit den Schritt aus der anonymen Masse meint. In der Bewusstwerdung seiner Selbst und seines Daseins tritt der Einzelne im Akt der Selbstermächtigung aus der Anonymität heraus und nimmt sein Schicksal in die eigenen Hände. So findet er schließlich den Weg von der uneigentlichen zur eigentlichen Existenz (zur Philosophie Heideggers vgl. auch Safranski 1994).

Eine weitere Konkretisierung des *Heraustretens* findet sich bei Helmuth Plessner und seinem Konzept der „exzentrischen Positionalität", welches er in seinem Hauptwerk *Die Stufen des Organischen und der Mensch* (Plessner 1928) beschreibt. Plessners Konzept der *exzentrischen Positionalität* beschreibt die einzigartige Stellung des Menschen im Verhältnis zu sich selbst und seiner Umwelt. Im Gegensatz zu anderen Lebewesen, die in einer *zentrischen Positionalität* stehen und ihre Welt und ihr Selbst nur aus einer einzigen Perspektive wahrnehmen, verfügt der Mensch über die Fähigkeit, sich selbst und seine Umwelt aus einer *exzentrischen* Perspektive zu betrachten. Diese Fähigkeit ermöglicht es dem Menschen, sich seiner eigenen Existenz bewusst zu sein und über sich selbst nachzudenken, zu reflektieren – kurz: Sich selbst zum Thema zu machen. Laut Plessner ist das *existere* des Menschen dadurch gekennzeichnet, dass er sich seiner eigenen Begrenztheit und Sterblichkeit bewusst ist und gleichzeitig versucht, sich über diese Begrenzungen hinaus zu erheben. Die *exzentrische Positionalität* ermöglicht es dem Menschen, eine Distanz zu sich selbst und zur Welt aufzubauen, die ihm erlaubt, sich kritisch mit sich selbst auseinanderzusetzen und damit – im Verbund mit anderen – eigene kulturelle, soziale und politische Ordnungen zu schaffen.

Die exzentrische Positionalität des Menschen führt jedoch auch zu einer grundlegenden Ambivalenz und Unvollständigkeit der menschlichen Existenz. Der Mensch ist stets im Spannungsfeld zwischen seiner physischen und kulturellen Natur gefangen, und die exzentrische Positionalität zwingt ihn dazu, sich ständig mit dieser doppelten Natur auseinanderzusetzen. Plessner betrachtet diese Ambivalenz als eine wesentliche Bedingung der menschlichen Existenz und als Antrieb für die Entwicklung menschlicher Gesellschaften.

Seine Überlegungen überschreiten so die reine Subjektbezogenheit der Existenzphilosophie, indem er die Auswirkungen der Besonderheiten der menschlichen Existenz an der Schnittstelle zwischen Individuum und Gesellschaft in den Blick nimmt – also genau dort, wo wir im Allgemeinen auch Soziale Arbeit als Profession und Disziplin verorten. Insofern gewinnt Plessner mit seinem Ansatz für uns auch an Interesse.

Für die hier maßgebliche Verwendung des Existenzbegriffes als menschliche Seinsweise, so möchte ich zusammenfassend festhalten, sind folgende Aspekte von besonderer Bedeutung:

1. *Existenz* ist dem Wortsinn nach eine Differenzkategorie – sie beschreibt die spezifische menschliche Seinsweise in Abgrenzung zu anderen Lebensformen (etwa von Pflanzen, Tieren oder auch übersinnlichen Gestalten wie Göttern oder Engeln). Mit Plessners Konzept der exzentrischen Positionalität lässt sich sagen, dass menschliche Existenz sich dadurch auszeichnet, dass sie sich dem Umstand bewusst wird, dass sie nicht auf eine bestimmte Art und Weise der Betrachtung bzw. Beobachtung festgelegt ist. Andererseits wird sich der Mensch dadurch auch seiner eigenen Begrenztheit und Sterblichkeit bewusst – und sieht sich in diesen Rahmenverhältnissen dazu aufgerufen, sein Leben eigenständig zu gestalten und zu verantworten sowie Sinn zu finden.
2. Mit Sartre (und ein Stück weit auch mit Nietzsche) schließe ich mich dem Gedanken an, dass im besonderen Maße die *Freiheit* eine direkte Folge der menschlichen Seinsweise ist: Da die Existenz jeglicher Wesenszuschreibung (Essenz) vorausgeht, ist der Mensch jederzeit selbst verantwortlich für sein Tun und Handeln (dass sich das nicht konsequent für alle Personengruppen denken lässt – z. B. Kleinkinder, Demenzerkrankte oder Menschen mit geistigen Beein-

trächtigungen, wird uns an späterer Stelle noch *detaillierter* beschäftigen). Er ist *verantwortlich* insofern er eben *frei* ist. Eine Freiheit, zu der er „verurteilt" ist (Sartre), weil er sie sich nicht ausgesucht hat. Dieser Freiheit lässt sich nicht entrinnen, wir können diese Realität nicht ablegen, sondern ihr höchstens, mit Nietzsche gesprochen, unser „heiliges Ja" entgegenschleudern (vgl. Nietzsche 1908/2013). Diese Freiheit ist keine *Freiheit von*, sondern eine *Freiheit zu*. Wir sind nicht frei in dem Sinne, dass wir uns unsere äußeren Umstände (und manchmal auch inneren – z. B. in Form von Erkrankungen) frei aussuchen können – aber wir sind frei darin, *zu* diesen Umständen Stellung zu nehmen und eine Haltung zu ihnen zu entwickeln.

3. Von Martin Heidegger übernehme ich schließlich den Aspekt der *eigentlichen* Existenz in Abgrenzung der uneigentlichen Existenz im anonymen *man*. Dabei ist es wichtig zu beachten, dass Heidegger diese Kategorien zunächst nicht als moralische (normative) Optionen versteht, sondern als ontologische Zustände, die die Struktur und die Möglichkeiten des Daseins offenbaren. Ziel von Heideggers Philosophie ist es, den Menschen dazu zu verhelfen, sich seiner eigenen Existenz und seiner Beziehung zum allgemeinen Sein bewusst zu werden, und somit eine tiefere und authentischere Erfahrung der Welt und des Lebens zu ermöglichen. Etwas pointierter ausgedrückt: Es geht darum, mehr und bewusster *Authentizität* zu wagen.

Diese kleine philosophische Rundschau zeigt, dass *Existenz* ein vielschichtiger Begriff ist, wobei die genannten drei Aspekte – also die *exzentrische Positionalität*, die *Freiheit* und die *Authentizität* – dazu geeignet scheinen, den Begriff inhaltlich so zu füllen bzw. zu definieren, dass es uns möglich wird, mit ihm im Weiteren zu arbeiten – auch und gerade wenn es dann darum geht, hier die Funktion und Aufgabe der Sozialen Arbeit entsprechend zu definieren.

Zusammenfassung
Der Begriff *Existenz* beschreibt die menschliche Seinsweise, die sich von anderen Lebensformen abhebt. Zu existieren bedeutet demnach, sich seiner Stellung als Einzelner im allgemeinen Dasein bewusst zu werden und sich vor die Anforderung gestellt zu erkennen, sein eigenes Leben, seine eigene Suche nach Sinn und Authentizität zu verantworten. ◀

1.3.2 Existenzielle Themen und Fragen

Welche Themen und Fragen ergeben sich nun aus dem so gewonnenen Verständnis von Existenz?
Mit leichten Variationen werden von den Existenzphilosophen und Vertretern einer existenziellen Psychotherapie letztlich immer wieder die gleichen (oder doch zumindest sehr ähnliche) Themen und Begriffe genannt. Die Schnittmenge ist dabei beträchtlich. Am häufigsten betrifft dies die (individuelle) Freiheit, Verantwortung,

Sinn, Leid und Tod (bzw. den Umgang damit). Irvin Yalom (2010) fokussiert in seiner *Existenziellen Psychotherapie* auf die Themen *Freiheit*, *Sinn*, *Isolation* und *Tod*. Karl Jaspers – zur Erinnerung – benennt u. a. *Leid*, *Schuld*, *Tod* und *Kampf* als Grenzsituationen an denen sich das Leben „bricht" und die für seine Existenzphilosophie leitend sind (vgl. Jaspers 1956, 203–206). Sartre steht wie eine Art unangefochtener Pate für das Thema der Freiheit. Camus schließlich benennt konkret das *Absurde* als *das* zentrale Thema seiner Beschäftigung mit der menschlichen Existenz. Und dieses Absurde kann wiederum aus gutem Grund als Chiffre für die Sinn-Frage gesehen werden.

Je nachdem, wie weit man das Feld begrifflich zieht, spielen auch *Identität* und *Subjektivität* eine wichtige Rolle innerhalb der Existenzphilosophie. Auch sie werden uns als Themen im weiteren Verlaufe dieses Buches wieder begegnen.

Um eine rein lexikalische Struktur zu vermeiden, werden im zweiten Kapitel, wenn es – neben einer phänomenologischen Annäherung – auch um die praktischen Bezüge in Handlungsfeldern der Sozialen Arbeit geht, mehrere zentrale Begriffe/Konzepte der Existenzphilosophie thematisch zusammengefasst, weil sie in einem inneren Zusammenhang stehen. Dieser zeigt sich nicht zuletzt bei den beschriebenen Fallbeispielen. Wenn in diesem Buch von „existenziellen Themen" die Rede ist, dann sind konkret die folgenden fünf Themenkomplexe damit gemeint:

Existenzielle Themen:
1. Freiheit, Verantwortung und Schuld
2. Sinn und Sinnlosigkeit
3. Isolation und Einsamkeit
4. Krankheit, Leid und Tod
5. Authentizität/authentisch leben

Wenn von existenziellen *Fragen* die Rede ist, dann sind damit Fragen gemeint, die sich aus den existenziellen *Themen* ergeben und sich unmittelbar an den Einzelnen richten. Existenziellen Fragen ist es gemeinsam, dass sie für das Individuum unabweisbar sind. Sie können nicht von jemand anderen beantwortet werden. Ihre Beantwortung impliziert sowohl eine innere, subjektive Haltung des Befragten, eine darauf aufbauende Entscheidung und schließlich entsprechende Handlungen. Bei keinem dieser drei Schritte – Haltung, Entscheidung und Handlung – kann sich der Einzelne vertreten lassen.

Dies soll an einem Beispiel deutlich gemacht werden: Wenn mich jemand auf der Straße fragt: „Wieviel Uhr ist es?", dann kann ich die Beantwortung ablehnen – etwa in dem ich darauf verweise, dass ich keine Uhr (und auch kein Handy) dabeihabe. Ich könnte die Frage aber auch an meine mich begleitende Frau delegieren, die (im Gegensatz zu mir) ihr Mobiltelefon eingesteckt hat. So geht es auch bei vielen anderen alltäglichen Fragen: Wer wird Fußballweltmeister? Was wollen wir heute essen?

Wohin fahren wir nächstes Jahr auf Urlaub? Auf diese Fragen kann ich entweder intuitiv antworten (Frankreich! Fleisch! Italien!) oder mich von einer anderen Person beeinflussen lassen (etwa der Ehefrau: Brasilien! Salat! Deutschland!), aber letztlich stellt sich hier weder ein Problem der *Haltung*, die ich zu der Frage einnehmen muss, noch hätte eine Nicht-Entscheidung nennenswerte Konsequenzen. Und auch Handlungen, die ausschließlich ich selbst als Folge meiner Entscheidungen durchführen muss, ergeben sich daraus nicht zwingend.
Ganz anders sieht es aus, wenn mich auf dem Weg zur Arbeit wie aus heiterem Himmel die Frage nach dem Sinn in meinem Leben bedrängt. Oder die Verzweiflung, die ich empfinde, wenn ich mit dem möglichen Tod eines lieben Angehörigen konfrontiert bin. Oder die innere Einsamkeit, die mich mitten in menschlichen Gesellschaften befällt, weil ich mich den anderen gegenüber diffus entfremdet fühle.
Existenzielle Fragen sind also anders, insofern sie Themen betreffen, die mit unserer menschlichen Seinsweise zu tun haben, die uns alle (früher oder später) einholen und bei denen wir alle gezwungen sind, letztlich selbst *Antworten* zu geben – und zwar nicht nur in verbaler Hinsicht.
Hier nun also einige typische *existenzielle Fragen* entsprechend der zuvor *genannten existenziellen Themen*:

1. Freiheit, Verantwortung und Schuld:
- Wie frei fühle ich mich – wie frei bin ich?
- Was bedeutet es für mich, „frei" zu sein?
- Wann sind (meine) Entscheidungen wirklich frei?
- Kann ich meine Verantwortung (als „Kehrseite der Medaille" Freiheit) für mich annehmen?
- Welche Verantwortung trage ich für das Gelingen meines Lebens?
- Wie gehe ich damit um, wenn ich an anderen schuldig geworden bin?

2. Sinn und Sinnlosigkeit
- Wie finde ich Sinn für mein Leben? Was soll ich mit meinem Leben anfangen?
- Wie gehe ich mit Gefühlen der Sinnlosigkeit um?
- Hat das Leben im Allgemeinen und für mich im Besonderen überhaupt einen Sinn – und wenn ja, welchen?
- Was ist der Sinn von Leid – und gibt es überhaupt einen?
- Welche Werte sind mir wichtig und wie tragen sie dazu bei, meinem Leben Sinn und Bedeutung zu verleihen?
- In welchen Bereichen engagiere ich mich aktiv, um einen Beitrag für andere Menschen, die Gesellschaft oder die Umwelt zu leisten? Wie verleiht dieses Engagement meinem Leben Sinn?

3. **Einsamkeit und Isolation**
- Warum fühle ich mich manchmal den anderen gegenüber so fremd?
- Wie komme ich mit mir selbst klar?
- Wie gehe ich mit Ängsten und Zweifeln um, selber Entscheidungen zu treffen?
- Wie kann es mir – im Angesicht der Anderen – gelingen, ein authentisches Leben zu führen?

4. **Leid, Krankheit und Tod**
- Bin ich mir der Unvermeidlichkeit von Leid, Krankheit und Tod in meinem Leben und im Leben anderer bewusst? Kann ich diese Aspekte der menschlichen Existenz akzeptieren, auch wenn sie schmerzhaft und herausfordernd sind?
- Welche Haltung nehme ich zu (schicksalshaftem) Leid und Krankheit ein?
- Inwieweit beeinflussen meine Erfahrungen und Gedanken über Leid, Krankheit und Tod meine Lebensprioritäten?
- Kann ich aus Erfahrungen mit Leid, Krankheit und Tod etwas lernen und als Chance für persönliches Wachstum und Weiterentwicklung betrachten?

5. **Authentizität/Authentisch leben**
- Fühlt sich mein Leben authentisch an?
- Lebe ich wirklich mein Leben – oder lasse ich mich von anderen instrumentalisieren?
- Welche Werte und Überzeugungen sind mir wichtig? Lebe ich gemäß diesen Werten und Überzeugungen oder lasse ich mich von äußeren Einflüssen und Erwartungen bestimmen?
- Wie gut kenne ich mich selbst? Bin ich mir meiner Stärken, Schwächen, Wünsche und Bedürfnisse bewusst?
- Pflege ich Beziehungen, die auf Offenheit, Ehrlichkeit und gegenseitiger Akzeptanz basieren? Kann ich ich selbst sein in meinen Beziehungen, oder spiele ich eine Rolle, um den Erwartungen anderer gerecht zu werden?

Die Konfrontation mit existenziellen Fragen führt zu einer intensiveren Auseinandersetzung mit persönlichen, sozialen und kulturellen Werten. Durch die Reflexion über existenzielle Themen können Menschen ihre eigenen Überzeugungen hinterfragen, ihre Werte schärfen und ihre Lebensziele anpassen, um ein erfüllteres und authentischeres Leben zu führen. Im zweiten Kapitel werden wir sehen, wie viele dieser Fragen im Alltag der Sozialen Arbeit allgegenwärtig sind.
Zum Schluss erlaube ich mir eine Metapher: Existenzielle Fragen ähneln Hinweisschildern in Frageform, denen wir alle auf unserem Lebensweg begegnen. Sie sagen uns nicht, wohin wir gehen sollen, aber sie fordern uns auf, darüber nachzudenken können uns regelrecht bedrängen. Ihre Fragen sind unabweisbar, und an uns als Individuum gerichtet. Von uns müssen sie entsprechend auch beantwortet werden. Auch der (bewusste oder unbewusste) Versuch, existenzielle Fragen zu ignorieren, stellt

eine individuelle Antwort auf sie dar. Die Frage, wie es uns „geht“, wie wir unser Leben empfinden und ob wir Hilfe benötigen, hat wesentlich öfter mit unseren Antworten auf diese Fragen zu tun, als wir gemeinhin vielleicht denken.

Zusammenfassung
Existenzielle Fragen gehen uns alle an, sie sind für uns Menschen zum einen unabweisbar, zum anderen können wir uns – ihre Beantwortung betreffend, nicht vertreten lassen. Sie sind gebunden an die zentralen existenziellen Themen wie Freiheit, Verantwortung, Schuld; Sinn und Sinnlosigkeit; Einsamkeit und Isolation; Krankheit, Leid und Tod. Im Alltag Sozialer Arbeit sind diese Themen und Fragen allgegenwärtig, wobei sich, je nach Handlungsfeld, unterschiedliche Schwerpunkte ergeben.

1.3.3 Existenzphilosophie und Existenzialismus

Im Rahmen dieses Buches wird sowohl der Begriff der *Existenzphilosophie* als auch jener des *Existenzialismus* verwendet. Für Leserinnen und Leser ohne tiefere philosophische Vorbildung mag das manchmal verwirrend erscheinen.
Existenzphilosophie ist ein breiterer Begriff, der verschiedene philosophische Strömungen und Denker umfasst, die sich mit Themen und Fragen der menschlichen Existenz auseinandersetzen. Die Existenzphilosophie kann sowohl religiös-konnotierte als auch atheistische Perspektiven beinhalten und ist nicht auf eine bestimmte historische Epoche oder Philosophenschule beschränkt. So kann man z. B. Martin Heidegger dem atheistischen Spektrum der Existenzphilosophie zurechnen, während Karl Jaspers eher für eine dem christlichen Denken verpflichtete Existenzphilosophie steht.
Existenzialismus hingegen ist eine spezifische philosophische Strömung, die insbesondere in Frankreich vor dem Hintergrund der Schrecken des zweiten Weltkrieges entstand und von Philosophen wie Jean-Paul Sartre, Albert Camus und Simone de Beauvoir geprägt wurde, welche die daraus entstehende Zuschreibung als Existenzialisten entweder für sich zustimmend in Anspruch nahmen (Sartre) oder dezidiert für sich ablehnten (Camus). Dem französischen Existenzialismus zuzurechnende Denkerinnen und Denker eint fast ausnahmslos eine grundsätzlich atheistische Weltanschauung (eine der wenigen Ausnahmen hiervon ist Gabriel Marcel).
Als Überbegriff wird in diesem Buch in der Regel *Existenzphilosophie* als Begriff verwendet, um die philosophische Denkart zu benennen, um die es hier im Kern geht. *Existenzialismus* als Begriff werde ich dagegen grundsätzlich nur in zwei Fällen verwenden: 1. Wenn es konkret um die französischen Denker des 20. Jahrhunderts geht (u. a. Sartre, Camus, De Beauvoir). 2. Wenn in der (zumeist englischsprachigen) verwendeten Sekundärliteratur ebenfalls Existenzialismus als Begriff der Vorzug gegeben wird (z. B. bei Neil Thompson).
Die nun vorgenommene Unterscheidung sollte aber nicht darüber hinwegtäuschen, dass die thematischen Schnittmengen, die sich hinter diesen beiden Begriffen verbergen, überwältigend ist: Alle genannten Philosophinnen und Philosophen eint, dass sie

die menschliche Existenz so explizit und konsequent zum Thema machen, wie es in der Philosophiegeschichte zuvor und (bislang) auch danach nicht der Fall war.
Des Weiteren teilen Existenzphilosophie und Existenzialismus eine Kritik an traditionellen metaphysischen und epistemologischen Ansätzen, welche die konkrete menschliche Erfahrung vernachlässigen. Sie setzen sich für einen philosophischen Ansatz ein, der die menschliche Existenz in ihrer Ganzheit und in ihrem realen Kontext betrachtet. Die Suche nach individueller Bedeutung, die Rolle des Einzelnen in der Gesellschaft und die Auseinandersetzung mit dem Absurden sind weitere charakteristische Themen, die sowohl in der Existenzphilosophie als auch im Existenzialismus behandelt werden.

Zusammenfassung
Existenzphilosophie dient als Überbegriff und umfasst als solcher auch die Strömung des französischen Existenzialismus. Während Letzterer insbesondere auch durch den expliziten Atheismus seiner Autoren (hier insbesondere Sartre und Camus) geprägt ist, beinhaltet die „breitere Klammer" der Existenzphilosophie auch religiös-geprägte Sichtweisen. Trotz dieser Unterschiede, überwiegen aber die inhaltlichen Gemeinsamkeiten die sich hinter beiden Begriffen verbergen. ◀

1.4 Existenzielle Denker und Psychotherapeuten

Eine Reihe von Philosophen und Psychotherapeuten wird in diesem Buch immer wieder erwähnt – Sören Kierkegaard, Jean-Paul Sartre, Albert Camus, Martin Heidegger, Karl Jaspers sowie Viktor Frankl und Irvin Yalom. Einige zentrale Begriffe, Konzepte und – im Falle der beiden Psychotherapeuten Yalom und Frankl – auch Methoden, werden rezipiert und auf praktische Fälle der Sozialen Arbeit bezogen. Für Leserinnen und Leser ohne entsprechende philosophische Vorbildung kann das „sich-einlassen" auf deren Gedankenwelt eine nicht zu unterschätzende Herausforderung darstellen. Dessen bin ich mir bewusst. Deshalb sollen an dieser Stelle Kurzportraits dieser zentralen Denker erfolgen, angefangen beim dänischen Philosophen Sören Kierkegaard, der im Allgemeinen postum als „Gründungsvater" der modernen Existenzphilosophie gilt. Stichpunktartig, wie in einer Art Handout, soll dabei ein erster Eindruck für die philosophisch interessierten Leserinnen und Leser möglich werden – oder auch einfach als „Mini-Nachschlagewerk" für zwischendurch.
Wer sich vertieft mit der Existenzphilosophie bzw. dem Existenzialismus beschäftigen möchte, empfehle ich die Einführungen von Thomas R. Flynn (2017), Roland Galle (2009), Thomas Seibert (2016) sowie, zum Nachschlagen, das Lexikon *Existenzialismus und Existenzphilosophie* von Thurnherr und Hügli (2007). Eine besonders gut lesbare populärwissenschaftliche Einführung stellt zudem *Das Café der Existenzialisten* von Sarah Bakewell (2019) dar.

Søren Kierkegaard

Der dänische Philosoph, Theologe und Schriftsteller Søren Kierkegaard (1813–1855) gilt als Vater der Existenzphilosophie und als einer ihrer bedeutendsten christlichen Vertreter. Zu seinen Hauptwerken zählen „Entweder/Oder" (1843), „Die Krankheit zum Tode" (1849) und „Der Begriff der Angst" (1844).

Zentrale Ideen:

- **Subjektivität:** Kierkegaard betont, dass Wahrheit subjektiv und individuell ist. Anstatt einer allumfassenden, objektiven Wahrheit, sieht er in der individuellen Erfahrung und Wahrnehmung die Quelle der Erkenntnis. Philosophische Systeme können diese persönlichen Wahrheiten nie vollständig abbilden.
- **Stadien der Existenz:**
  - Ästhetisches Stadium – Das Leben ist geprägt von Vergnügungen und oberflächlichen Erfahrungen.
  - Ethisches Stadium – Hier stehen moralische Entscheidungen und die Suche nach Sinn im Vordergrund.
  - Religiöses Stadium – Eine tiefgreifende, persönliche Beziehung zu Gott steht über allem, sogar über Vernunft und Ethik.
- **Angst:** Für Kierkegaard ist Angst ein zentraler menschlicher Zustand, der sich aus der Auseinandersetzung mit Freiheit und Unbestimmtheit ergibt. Diese Angst kann lähmend sein, aber auch befreiend, je nachdem, wie man mit ihr umgeht. Sie leitet den Menschen zu ethischen und religiösen Entscheidungen.
- **Verzweiflung:** Diese entsteht, wenn man sich seiner wahren Identität nicht bewusst ist. Sie kann zu tiefer Selbstreflexion führen und in Kierkegaards Sichtweise einem näher zu Gott bringen.
- **Glaube:** Bei Kierkegaard ist der Glaube der ultimative Ausdruck individueller Existenz. Er ist ein „Sprung ins Ungewisse", der über reine Vernunft hinausgeht. Glaube ist eine individuelle Beziehung zu Gott.

Ethik: Anders als andere Philosophen verfolgt Kierkegaard keine systematische Ethik. Vielmehr betont er die individuelle Verantwortung, die Freiheit der Entscheidung und die Beziehung zu Gott. Er glaubt, dass die Auseinandersetzung mit Angst und Verzweiflung uns zu ethischen und religiösen Entscheidungen leitet.

Einfluss und Kritik: Kierkegaards Gedanken haben das 20. Jahrhundert in den Bereichen Philosophie, Theologie und Literatur tief geprägt.

Jean-Paul Sartre

Jean-Paul Sartre (1905–1980) war ein französischer Philosoph, Schriftsteller und politischer Aktivist. Er ist der bekannteste Vertreter des Existenzialismus. Zu seinen Schlüsselwerken gehören „Das Sein und das Nichts“ (1943) und „Der Existentialismus ist ein Humanismus“ (1946).

Kerngedanken:

- **Existenz vor Essenz:** Für Sartre gibt es keine vorbestimmte menschliche Natur. Das Dasein (Existenz) eines Menschen kommt vor irgendeinem vordefinierten Wesen (Essenz). Dies gibt den Menschen die Freiheit, ihr eigenes Wesen durch Entscheidungen zu definieren.
- **Freiheit:** Jeder Mensch hat die uneingeschränkte Freiheit, sein Leben zu bestimmen. Diese Freiheit ist zugleich eine Verantwortung; es gibt keine Entschuldigungen durch Determinismus oder göttliche Vorgaben. Doch mit dieser Freiheit kommen auch Angst und Unsicherheit.
- **Authentizität:** Dies bezeichnet das Streben nach einem Leben, das die individuelle Freiheit respektiert. Es bedeutet, Selbsttäuschung zu vermeiden und sich ehrlich mit der eigenen Existenz und den daraus resultierenden Verantwortungen auseinanderzusetzen.
- **Absurdität:** Für Sartre hat das Leben an sich keine Bedeutung, und doch suchen Menschen ständig danach. Durch die Auseinandersetzung mit dieser Absurdität können Menschen ihre eigenen Werte finden.
- **Faktizität und Transzendenz:**
  - Faktizität bezieht sich auf gegebene Realitäten, wie Geschlecht oder sozialen Status.
  - Transzendenz ist die Fähigkeit, diese Realitäten zu überwinden und sich selbst neu zu definieren.

Ethik: Sartre glaubt nicht an eine objektive Moral. Stattdessen denkt er, dass Individuen ihre eigenen Werte und Prinzipien schaffen. Dabei liegt ein großer Wert auf persönlicher Verantwortung und Engagement.

Politik und Gesellschaft: Sartre sieht den Existenzialismus nicht nur als philosophisches, sondern auch als soziales und politisches Werkzeug. Er kritisierte Kapitalismus und Imperialismus und setzte sich für soziale Gerechtigkeit, Freiheit und Menschenrechte ein.

Einfluss und Kritik: Sartre prägte maßgeblich das 20. Jahrhundert, insbesondere in Philosophie, Literatur und Kunst. Allerdings gibt es auch Kritik an seinem Existenzialismus, wie Vorwürfe des Nihilismus und Subjektivismus. Außerdem sind Sartres Sympathien für das sowjetische Regime im Kalten Krieg und für prominente Mitglieder der RAF in den 1970ern kritisch zu sehen.

Martin Heidegger

Martin Heidegger (1889–1976) war ein bedeutender deutscher Philosoph und zählt zu den wichtigsten Vertretern der Existenzphilosophie und Phänomenologie. Seine zentralen Werke sind „Sein und Zeit" (1927) und „Der Ursprung des Kunstwerks" (1935).

Kerngedanken:

- **Dasein:** Heidegger versteht unter Dasein den Menschen, der sich seiner eigenen Existenz bewusst ist. Dieses Dasein ist ständig in der Welt und in Beziehungen verankert. Dabei ist der Mensch „geworfen" in seine Existenz und interpretiert stetig sich selbst und seine Umwelt.
- **Seinsfrage:** Für Heidegger ist die zentrale Frage die nach dem Sinn des Seins. Er kritisiert traditionelle Philosophien, die das Sein übersehen oder als gegeben annehmen. Dabei differenziert er zwischen „Seiendem" (Einzelnes, Konkretes) und dem „Sein" als solchem.
- **Angst:** Diese Emotion entsteht aus der Bewusstwerdung der eigenen Endlichkeit und Freiheit. Sie legt die Existenz als „Geworfenheit" offen und ermöglicht eine authentische Auseinandersetzung mit dem Sein.
- **Eigentlichkeit und Uneigentlichkeit:**
  - Eigentlichkeit meint ein Leben, das sich seiner Endlichkeit bewusst ist und Verantwortung übernimmt.
  - Uneigentlichkeit beschreibt ein Dasein, das von gesellschaftlichen Erwartungen bestimmt wird („mitschwimmen" im *man*).
- **Zeitlichkeit:** Zeit ist für Heidegger zentral. Sie formt die Struktur des Daseins und des Seins selbst. Unsere Auffassung von Vergangenheit, Gegenwart und Zukunft beeinflusst unser Verständnis von Existenz und Sein.

Ethik: Heidegger bietet keine standardmäßige Ethik. Er betont individuelle Verantwortung und das authentische Engagement mit dem Sein. Für ihn liegt Ethik in der Natur des Daseins selbst.

Kunst und Technik:

- Kunst enthüllt für Heidegger das Sein und bietet ein tieferes Weltverständnis.
- Technik kann das Sein ebenfalls zeigen, aber sie kann auch gefährlich sein, insbesondere wenn sie die Welt nur als Ressource ansieht.

Einfluss und Kritik: Heidegger beeinflusste maßgeblich die Philosophie des 20. Jahrhunderts, aber auch die Literatur, Theologie und Kultur. Seine Ideen prägten andere Philosophen wie Sartre und Merleau-Ponty. Ein problematischer Aspekt seiner Biographie ist seine Nähe zum Nationalsozialismus, die einen Schatten auf sein Lebenswerk wirft.

Albert Camus

Albert Camus (1913–1960) war ein französischer Schriftsteller und Philosoph, der besonders für seine Beiträge zum *Absurdismus* bekannt ist, einer Unterströmung des Existenzialismus. Seine bekanntesten Werke sind „Der Mythos von Sisyphos", „Die Pest" und „Der Fremde".

Kerngedanken:

- **Absurdität:** Camus' Philosophie beginnt mit der Annahme, dass das Leben sinnlos ist. Diese Sinnlosigkeit steht im Kontrast zum menschlichen Streben nach Bedeutung, was zu einem Zustand der Absurdität führt. Das Leben ist absurd, weil der Mensch ständig nach einem Sinn sucht, den es in einer chaotischen und indifferenten Welt nicht gibt.
- **Revolte:** Anstatt der Absurdität zu entkommen oder sich ihr zu ergeben, schlägt Camus eine Haltung der Revolte vor. Diese Revolte ist kein physischer Aufstand, sondern ein innerer Akt der Anerkennung der Absurdität und gleichzeitig des Widerstandes gegen sie.
- **Sisyphos-Mythos:** Der Mythos von Sisyphos, der einen Stein ständig einen Berg hinaufrollen muss, nur um ihn wieder *hinunterfallen* zu sehen, dient Camus als Symbol für das absurde Leben. Trotz der scheinbaren Sinnlosigkeit seines Unterfangens rebelliert Sisyphos ständig gegen sein Schicksal und setzt seinen Kampf fort.
- **Freiheit und Verantwortung:** In einer absurden Welt erkennt der Mensch seine Freiheit und die damit verbundene Verantwortung. Es liegt an jedem Einzelnen, sich über vorgegebene Normen und Werte hinwegzusetzen und eigene Entscheidungen zu treffen, aber auch die Konsequenzen dafür zu tragen.

Ethik:

Camus bietet keine universelle Ethik. Statt dessen schaffen die Individuen ihre eigenen Werte und Moralvorstellungen auf der Grundlage ihrer Revolte gegen die Absurdität. Er betont jedoch den Wert von Mitgefühl, Solidarität und Menschlichkeit.

Kunst und Literatur:

Camus betrachtete Kunst und Literatur als wesentliche Wege, um die Absurdität zu erforschen und zu reflektieren. Seine Werke sind sowohl literarische als auch philosophische Reflexionen über diese Thematik. Dabei kritisierte er ideologische Systeme, die absolute Wahrheiten oder Sinn verheißen.

Einfluss und Kritik:

Camus hatte einen bedeutenden Einfluss auf die Philosophie, Literatur und das politische Denken des 20. Jahrhunderts. Kritiker haben jedoch argumentiert, dass seine Konzentration auf das Absurde und die Revolte die tiefgreifenden sozialen und strukturellen Ursachen von Leiden und Ungerechtigkeit übersehen könnte. Trotz dieser Kritik bietet Camus' Philosophie tiefe Einsichten in die menschliche Erfahrung und das Streben nach Bedeutung in einer oft scheinbar sinnlosen Welt.

Viktor Emil Frankl

Viktor Frankl (1905–1997) war ein österreichischer Psychiater und Psychotherapeut. Er überlebte den Holocaust und seine Erfahrungen in Konzentrationslagern beeinflussten die von ihm entwickelte Logotherapie und Existenzanalyse. Seine Hauptwerke sind „Trotzdem Ja zum Leben sagen" und „Ärztliche Seelsorge".

Kerngedanken:

- **Sinn:** Frankl sieht den Sinn des Lebens als einen zentralen Faktor für das menschliche Wohlbefinden. Er glaubt, dass Menschen von Natur aus sinnorientiert sind und danach streben, ihrem Leben Bedeutung zu verleihen.
- **Die drei Hauptwege zum Sinn:**
  1. **Schaffen:** Menschen können Sinn durch schöpferische Tätigkeiten oder Leistungen finden.
  2. **Erleben:** Durch positive Erfahrungen wie Liebe, Kunst oder Musik können Menschen Sinn in ihrem Leben finden.
  3. **Einstellung:** Auch in ausweglosen oder leidvollen Situationen kann der Mensch Sinn entdecken, indem er seine Haltung oder Einstellung zum Geschehen ändert.
- **Existenzanalyse:** Dies ist eine Methode, die Frankl entwickelte, um Menschen bei der Auseinandersetzung mit existenziellen Fragen und der Sinnfindung zu helfen.
- **Noodynamisches Modell:** Frankl glaubt, dass Menschen von einer „noo-dynamischen Spannung" getrieben werden, die aus ihrem Streben nach Sinn entsteht. Diese Spannung kann sowohl positive als auch negative Auswirkungen auf das individuelle Wohlbefinden haben.

Ethik:

Frankl betont die Rolle der individuellen Verantwortung und Freiheit im Prozess der Sinnfindung. Er geht davon aus, dass es einen objektiven Sinn oder „Logos" gibt, den Menschen erkennen können, und dass dies den Menschen in eine ethische Verantwortung versetzt, ihr Handeln entsprechend auszurichten.

Einfluss und Kritik:

Viktor Frankls Ansatz hatte einen tiefgreifenden Einfluss auf die Psychologie und insbesondere die Psychotherapie im 20. Jahrhundert im 20. Jahrhundert. Kritiker argumentieren jedoch, dass sein Fokus auf die individuelle Sinnfindung andere wichtige Faktoren, insbesondere soziale und strukturelle, die zu psychischen Problemen beitragen können, vernachlässigt.

Irvin Yalom

Irvin Yalom (geb. 1931) ist ein prominenter amerikanischer Psychotherapeut, Psychiater und Autor. Er gilt neben Rollo May als Begründer der Existenziellen Psychotherapie, wobei seine Bücher „Existential Psychotherapy" und „The Theory and Practice of Group Psychotherapy" zu seinen Hauptwerken gehören.

Kerngedanken:

- **Existenzbedingungen:** Yalom hat vier grundlegende Existenzbedingungen herausgearbeitet, mit denen sich jeder Mensch auseinandersetzen muss:
  1. **Sterblichkeit:** Die Anerkennung der eigenen Endlichkeit.
  2. **Freiheit:** Die Verantwortung und Autonomie in den eigenen Entscheidungen.
  3. **Isolation:** Das Bewusstsein der unausweichlichen Einsamkeit und der Trennung von anderen.
  4. **Sinnlosigkeit:** Das Streben nach einem Zweck in einer oft unverständlichen Welt.
- **Therapeutische Beziehung:** Die Beziehung zwischen Therapeut und Klient ist für Yalom zentral in der therapeutischen Arbeit. Durch eine echte, empathische und wertschätzende Verbindung können tiefere Einsichten und persönliche Veränderungen ermöglicht werden.
- **Konfrontation mit Existenzbedingungen:** In seiner Therapieform werden Klienten dazu angehalten, sich intensiv mit den Existenzbedingungen auseinanderzusetzen. Das Ziel ist es, den daraus resultierenden Ängsten ins Auge zu sehen, diese zu akzeptieren und letztlich konstruktive Wege im Umgang damit zu finden.
- **Gruppenpsychotherapie:** Yalom sieht in der Gruppenpsychotherapie wertvolle Möglichkeiten, existenzielle Themen zu behandeln. In der Gruppe können soziale Interaktionen, geteilte Erfahrungen und gegenseitige Unterstützung genutzt werden, um individuelle Ängste und Sorgen gemeinsam zu bearbeiten.

Einfluss und Kritik:

Yaloms Theorien und Methoden haben einen tiefgreifenden Einfluss auf die Psychotherapie und insbesondere auf die existenzielle und gruppenpsychotherapeutische Praxis gehabt. Kritiker bemängeln an Irvin D. Yaloms Werk gelegentlich, dass seine therapeutischen Ansätze und Geschichten in seinen Büchern zu stark vereinfacht oder romantisierend dargestellt werden, was die Realität der psychotherapeutischen Praxis verfälschen könnte.

2 Existenzielle Themen als Gegenstand Sozialer Arbeit

Gibt es bereits einen theoretischen Diskurs mit der existenziellen Dimension Sozialer Arbeit, wie sie im ersten Kapitel in der Auseinandersetzung mit den existenzphilosophischen Grundlagen (hoffentlich) ein Stück weit deutlich geworden ist? Die Antwort lautet: Ja – aber hauptsächlich im angloamerikanischen Sprachraum – insbesondere in den USA, England und Australien. Im deutschsprachigen Raum hingegen wurde das Thema in der Disziplin der Sozialen Arbeit nur vereinzelt aufgegriffen.
Zu Beginn des zweiten Kapitels werfen wir daher zunächst einen Blick auf den internationalen Diskurs, insbesondere in den USA, wo über eine *existenzielle Soziale Arbeit* schon seit über einem halben Jahrhundert nachgedacht wird. Sodann werde ich versuchen, anhand einiger ausgewählter Theorien aus dem deutschsprachigen Raum mögliche Bezüge, aber auch Abgrenzungen zum Ansatz der existenziellen Sozialen Arbeit herauszuarbeiten.
Im zweiten großen Abschnitt folgt dann die konkrete Auseinandersetzung mit dem im ersten Kapitel herausgearbeiteten *existenziellen Themen* und deren Bedeutung für die Soziale Arbeit. Dies geschieht auch anhand einer Reihe authentischer Fallbeispiele, die dabei helfen sollen, die oft anspruchsvollen philosophischen Gedankengänge und Argumentationen aus dem abstrakten Raum herauszuholen und für die praktische Soziale Arbeit nachvollziehbar zu machen. Dabei wird auch schon eine Reihe von Methoden benannt, die dann im dritten Kapitel, gemeinsam mit weiteren Methoden, konkreter vorgestellt werden sollen.

2.1 Existenzielle Themen in der zeitgenössischen Theoriendiskussion

2.1.1 Die Diskussion im angloamerikanischen Sprachraum und der Beitrag von Noyon und Heidenreich

Es ist erstaunlich, dass sich im deutschsprachigen Raum bislang nur sehr wenige Arbeiten mit der möglichen Bedeutung und Anwendung der Existenzphilosophie für Theorie und Praxis der Sozialen Arbeit finden lassen. Das Thema zumindest tangiert haben Alexander Noyon und Thomas Heidenreich mit ihrem Buch „Existenzielle Perspektiven in Psychotherapie und Beratung" (2012) Wie aus dem Titel schon hervorgeht, öffnen sie die – typischerweise auf den therapeutischen Sektor begrenzte – Thematik existenzieller Fragen, für den Beratungsbereich. Diese Öffnung ermöglicht es dann auch die Soziale Arbeit als Profession zu adressieren. Und tatsächlich werden sie hierzu schon in der Einführung sehr konkret:

> „Wir gehen davon aus, dass in Abhängigkeit vom jeweiligen Behandlungssetting analog der Psychotherapie auch Beratung, Coaching und Supervision regelhaft existenzielle Themen zum Gegenstand haben. Dies können beispielsweise der Bereich der Lebensberatung [...] oder auch spezifische Tätigkeitsfelder sein. Als Beispiel sei eine Sozialpädagogin genannt, die im Sozialdienst einer neurochirurgischen Station einer Universitätsklinik arbeitet: Im Rahmen ihrer Tätigkeit, die z. B. die sozialrechtliche Beratung der Klienten und ihrer Angehörigen umfasst, wird sie mit an Sicherheit grenzender Wahrscheinlichkeit mit mindestens ebenso vielen existenziell gefärbten Leidenssituationen konfrontiert sein wie eine Psychotherapeutin. Im Hinblick auf die Beziehungsgestaltung finden sich demnach aus unserer Sicht bezogen auf den Umgang mit existenziellen Grundtatsachen des Lebens kaum Unterschiede zwischen Beratung und Therapie – zweifellos besteht auch für den Bereich der Beratung ein erheblicher Informationsbedarf bezogen auf existenzielle Themen." (Noyon, Heidenreich 2012, 17)

Ansonsten lassen sich nur wenige Autoren finden, die im weitesten Sinne die hier angesprochenen existenziellen Themen und Fragen zum Gegenstand Sozialer Arbeit (sei es professionstheoretisch oder methodisch) machen (etwa Mührel 2017 auf den ich im vierten Kapitel noch zurückkommen werde). Ganz anders sieht es da im angloamerikanischen Sprachraum aus. Eine gute Übersicht bietet Mark Griffiths mit seinem 2017 erschienen Buch *The Challenge of Existential Social Work Practice*. Griffiths zeigt die mögliche Anwendung einer existenzialistischen Theorie und existenzphilosophischer Themen in der Praxis der Sozialen Arbeit. Selbst Sozialarbeiter im australischen Melbourne, argumentiert der Autor, dass sich Soziale Arbeit traditionell auf externe, objektive Faktoren wie Sozialsysteme, Sozialpolitik und deren Ressourcen konzentriert hat, während sie die subjektiven, inneren Erfahrungen und Kämpfe von Klienten vernachlässigte (vgl. Griffiths 2017, 2)

Er glaubt weiterhin, dass die Integration existenzialistischer Perspektiven in die Praxis der Sozialarbeit dazu beitragen kann, die existenziellen Herausforderungen zu bewältigen, mit denen Klienten konfrontiert sind – wie Fragen nach Sinn, Zweck und Identität. In seinem Buch beschreibt er eine Reihe existenzialistischer Konzepte und erkenntnistheoretischer Bezugstheorien, einschließlich Phänomenologie, Hermeneutik und existenzialistischer Therapie, und zeigt, wie sie in der Praxis der Sozialen Arbeit genutzt werden können, um die sozialpädagogische Beziehung zu verbessern und Klienten in ihrer Suche nach Sinn und Erfüllung zu unterstützen.

Im Rahmen seiner schriftlichen Ausführungen greift Griffiths auch auf zahlreiche Fallbeispiele und praktische Anregungen zurück, wie Sozialarbeiter existenzphilosophische Prinzipien in einer Reihe unterschiedlicher Handlungsfelder und fachlicher Kontexte angewendet werden können – von Kinderschutz über psychische Gesundheit bis hin zur Sterbebegleitung. Er diskutiert auch die Herausforderungen und Grenzen seines existenzphilosophischen Ansatzes für die Soziale Arbeit, einschließlich der Notwendigkeit fortlaufender Selbstreflexion.

Eine der bekanntesten Arbeiten zur Anschlussfähigkeit des Existenzialismus lieferte Neil Thompson mit *Existentialism and Social Work* (1992/2017). Er argumentiert, dass der sartre'sche Existenzialismus eine wertvolle Perspektive für die Soziale Arbeit bieten kann, um Klienten dabei zu helfen, Bedeutung und Zweck in ihrem Leben zu finden.

Thompson startet mit einem Überblick über die existenzialistische Philosophie, einschließlich ihrer Betonung von Authentizität, freier Wahl und persönlicher Verantwortung. Er wendet dann diese Konzepte/Begriffe auf die Praxis Sozialer Arbeit an und argumentiert, dass Sozialarbeiter Klienten helfen können, existenzielle Herausforderungen wie Angst, Verzweiflung und Gefühle der Bedeutungslosigkeit zu bewältigen.

Er betont die Bedeutung der Schaffung einer unterstützenden und nicht-wertenden Umgebung für Klientinnen sowie der Zusammenarbeit, um ihnen zu helfen, sinnvolle Ziele zu identifizieren und zu verfolgen.

Das Potential des Existenzialismus für die Soziale Arbeit liegt für ihn nicht darin, eine geschlossene Theorie oder Formel für Theorie und Praxis Sozialer Arbeit vorzulegen. Dieses zeigt sich für ihn vielmehr in der Bereitstellung grundsätzlicher Prinzipien, die hier mit eigener Übersetzung wiedergegeben werden sollen (vgl. Thompson 2017, 184f.)

1. An overarching framework. The use of dialectical reason on the one hand and a philosophical, as opposed to scientific, perspective on the other allows an holistic approach, a synthesis of multiple paradigms, levels an facets.

   Ein allgemeiner Rahmen. Die Verwendung einer dialektischen Vernunft einerseits und einer philosophischen, im Gegensatz zu einer wissenschaftlichen, Perspektive andererseits ermöglicht einen ganzheitlichen Ansatz, eine Synthese mehrerer Paradigmen, Ebenen und Facetten.

2. An existential awareness. Conventional theoretical approaches to social work pay little or no attention to the fundamental questions of existence. The implications of human existence are taken for granted as if unproblematic; a significant dimension of social work concerns is all but ignored. Existentialism seeks to reintroduce this crucial aspect.

   Ein existentielles Bewusstsein. Herkömmliche theoretische Ansätze der Sozialen Arbeit schenken den grundlegenden Fragen der Existenz wenig oder gar keine Aufmerksamkeit. Die Implikationen menschlicher Existenz werden als unproblematisch vorausgesetzt; Eine bedeutende Dimension der Belange der Sozialen Arbeit wird so gut wie ignoriert. Der Existentialismus versucht, diesen entscheidenden Aspekt wieder aufzugreifen.

3. A political basis. Social work thinking ranges from the naively apolitical to a crude form of revolutionary praxis. The intricacies and subtleties of the location of social work in the political world (and of politics in the social work world) are a source of considerale confusion and misunderstanding. Sartrean social theory makes considerable progress towards understanding these thorny issues.

Eine politische Basis. Das Denken der Sozialen Arbeit reicht von naiv-unpolitisch bis zu einer kruden Form revolutionärer Praxis. Die Feinheiten der Verortung der Sozialen Arbeit in der Welt der Politik (und der Politik in der Welt der Sozialen Arbeit) sind eine Quelle für erhebliche Verwirrung und Missverständnisse. Die sartr'sche Gesellschaftstheorie stellt bezüglich dieser Fragen eine beträchtliche Weiterentwicklung dar.

4. A fusion of theory and practice. Existentialism avoids falling foul of the common mistake of driving a wedge between theory and practice. Such a polarisation is antithetical to existentialism which justifiably claims to be a philosophy of everyday life, of praxis.

   Eine Verschmelzung von Theorie und Praxis. Der Existentialismus vermeidet es, dem verbreiteten Fehler zu verfallen, einen Keil zwischen Theorie und Praxis zu treiben. Eine solche Polarisierung steht im Gegensatz zum Existentialismus, der zu Recht den Anspruch erhebt, eine Philosophie des Alltags, der Praxis zu sein.

Thompson stellt damit einige Thesen auf, die durchaus auch als paradigmatische Grundüberzeugungen für dieses Buch übernommen werden sollen – sie ergeben sich insbesondere aus (1), (2) und (4).

- Existenzialismus bzw. Existenzphilosophie stellen keine wissenschaftlich-fundierte theoretische Ausgangsbasis für einen neuen theoretischen Ansatz der Sozialen Arbeit dar – ermöglichen aber einen Blick auf Themen, die in der Sozialen Arbeit von hoher praktischer Relevanz sind, aber von der Theoriebildung bislang sträflich vernachlässigt wurden.
- Existenzialismus bzw. Existenzphilosophie lenken unsere Aufmerksamkeit auf bestimmte (theoretische) Themen menschlicher Existenz wie Freiheit, Verantwortlichkeit, Sinn, Tod usw. – fordern uns damit aber auch schon auf, unmittelbar die Frage zu stellen, wie damit im beruflichen Alltag umgegangen wird. Die Grenzen zwischen Theorie und Praxis verschwimmen hier, was sich letztlich auch darin zeigt, dass existenzielle Themen in der Praxis der Profession Sozialer Arbeit zwar allgegenwärtig scheinen, von der Disziplin bzw. Theorie bislang aber nur punktuell und fragmentarisch thematisiert und rekonstruiert wurden.

Durch seine starke Fokussierung auf Sartre bleiben mögliche, darüber hinausgehende, potenziell fruchtbare, Bezüge für die Soziale Arbeit außen vor. Eine Schwachstelle, die er selbst eingesteht, insofern er gegen Ende des Buches einräumt, dass viele Fragen nur angerissen werden konnten – oder gar unbeantwortet bleiben mussten (vgl. Thompson 1992/2017, 174).

Neben Griffiths und Thompson ist schließlich noch Donald F. Krill als früher Vertreter einer existenziell orientierten Sozialen Arbeit in Nordamerika zu nennen. Seine Arbeit ist sogar maßgeblich – und zwar schon in den 1960er-Jahren! Krill betont (zusammenfassender Überblick, siehe Krill 2014) die Bedeutung von Freiheit, Verantwortung und einem Sinn für das Absurde in der Sozialen Arbeit. Er würdigt das

menschliche Potenzial und stellt gleichzeitig das deterministische Denken in Frage, das Mitte des 20. Jahrhunderts unter Psychologinnen und Psychologen weit verbreitet war. Krill zeigt sich skeptisch gegenüber der Aussicht auf bedeutende systematische Fortschritte innerhalb sozialstaatlicher Institutionen und betont demgegenüber die Stärke subjektzentrierter Ansätze, wozu er seinen eigenen natürlich auch zählt. Sein Ansatz kann dabei auch als Vorläufer der ressourcenorientierten Ansätze der Sozialen Arbeit im nordamerikanischen Raum gelesen werden (vgl. ebd.).
Abschließend möchte ich bezüglich des Theoriendiskurses im angloamerikanischen Sprachraum noch auf eine Besonderheit hinweisen, die mir während meiner Recherchen immer deutlicher bewusst geworden ist. Der Theoriendiskurs Sozialer Arbeit ist in den USA, Großbritannien oder Australien, wesentlich offener und pragmatischer gehalten als im deutschsprachigen Raum. Theoretische Konzepte verweisen in der Regel unmittelbar auf die Praxis, ohne zuvor eine abstrakte Objekttheorie über Aufgabe und Funktion Sozialer Arbeit zwischenzuschalten. Das theoretische geht oft direkt ins methodische über. Auch eine strikte Abgrenzung zwischen Beratung (councelling) und Therapie (therapy) wie sie in Deutschland schon aus rechtlichen Gründen notwendig ist, lässt sich so im z. B. nordamerikanischen Raum nicht beobachten. Dieser Umstand bringt es mit sich, dass wesentlich pragmatischer als hierzulande theoretische Ideen und Konzepte auf ihre Kompatibilität für die Praxis geprüft werden können. Dieser Umstand wiederum scheint mir eine der Ursachen zu sein, weshalb existenzielle Themen bislang kaum eine Rolle in der hiesigen Theoriendebatte spielen.
Beispielhaft mag dafür ein von Griffiths beschriebener Fall stehen (Griffiths 2017, 67f.). Darin geht es um einen 45-jährigen Mann, der von seinem Hausarzt an einen Sozialarbeiter „überwiesen“ wird, um seine Pornografie-Sucht zu behandeln und damit seine Ehe zu retten. Schon allein der Vorgang einer „Überweisung“ direkt von Arzt zu Sozialarbeiter wäre in Deutschland wohl eher ungewöhnlich. Besonders aber der damit verbundene, therapeutische Gedanke an dessen Ende die Rettung der Ehe durch die Soziale Arbeit stehen soll. Das Beispiel deutet an, dass der Übergang zwischen Beratung und Therapie, zwischen Sozialarbeiterin und Psychotherapeutin, zumindest in den USA wesentlich fluider gedacht und tatsächlich auch praktisch gehandhabt wird als im deutschsprachigen Raum[8]. Bezüglich der Unterscheidung beider Disziplinen hält Griffiths selber kurz und pragmatisch fest:

---

8 So merkt Krill (2014, 118) an, dass im Zuge der Entstehung vieler Fachkrankenhäuser für Psychiatrie („mental health movement“) in den USA in den 1960er und 70er-Jahren die therapeutische Arbeit gleichermaßen in die Hände von Psychologen als auch Sozialarbeiter gelegt wurde. Letztere konnten dabei ihre therapeutischen Leistungen vielerorts genauso über die Krankenkassen abrechnen, wie Psychotherapeuten. Die dadurch entstandenen kompetenzbedingten Rivalitäten zwischen den Berufsgruppen führten nach Krill schließlich zu einer Wende Ende der 1970er-Jahre durch die großflächige Verschreibung von Psychopharmaka. Denn diese durften nach wie vor nur von Ärzten verschrieben werden. Dadurch wurde der direkte Einfluss der Sozialen Arbeit auf die klinische Therapie zurückgedrängt, denn im Zweifel kann der psychologische Facharzt neben der Psychotherapie auch Medikamente verschreiben, der Sozialarbeiter hingegen nicht.

> „Social work is both broader in its focus and more limited in its depth than psychotherapy. Our focus in the existential approach is on the pre-reflective and conscious mind in the world, not on the unconscious." (Griffiths 2017, 188).

„Existential Social Work" wird insofern weder von Griffiths noch von den anderen genannten Autoren als eine abgeschlossene, eigene Theorie betrachtet, die dann gewissermaßen zur eigenen „Schule" wird (wie dies hierzulande in der Regel der Fall ist), sondern hinsichtlich ihrer Nützlichkeit als eine sinnvolle Ergänzung gesehen, die den Fokus auf ein bestimmtes Thema lenkt: „Existential thought in social work is part of the resurgence in the importance of relationship in effective social work practice." (Griffiths 2017, 187)
Wie schon in der Einleitung angemerkt, wird es auch hier nicht darum gehen, eine abgeschlossene Theorie vorzulegen, sondern eher um eine supportive Ergänzung anderer theoretischer Perspektiven, die sich meines Erachtens mit Blick auf die Praxis bereits in ähnlicher Art beschreiben lässt, wie Griffiths und Thompson dies in ihren Arbeiten für den angloamerikanischen Sprachraum feststellen. Eine theoretische Reflexion ist unabdingbar für eine professionelle Praxis und soll dabei helfen, Praxisphänomene (wie z. B. Sinnkrisen, Gewissenskonflikte, Leiderfahrungen und andere existenzielle Krisen) verstehbar und für Interventionen zugänglich zu machen – angefangen bei einer grundsätzlichen Anerkennung der Zuständigkeit Sozialer Arbeit für diese Themen.

Zusammenfassung:
Während es im deutschen Sprachraum bislang kaum Beiträge zu einer existenziellen Perspektive auf Soziale Arbeit gibt, finden sich hierzu im angloamerikanischen Raum schon seit Jahrzehnten entsprechende Beiträge. Die hier maßgeblichen Autoren Donald F. Krill, Neil Thompson und Mark Griffiths fokussieren dabei v. a. auf das Potential einer subjektzentrierten Perspektive und einem gewachsenen Bewusstsein für existenzielle Themen in der Beratungsarbeit. Ein möglicher Hintergrund für die positive Rezeption existenzieller Themen im Diskurs der Sozialen Arbeit in Nordamerika könnte in der weniger scharf ausgeprägten Abgrenzung zwischen Beratung und Therapie liegen. ◀

2.1.2 Zwischen Lebenswelt und Lebenslage: Existenzielle Soziale Arbeit und ihr Verhältnis zu den Ansätzen von Thiersch und Böhnisch

In der aktuellen Überarbeitung seines lebensweltorientierten Konzeptes Sozialer Arbeit (Thiersch 2020) nimmt Hans Thiersch einige Neuerungen vor. So arbeitet er hier nicht nur verstärkt mit dem Begriff der *Alltäglichkeit* (statt wie bislang Alltag), sondern formuliert dort sogar ein „Alphabet der Alltäglichkeit" und stellt dieses in Bezug zum gelingenderen Alltag, dem übergeordnetem Ziel Sozialer Arbeit. Inhaltlich handelt es sich dabei um folgende Themen (vgl. Thiersch 2020, 52–69):

- Erfahrung, Deutung, Gefühle
- Leib, Raum, Zeit, Beziehungen

- Sorge, Erledigung, Selbstzuständigkeit
- Routinen und Pragmatik
- Selbstdarstellung und Stolz, Anerkennung und Zugehörigkeit

Auf Basis seines hermeneutischen und phänomenologischen Zuganges stellt er heraus, dass er die Begriffe *Alltag und Leben*, *Alltagswelt* und *Lebenswelt*, *Alltagsbewältigung* und *Lebensbewältigung* sowie *Alltagsorientierung* und *Lebensweltorientierung* in der Regel nebeneinander – und nicht im Unterschied zueinander – verwendet. Beide Grundbegriffe – *Leben* hier und *Alltag* dar, werden von ihm „kritisch“ verwendet (vgl. Thiersch 2020, 47).
Thiersch fokussiert in seinem Ansatz auf den Einzelnen im Alltag und sieht Beziehungen zu anderen als wesentlich. Er modifiziert Descartes' „Ich denke, also bin ich“ zu „Wir sind, also lebe und denke ich“ (ebd., 53), was bedeutet, dass das Individuum durch seine Beziehungen und Abhängigkeiten zu anderen verstanden werden kann. Existenzphilosophen wie Sartre und Heidegger sehen hingegen das Individuum im Vordergrund. Für Sartre ist das Engagement mit der Umwelt ein Akt der Ausübung der individuellen Freiheit. Es wird betont, dass Menschen ihre Verhältnisse nicht nur vorfinden, sondern aktiv gestalten.
Im Kontext der Sozialen Arbeit hebt Thiersch die Bedeutung der Lebenswelt hervor, aber existenzialistische Ansätze argumentieren, dass das Individuum vor seinem Eintauchen in die Lebenswelt betrachtet werden muss. Hier zeigt sich eine erkenntnistheoretische Differenz zwischen Thierschs lebensweltorientiertem Ansatz und dem hier vertretenen existenzphilosophischen Zugang, bei dem die Existenz der Essenz vorausgeht.
Darauf aufbauend finden sich bei Thiersch Passagen, in denen er dem existenzphilosophischen Denken eines Sartres oder Heidegger nicht abgeneigt ist und Anleihen für sein theoretisches Nachdenken nimmt:

> „Menschen finden sich in ihrem Leben in der Situation der Zeitlichkeit allen Lebens zwischen Geburt und Tod, im Wissen um die Hinfälligkeit und Unplanbarkeit allen Lebens und der Unbegreiflichkeit des Daseins, wie es Martin Heidegger (1927) als Geworfen-Sein versteht. Das prinzipiell Unfassliche und Ungeheure dieser Situation zu bewältigen ist […] der Antrieb der Lebensgestaltung. Menschen versuchen, in der Undurchdringlichkeit dieser existenziellen Gegebenheit Struktur und Ordnung zu schaffen.“ (Thiersch 2020, 48)

Die Frage ist nun: Was folgt daraus für Thiersch? Das wird so nicht ganz klar. Er selbst spricht an der zitierten Stelle lediglich von einigen „einflussreichen Überlegungen“, die er „zumindest markieren“ will. Aus Sicht der existenziellen Sozialen Arbeit erfolgt aber aus dieser Markierung eine ganze Menge – bis hin zu der (aus meiner Sicht alles entscheidenden) Frage, ob hier nicht die Aufgabe und Funktion Sozialer Arbeit alternativ definiert wird – nämlich als Begleitung und Unterstützung beim Versuch „Struktur und Ordnung“ in der „Undurchdringlichkeit dieser existenziellen Gegebenheit“ (ebd.) zu schaffen.

Gleichwohl ist klar, dass Thiersch in existenzphilosophischen Bezügen nur eine von vielen Anleihen sieht, derer er sich bei der Entwicklung seines Theorienkonzeptes bedient. Seine hermeneutisch-phänomenologische Begründung lebensweltorientierter Sozialer Arbeit weist insgesamt deutlich breitere theoretische Bezugnahmen auf.

Existenzielle Soziale Arbeit und Lebensweltorientierung – eine Verhältnisbestimmung

Der in diesem Buch vertretene Ansatz einer existenziellen Sozialen Arbeit und Thiersch' Lebensweltorientierung haben zunächst gemeinsam, dass sie sich beide eher als Theorienkonzepte und nicht als in sich geschlossene Theorien Sozialer Arbeit verstehen. Dem Begriff der Lebenswelt kommt auch in meinem Versuch um eine plausible Darstellung von Aufgabe und Funktion Sozialer Arbeit eine gewisse Bedeutung zu. Allerdings nimmt die existenzielle Soziale Arbeit systematisch bewusste Ausblendungen und Engführungen vor. Dies klarzustellen, erscheint mir äußerst bedeutsam. Thiersch bemüht sich in seinem jüngsten Werk (Thiersch 2020) ausdrücklich darum, das Konzept einer lebensweltorientierten Sozialen Arbeit auch als kritische Theorie verstanden zu wissen. Auch wenn sein Blick subjektzentriert sein mag, so vermeidet er doch tunlichst, die lebensweltorientierte Konzeption in den Verdacht zu bringen, die Bedeutung ökonomischer und politischer Machtverhältnisse außer Acht zu lassen. Auch seine Rhetorik gewinnt an mancher Stelle eine – fast schon unumgänglich scheinende – kapitalismuskritische, anti-neoliberale Schlagseite.

Der von mir vertretene Ansatz einer existenziellen Sozialen Arbeit gibt sich gar nicht erst die Mühe, auf dieses Boot mit aufspringen zu wollen, auf dem man Adornos Diktum „es gibt kein richtiges Leben im falschen" wie eine Monstranz vor sich herträgt und im Grunde alles menschliches Leid und alle sozialen Probleme versucht durch die politisch-ökonomischen Machtverhältnisse zu erklären, denen sich die Soziale Arbeit dann kritisch entgegenzustellen hat. Das Ansinnen dahinter mag zwar nobel sein, stellt aber – meines Erachtens – auch wieder nur eine andere Form der Komplexitätsreduktion dar. Denn je mehr der Blick vom Einzelnen weg- und zu gesellschaftlichen und politischen Verhältnissen hinführt, umso mehr gerät eben jenes einzelne Individuum aus dem Blick, das seinerseits unendlich viel mehr ist als nur seine gesellschaftlichen, ökonomischen und politischen Verstrickungen und Umstände.

Dieses Vorgehen kann als bewusste methodische Engführung betrachtet werden. Das Ziel der existenziellen Sozialen Arbeit ist es, so jenen existenziellen Themen zu begegnen, die immer schon unvermeidbare Herausforderungen für den Menschen darstellten – wie das Streben nach Sinn und den Umgang mit Leid und Tod. Themen, die den Menschen schon in präkapitalistischer Zeit beschäftigten. Themen, die existenzielle Krisen und Nöte auslösen, die aber eben leicht aus dem Blick geraten

können, wenn die Angehörigen jener Profession, die vielleicht am direktesten damit in Kontakt kommen – eben der Sozialen Arbeit – sich selbst als Sozialrevolutionäre missverstehen (dies tut Thiersch natürlich ausdrücklich nicht, andere Vertreterinnen und Vertreter einer „kritischen Sozialen Arbeit" aber sehr wohl).
Den Ansätzen der Lebensweltorientierung und der existenziellen Sozialen Arbeit gemeinsam ist eine hohe Wertschätzung der phänomenologischen und der hermeneutischen Methode. Sartre ist von der Phänomenologie Husserls und dessen Rezeption durch Heidegger bekanntermaßen stark geprägt. Die phänomenologische Methode der Betrachtung der „Sachen selbst" (Husserl) hat insofern einen starken Widerhall bei existenzphilosophischen Denkern gefunden – natürlich mit Ausnahme von Kierkegaard, der zeitlich vor Husserl gelebt hatte. Nach der Phänomenologie liegen sichtbaren Erscheinungen in der Welt einer vom Beobachter zunächst verborgenen Realität zugrunde (vgl. hierzu und zur Bedeutung der Phänomenologie als Bezugstheorie für Theorien der Sozialen Arbeit auch Lambers 2020, 324–327). Diese Realität gilt es sichtbar zu machen – in unserem Zusammenhang sowohl für die Fachkräfte als auch für die Adressatinnen Sozialer Arbeit. Dies wiederum geschieht v. a. im Sinne eines hermeneutischen Verstehensprozesses. Unter Rücksicht auf ein gegebenes Vorverständnis erschließen sich Sozialarbeiterinnen und Sozialarbeiter die Lebenswelt der Adressaten und lernen dann stetig dazu, sodass sich ein immer konkreteres (aber nie vollständiges) Bild von Lebenswelt und Alltag des Individuums ergibt. All dies ist aus Sicht einer existenziellen Sozialen Arbeit ebenso wichtig und bedeutungsvoll, beispielsweise im Ringen um ein Verständnis von existenziellen Krisen und subjektiven Sinndeutungen. Existenzielle Soziale Arbeit strebt als Konsequenz ihres individualistischen Paradigmas eine Re-Fokussierung auf den Einzelnen und seine unmittelbaren Erfahrungen an. Das zeigt sich zwar auch bei Thiersch, allerdings stets als wechselseitiges Geschehen zwischen dem Adressaten und seiner Umwelt.

> „Sozialpädagogisches Handeln im Sinne der Alltagsorientierung basiert dabei jedoch nicht auf expertenbezogener Diagnostik und Intervention, sondern […] auf dem Verstehen subjektiver, lebensweltlicher Sinnkonstitution. Lebenswelt ist demnach nicht allein selbstkonstruierte Wirklichkeit, sondern immer mit anderen Menschen wechselseitig konstruierte Wirklichkeit. Diese findet im Alltag statt." (Lambers 2020, 326f.)

Eine wechselseitige Konstruktion von Wirklichkeit war auch für Sartre wiederholt Thema – am deutlichsten sicherlich in seinem Bühnenstück „Geschlossene Gesellschaft" aus der auch der berühmte Ausspruch stammt: „Die Hölle, das sind die Anderen". Drei Personen – zwei Frauen und ein Mann – befinden sich dabei in einer jenseitigen Hölle und haben keine Chance einander zu entfliehen. Sie wissen, dass sie in der Hölle sind und erwarten nun Qual und Folter, doch rein äußerlich geschieht nicht viel. Nach und nach erkennen sie aber schließlich, dass sie in einer Dreieckskonstellation gefangen sind, aus der es kein Entrinnen gibt und sie auf ewig einander quälen müssen.

Ganz so dramatisch verhält es sich im Diesseits bei Hans Thiersch und den meisten anderen Existenzphilosophen nicht, aber die Verwiesenheit des Menschen auf seine Mitmenschen ist allerorts unbestritten.
Aus der Perspektive der existenziellen Sozialen Arbeit interessiert v. a. das Erleben des Individuums und die Frage, wie es in der Lage ist, mit seinen Gefühlen und existenziellen Nöten umzugehen. Hierzu finden wir bei Hans Thiersch nur bedingt Ansatzpunkte. Aufschlussreicher ist da schon die Auseinandersetzung mit Lothar Böhnisch.

Zusammenfassung
Thiersch' Ansatz der Lebensweltorientierung und das Konzept der existenziellen Sozialen Arbeit weisen Unterschiede und Gemeinsamkeiten auf. Beide Ansätze verstehen sich eher als theoretische Konzepte und nicht als abgeschlossene Theorien. Während die existenzielle Soziale Arbeit das Individuum in den Vordergrund stellt und bewusst dessen gesellschaftliche und politische Verstrickungen ausblendet, betont Thiersch v. a. die wechselseitigen Interaktionen des Individuums mit seiner Umwelt im Alltag und setzt sie in den Kontext gesellschaftlicher und politischer Rahmenbedingungen.

Lothar Böhnisch: Soziale Arbeit als Hilfe zur Lebensbewältigung
Ähnlich wie Thiersch nimmt auch Lothar Böhnisch für seine Theorie der Sozialen Arbeit als Hilfe zur Lebensbewältigung in Anspruch, dass sie nicht auf der Ebene des Individuums stehen bleibt, sondern auch in der Lage sei „[...] die sozial-interaktiven und gesellschaftlichen Bedingungen aufzuschließen, die das individuelle Bewältigungshandeln wie den sozialpädagogischen Zugang dazu beeinflussen" (Böhnisch 2016, 11).
Man ist, so Böhnisch, als in der Sozialen Arbeit tätige Fachkraft immer wieder aufgefordert, die „Hintergrundbedingungen psychosozialer Arbeit zu diskutieren" (ebd.). Im Kern bleibt er aber bei seinem subjektorientierten Ansatz, was sich u. a. daran zeigt, welche fundamentale Bedeutung er der Individualpsychologie Alfred Adlers als Bezugstheorie seines eigenen Ansatzes zugesteht (ebd., 48–54). Hier zeigt sich bereits eine wichtige Parallele zwischen Böhnisch' Theorie und dem von mir vertretenen Ansatz einer existenziellen Sozialen Arbeit. Denn so wie Adlers Individualpsychologie dem Ansatz der Sozialen Arbeit als Hilfe zur Lebensbewältigung als psychologischer Bezugspunkt dient, so tut dies die Logotherapie und Existenzanalyse Viktor Frankls für den Ansatz der existenziellen Sozialen Arbeit. Spannend ist dies vor allem dahingehend, dass Frankls Logotherapie ohne dessen vorheriger Auseinandersetzung mit Adlers Individualpsychologie wohl gar nicht vorstellbar gewesen wäre.
Weder Adler als Begründer der Individualpsychologie (vgl. Adler 1974) noch Frankl als Begründer der Logotherapie und Existenzanalyse (Frankl 2007) verwendeten dabei den Begriff des Individuums im Sinne eines rein auf sich selbst zurückgeworfe-

nen Subjektes (wie man es von Sartre kennt), sondern im Sinne der wortwörtlichen Bedeutung des „unteilbaren Ganzen" im Sinne der Einheit zwischen Psyche und Sozialität (vgl. Böhnisch 2016, 49).
Mit Rückgriff auf die Individualpsychologie entwickelte Böhnisch nun sein breit rezipiertes Verständnis von Sozialpädagogik bzw. Sozialer Arbeit, in welchem er die Profession für die Aufgabe zuständig sieht, Menschen dabei zu unterstützen, ihre subjektive Handlungsfähigkeit im Angesicht unterschiedlichster Bewältigungslagen zu erhalten oder wiederzugewinnen. Zu bewältigende Aufgaben finden sich dabei insbesondere an den Übergängen der unterschiedlichen Lebensalter (Kinder, Jugend, Erwachsenen- und Arbeitsleben, Alter) wieder. Sichtbar werden sie durch Abspaltungsverhalten des Individuums, welches eine Reaktion auf Abspaltungsdruck darstellt, deren Ursache wiederum in einer gesellschaftlich vorstrukturierten Aufgabe liegt.
Dazu ein Beispiel: Ein Jugendlicher, der den Anforderungen in der Schule nicht entsprechen kann und seinen anvisierten Schulabschluss nicht schafft, scheitert (zumindest vorläufig) an der gesellschaftlich vorstrukturierten Aufgabe, eine Schullaufbahn mit einem Abschluss zu Ende zu bringen. Dadurch entsteht Abspaltungsdruck – denn sein Umfeld reagiert enttäuscht, vielleicht sogar verständnislos. Wie nun mit dem Abspaltungsdruck umgehen? Der Jugendliche trinkt in immer problematischeren Mengen Alkohol und schafft es so für sich, zumindest für einige Stunden oder Tage, mit dem Druck umzugehen. Aber natürlich handelt es sich hierbei um ein problematisches Abspaltungsverhalten, denn der Alkoholkonsum suspendiert einerseits nicht die gesellschaftlich vorstrukturierte Bewältigungsaufgabe – und andererseits birgt dieses problematische Bewältigungsverhalten die Gefahr einer Reihe von sozialen, psychischen und gesundheitlichen Problemen.
Sozialer Arbeit kommt dann nach Böhnisch die Aufgabe zu, gesellschaftlich organisierte Antwort auf die Bewältigungstatsache zu sein und Menschen bei der (Wieder) herstellung ihrer subjektiven Handlungsfähigkeit zu unterstützen.
In unserem Fallbeispiel könnte ein Schulsozialarbeiter auf den Jugendlichen wegen dessen Trinkverhalten aufmerksam werden. Oberstes Ziel: Die Wiederherstellung der subjektiven Handlungsfähigkeit des Jugendlichen ohne bzw. jenseits seines problematischen Abspaltungsverhaltens. Dazu empfiehlt Böhnisch bestimmte Methoden bzw. Handlungsaufforderungen (z. B. Reframing, funktionale Äquivalente schaffen, Empowerment, geschlechtshomogene Gruppenintervalle u. a.).

Existenzielle Soziale Arbeit und Böhnisch' Konzept der Lebensbewältigung – eine Verhältnisbestimmung

Böhnisch' Vorstellungen praktischer Sozialer Arbeit scheinen insgesamt durchaus kompatibel mit dem Konzept einer existenziellen Sozialen Arbeit. Der in diesem Buch vorgestellte existenzielle Ansatz verfolgt in weiten Teilen eine ähnliche Vorstellung hinsichtlich der Begründung und Funktion Sozialer Arbeit, möchte aber

auch hier wieder an entscheidender Stelle eine Verengung vornehmen. Dabei stehen die Begriffe der *Freiheit* und *Verantwortung* des Einzelnen im Mittelpunkt.
Um das konkreter zu erläutern, ist zunächst ein Rückgriff auf die beiden oben genannten Bezugstheorien aus der Psychologie notwendig – die Individualpsychologie (derer sich Böhnisch bedient) und der Logotherapie/Existenzanalyse (derer ich mich bediene).
Böhnisch greift auf die individualpsychologische Motivationstheorie zurück, derzufolge menschliches Handeln durch sein Trachten nach der Überwindung eines Minderwertigkeitsgefühls gekennzeichnet ist:

> „Sozialarbeiterinnen und Sozialarbeiter treffen danach ihre KlientInnen in Befindlichkeiten und Bewältigungskonstellationen an, die zentral durch Minderwertigkeitsgefühle und ihre Kompensationen gekennzeichnet sind." (Böhnisch 2016, 51)

Viktor Frankl war selbst eine Zeit lang ein Schüler bzw. Anhänger der Individualpsychologie Adlers (einführend dazu vgl. Nathschläger 2012a). Enttäuscht von der Psychoanalyse Freuds (mit dem Frankl schon als Gymnasiast brieflich korrespondierte), wandte er sich Adlers fortschrittlicheren Gedanken zu – nur um dann festzustellen, dass Adler, ähnlich wie Freud, bei der Erklärung menschlichen Handelns und psychischer Störungen ebenfalls einem Reduktionismus unterlag.
Gemeint ist folgendes: Sigmund Freuds Theorie basiert maßgeblich auf der These, dass menschliches Verhalten ein Resultat unbewusster Prozesse darstellt. In gewisser Weise sind wir nicht „Herr" oder „Frau" im eigenen Haus, sondern nehmen uns bewusst zwar wahr als Wesen, die frei und selbstbestimmt handeln, unterliegen dabei aber einem Irrtum. Denn in Wahrheit, so Freuds Überzeugung, werden diese Entscheidungen im Unterbewusstsein getroffen, sind durch Triebe und unsere Libido determiniert, also festgelegt. Frankl attestierte Freud daraufhin einem psychologischen Reduktionismus im Sinne einer unzulänglichen Verkürzung (Reduktion) menschlichen Verhaltens auf eine einzige Ursache. Und diese Ursache entbindet den Menschen dann auch noch gewissermaßen von seiner Verantwortung – denn sie obliegt ja nicht seinem direkten Zugriff. Was im Unterbewusstsein für Prozesse stattfinden und Entscheidungen grundgelegt werden, dafür kann ja das bewusst denkende Individuum nichts.
Bei Adler sah sich Frankl da schon besser aufgehoben, allerdings währte dieses Gefühl auch nicht allzu lange. Denn auch Adlers Theorie ist, so Frankl, im Kern reduktionistisch. In der Individualpsychologie ist der Mensch zwar nicht Opfer seiner Triebe und Lust wie bei Freud, aber dafür ständig mit einem Gefühl der Minderwertigkeit konfrontiert, welches er versucht, durch sein Handeln zu kompensieren. Auch hier wird der Mensch also nicht als Wesen verstanden, welches in der Lage ist, seine Entscheidungen frei und selbstbestimmt zu treffen, sondern bleibt letztlich seiner Konstitution als Mängelwesen „ausgeliefert". Das kann dazu führen, dass Menschen an psychischen Störungen erkranken, indem sie ein „Arrangement"

ausbilden – soll heißen: Psychische Störungen (zu Adlers und Frankls Zeiten auch *Neurosen* genannt) stellen für Adler ein Mittel zum Zweck dar – ein Mittel zur Überwindung der eigenen Unzulänglichkeit. Beispiel: Ein Mensch, der unter Platzangst (Agoraphobie) leidet, schiebt seine Angst vor, damit der Nachbar für ihn auf dem Markt einkauft. Frankl bestritt diese mögliche Dynamik nicht, hielt Adler aber entgegen, dass der Mensch durch seine Angst bzw. Störung nicht völlig determiniert sei, sondern sehr wohl eine Haltung zu ihr einnehmen könne – und insofern „frei" sei.

> „Selbstverständlich sei der Neurotiker nicht frei in dem Sinne, daß er für seine Neurose verantwortlich wäre; aber sehr wohl sei er für die Einstellung *zu* [Hervorhebung i. O., J. N.) seiner Neurose verantwortlich, und insofern eigne auch ihm ein Freiheitsgrad." (Zsok 2005, 45).

Böhnisch stellt richtigerweise heraus, welche Bedeutung die Individualpsychologie für Sozialarbeit und Sozialpädagogik in der Weimarer Zeit hatte. Die bis dahin tonangebenden Einflüsse der „jugendbewegten Pädagogen und frauenbewegten Fürsorgerinnen" (Böhnisch 2016, 50) wurde abgelöst durch eine Generation, die eine psychologische Methode bzw. Begründung für das eigene Tun suchte – und sie eben in der Individualpsychologie fand.

Die Kritik Frankls berücksichtigend darf aber (aus zeitgenössischer Perspektive ganz besonders) die Frage gestellt werden, ob diese individualpsychologische Perspektive nicht um eine sinn-zentrierte Perspektive erweitert werden müsste. Diese würde es erlauben, menschliches Verhalten vom Grunde her nicht nur als stetigen Versuch der Überwindung eines Minderwertigkeitsgefühls zu sehen, sondern eben auch als freie und verantwortliche Stellungnahme. Mit anderen Worten: Im menschlichen Handeln mehr zu sehen als nur (tiefen)psychologisch bedingte Reaktionen.

Die Auseinandersetzung mit Freud und Adler führte Viktor Frankl daher zu der Frage, ob es nicht etwas spezifisch Menschliches gäbe, eine Dimension jenseits von Körper und Psyche, die uns erlaubt von uns selbst weiterhin stringent als (zumindest potentiell) *freie* Lebewesen auszugehen, die autonome, selbstbestimmte Entscheidungen treffen können und am Ende des Tages nicht reduzierbar sind auf Gärungen und Triebe in unserem Unterbewusstsein (Freud) oder als Antwort auf ein stetig präsentes Minderwertigkeitsgefühl (Adler). Dieses Nachdenken mündet bei Frankl schließlich in seinem Konzept eines „Willens zum Sinn" und der Überzeugung, dass wir Menschen kraft unserer geistigen Dimension immer selbsttranszendent (also uns-selbst-überschreitend) nach Sinn streben (grundlegend hier Frankl 2007). Mehr zu Viktor Frankl und der Logotherapie folgt in den nächsten Kapiteln.

Zusammenfassung

Die existenzielle Soziale Arbeit teilt mit Böhnisch zentrale Gedanken, insbesondere hinsichtlich der Zuständigkeit der Profession Sozialer Arbeit in modernen Gesellschaften für Menschen in ihrem Ringen um die (Wieder)herstellung ihrer subjektiven Handlungsfähigkeit. Auch die von Böhnisch oft erwähnte

Krisenanfälligkeit des Menschen in Phasen des Übergangs zwischen unterschiedlichen Lebensabschnitten und sein Eintreten für „Handlungsaufforderungen", die jede Theorie Sozialer Arbeit erbringen muss (vgl. Böhnisch 2016, 105–129) sind Aspekte, die auch in der existenziellen Sozialen Arbeit Berücksichtigung finden. Eine Unterscheidung findet sich hingegen hinsichtlich der psychologischen Bezugstheorie (Adler vs. Frankl), was Menschen ursprünglich ihrem Wesen nach zum Handeln bringt und welche Bedeutung der individuellen Freiheit (und der damit einhergehenden Verantwortung für das eigene Handeln und im weiteren Sinne das eigene Leben) zukommt. ◀

2.1.3 System und Sinn: Existenzielle Soziale Arbeit und der systemtheoretisch-postmoderne Ansatz von Heiko Kleve

Heiko Kleve hat die Grundzüge seiner Theorie 1999 unter dem Titel *Postmoderne Sozialarbeit* vorgelegt, eine zweite Auflage erschien 2007 (Kleve 2007b). Danach hat er seine Ideen in einer Reihe weiterer Artikel und Monografien immer weiter ausgearbeitet und dabei verstärkt, teilweise als Co-Autor, die praktische Anwendbarkeit seines Ansatzes fokussiert (u. a. Kleve 2000, 2011, 2016, 2019 und 2021). Sie fußt auf mehreren Bezugstheorien, insbesondere der Systemtheorie nach Luhmann, dem sozialen Konstruktivismus, dem Dekonstruktivismus im Sinne Derridas und der postmodernen Theorie nach Lyotard. Sie stellt somit ein sehr komplexes theoretisches Gebäude dar und hat in der Diskussion durchaus polarisiert[9]. Aus meiner Sicht bietet sie aber unter den verfügbaren systemtheoretisch-orientierten Entwürfen Sozialer Arbeit die überzeugendste und ausgereifteste argumentative Kraft und Tiefe. Wie auch schon bei der Auseinandersetzung mit Thiersch und Böhnisch kann auf den folgenden Seiten daher nicht jede Facette der Theorie Kleves thematisiert werden. Vielmehr wird es darum gehen, einige Kerngedanken herauszuarbeiten, die in besondere Weise anschlussfähig an die Idee einer existenziellen Sozialen Arbeit sind, als auch auf solche, die klare Bruchlinien darstellen.

Heiko Kleve geht davon aus, dass sich Soziale Arbeit als postmoderne Profession beschreiben lässt (vgl. Kleve 2000 und 2007b). Sie reagiere auf Probleme, die von der Moderne erst hervorgebracht wurden. Im Einklang mit anderen Theoretikern sieht er die gesellschaftlichen Entwicklungen (v. a. Landflucht und Urbanisierung sowie der Zerfall großfamiliärer Strukturen) im Zuge der Industrialisierung als maßgeblichen Ausgangspunkt für die Entwicklung der Sozialen Arbeit als helfende Profession. Soziale Probleme wie Arbeitslosigkeit, Suchtmittelabhängigkeit, Armut usw. hat es zwar auch schon vorher gegeben, allerdings sprangen dann andere Hilfestrukturen ein, insbesondere Familie, Sippe oder die Kirche (vgl. hierzu insbesondere Kleve 2007b, 139–145).

9 Erwähnt sei hier der fachlich fragwürdige Verriss von Ernst Engelke und die noch fragwürdigere Weigerung von Engelke, Spatschek und Borrmann ihrem Übersichtswerk zu den Theorien Sozialer Arbeit den Ansatz von Kleve hinzuzufügen, obwohl dessen Einfluss und Bedeutung weithin unbestreitbar ist.

Von Luhmann übernimmt Kleve den Gedanken der funktional-differenzierten Gesellschaft, in der in den unterschiedlichen Systemen unterschiedliche Kommunikationen vorherrschen, die sich entlang sogenannter binärer Codes (z. B. „Recht-Unrecht" im Justizsystem, „Gewinn-Verlust" im Wirtschaftssystem) beobachten lassen. Vom Sozialen Konstruktivismus übernimmt Kleve die grundsätzliche Unmöglichkeit objektiv beschreibbarer Strukturen der Wirklichkeit und dass wir als einzelne Beobachter letztlich nur andere Beobachter beim Beobachten beobachten können. Menschen und die sozialen Systeme, die sie hervorbringen sind nun ihrerseits komplexe Systeme (im Gegensatz zu trivialen Systemen, wie z. B. ein Lichtschalter, der bei Betätigung das Licht angehen lässt (dann funktioniert er) oder nicht (dann ist irgendwas kaputt). Da Soziale Arbeit es mit komplexen, unsicheren Systemen zu tun hat, ist die Wahrscheinlichkeit gering, sie als Außenstehender mit bestimmten, vorher festgelegten, Interventionen wunschgemäß zu verändern oder gar zu „reparieren". Als Folge können auch Sozialarbeiterinnen und Sozialarbeiter mit ihrer Arbeit Systeme (z. B. Familien) in der Regel nur „irritieren", nicht aber bewusst und zielgerichtet (z. B. in Bezug auf ihr Verhalten) beeinflussen.

Soziale Arbeit ist für Kleve folglich immer ein systemisches Geschehen, basierend auf einer bestimmten Vorstellung des Funktionierens westlich-moderner, funktional-differenzierter Gesellschaften, in welchen Menschen auf unterschiedliche Art und Weise an den Funktionssystemen partizipieren (Inklusion) oder von ihnen ausgeschlossen sind (Exklusion). Als Sympathisant des dekonstruktivistischen Prinzips und der postmodernen Argumentation Lyotards kritisiert der Sozialarbeitswissenschaftler Kleve schließlich den zu beobachtenden Drang unter Praktikern, „Eindeutigkeiten" zu produzieren (z. B. bei sozialpädagogischen Diagnosen und Fallbeurteilungen), welche dann auch mit mehr oder weniger eindeutigen Vorstellungen von der „richtigen" Hilfe einhergehen (vgl. hierzu z. B. Kleve 2007a). Zumal diese Hilfen dann auch nicht selten immer neue selbst-konstruierte Hilfen nach sich ziehen, was oftmals weder sinnvoll noch nachhaltig ist, weil dadurch eine effektive Hilfe zur Selbsthilfe eher torpediert als gefördert wird.

Kleve wählt also einen scheinbar gänzlich anderen Ausgangspunkt für Bedeutung und Funktion Sozialer Arbeit, als dies beim hier vertretenen Ansatz einer existenziellen Sozialen Arbeit der Fall ist. Bezüglich der gewählten erkenntnis- und wissenschaftstheoretischen Bezüge stimmt das auch.

Ich stimme sowohl Kleves gesellschaftlichen Analyse als auch seiner systemisch-konstruktivistischen Argumentation weitestgehend zu. Auch die von ihm und seine Co-Autoren (wie Britta Haye oder Jan V. Wirth) ausgearbeiteten Methoden enthalten erfrischende und äußert nützliche Anregungen. Aber am Ende des Tages sparen eben auch Kleves theoretische Bemühungen die subjektive Ebene der existenziellen Dimension menschlichen Daseins weitestgehend aus. So konstruktiv und zutreffend seine theoretischen Analysen auch sein mögen, so bleiben sie doch merkwürdig dis-

tanziert gegenüber dem individuellen Erleben radikal vereinzelter Individuen, die sich im Angesicht existenzieller Krisen, auf sich selbst zurückgeworfen erleben.
Die Erfahrung des real existierenden sozialistischen Staates (Kleve wuchs in der ehemaligen DDR auf) und dessen totalitärer und autoritärer Strukturen, sensibilisierte ihn frühzeitig für die Gefahren einer Denklogik, der zufolge den Problemen des Einzelnen am besten durch möglichst umfangreiche staatliche Eingriffe und Fürsorgeprogramme, kurzum: mit einem „starken Staat" zu begegnen sei. Auch im Sinne der Systemtheorie verbietet sich eine solcherart vorgestellte Aufhebung des Subsidiaritätsprinzips (was kleinere Einheiten tun können, das übertrage nicht auf größere Einheiten – sprich z. B. was die Familie leisten kann, muss nicht der Staat als Aufgabe übernehmen und damit in die Lebenswelt des Einzelnen hinein-regieren). Denn soziale Systeme können ja, wie gesagt, von außen nur irritiert werden (inklusive jeder Menge unvorhersehbarer, nicht-intendierter Nebenwirkungen). Es spricht nach Kleve daher vieles dafür, sich genau zu überlegen, welche Intervention wirklich Sinn macht – und welche nur eine Reproduktion der Hilfebedürftigkeit von Adressaten Vorschub leisten würde – und sie so in der Abhängigkeit staatlicher Hilfen festhält.
Nach Kleve sollte Soziale Arbeit im Kern daher ein liberales Projekt sein:

> „Dabei ist mir aufgefallen, dass zwischen dem sozialphilosophischen Liberalismus und der soziologischen Systemtheorie sehr viele Parallelen aufzufinden sind, die gerade für die Soziale Arbeit und ihre gesellschaftliche Verortung fruchtbar gemacht werden können. Denn das, was Soziale Arbeit normativ intendiert, hilfebedürftige Menschen so zu unterstützen, dass ihre Selbsthilfekräfte gestärkt werden und sie wieder unabhängig von professioneller Unterstützung ihr Leben eigenverantwortlich führen können, ist ein eminent liberales Ziel, das sich zudem mit der Systemtheorie beschreiben und erklären lässt." (Kleve 2020, 8)

Soziale Arbeit will Menschen helfen, indem sie dabei hilft, künftig nicht mehr auf Hilfe angewiesen zu sein. Die hier sichtbar werdende Ambivalenz ist für Kleve wegweisend, die auch in einer paradoxen Aufforderung zum Ausdruck kommt, die gelegentlich von systemischen Therapeuten so formuliert wird: „Wie kann ich Ihnen dabei helfen mich wieder loszuwerden?"
Dahinter steckt ein umfassendes und tiefes Verständnis von Freiheit. Je unabhängiger, umso freier – und umso freier, desto besser.

Existenzielle Soziale Arbeit und die postmodern-systemtheoretische Theorie Kleves: Eine Verhältnisbestimmung

In der existenziellen Sozialen Arbeit werden zwar wie mit einem Brennglas bestimmte Themen aufs Tableau gebracht, die bislang nicht oder nur sehr zurückhaltend als Gegenstand Sozialer Arbeit diskutiert wurden. Doch die Zielrichtung ist dabei die gleiche wie in Kleves Theorie. Im Kern geht es darum, Menschen dabei zu unterstützen, nachhaltig freier und selbstbestimmter leben zu können. Bei dieser Freiheit und Selbstbestimmung darf es sich nicht um leere Worthülsen handeln. Es muss klar

sein, was mit diesen Begriffen gemeint ist und was nicht. Welche Auseinandersetzung könnte dabei besser helfen als jene mit der Existenzphilosophie, in der der „zur Freiheit verurteilte" Einzelne zum zentralen (wenn nicht sogar einzigem) Gegenstand der Reflexion gemacht wird?
Auch was das Thema *Sinn* anbelangt, finden sich gewisse Verbindungslinien zwischen beiden Ansätzen, wenngleich es hier auch fundamentale Unterschiede gibt. Im Sinne des systemtheoretisch-konstruktivistischen Ansatzes von Kleve ist „Sinn" *immer* die subjektive Konstruktionsleistung eines Subjektes, während aus der Perspektive der existenziellen Sozialen Arbeit Sinn auch objektiv bzw. objektivistisch verstanden werden kann (näheres dazu in Kapitel 2.3.2)
An dieser Stelle sei noch ein letzter Aspekt angeführt, der eine inhaltliche Gemeinsamkeit von Kleves Theorie und der hier vertretenen Position darstellt: Die Sensibilität und Wertschätzung von Ambivalenzen und Widersprüchlichkeiten, die sowohl menschliches Leben allgemein, aber auch die (postmoderne) Profession der Sozialen Arbeit im Besonderen charakterisieren. Die Anerkennung dieser Widersprüche, Ambivalenzen und Uneindeutigkeiten menschlichen Lebens macht ein Stück weit demütig und sensibilisiert dafür, allzu heilsversprechende Machbarkeits-Fantasien (pseudo)revolutionärer Träume als reduktionistisch zu entlarven und kritisch zu betrachten.

Zusammenfassung
Kleve versteht Soziale Arbeit als ein systemisches Geschehen, das auf einer funktional differenzierten Gesellschaft basiert und argumentiert, dass Sozialarbeiter in der Regel Systeme nur „irritieren" können, anstatt sie gezielt zu beeinflussen. Trotz fundamentalen Unterschieden in den theoretischen Ausrichtungen gibt es Gemeinsamkeiten zwischen Kleves Theorie und dem Ansatz der existenziellen Sozialen Arbeit, besonders hinsichtlich der Wertschätzung von Freiheit, Selbstbestimmung und Verantwortung des Individuums in einer durch Ambivalenzen und Widersprüchlichkeiten geprägten Zeit.

2.2 Existenzielle Themen und deren Bedeutung für die Soziale Arbeit in Theorie und Praxis

Im ersten Kapitel wurden die Kernthemen der Existenzphilosophie und die sich daraus ergebenden Themen und Fragen einer existenziellen Sozialen Arbeit vorgestellt. Nun sollen diese Themen noch konkreter betrachtet werden, insbesondere hinsichtlich ihrer Bedeutung im Alltag der Sozialen Arbeit als Profession.
Die folgende Auswahl existenzieller Themen stellt teilweise eine Bündelung mehrere Begriffe dar, die mir in diesem Kontext sinnvoll erscheint. Es gäbe sicherlich auch noch weitere wichtige Begriffe und Konzepte aus der Existenzphilosophie, die hier Aufnahme finden könnten – beispielsweise Angst, Identität, oder Zeitlichkeit. Je nach Kontext haben diese Themen auch in den folgenden Ausführungen eine

gewisse Bedeutung. So spielt etwa der Begriff der Identität und der Identitätskrise auch bei der Behandlung von Sinn eine wichtige Rolle, ebenso in der Diskussion um Authentizität. Andere Begrifflichkeiten stellen aber auch eigene philosophische Fachfragen dar, auf deren Behandlung hier bewusst verzichtet wird.
Ein Sonderfall stellt der Themenkomplex der Spiritualität bzw. der spirituellen Dimension menschlichen Daseins dar. Dieser umfasst auch das Phänomen der Religiosität im Allgemeinen und das Bedürfnis des Menschen nach Transzendenz im Besonderen. Für Kierkegaard war diese Dimension von grundlegender Bedeutung für sein existenzielles Nachdenken über den Menschen – und auch bei anderen existenzphilosophischen Autoren (insbesondere Karl Jaspers und Gabriel Marcel) spielt sie eine exponierte Rolle. In diesem Buch wird trotzdem auf eine explizite Behandlung verzichtet. Damit soll keinesfalls die unstrittige Bedeutung von Spiritualität und Religiosität als Ressource in therapeutischen, pädagogischen und beraterischen Prozessen (auch und gerade bei den hier thematisierten existenziellen Krisen) infrage gestellt werden. Das Thema verdient vielmehr eine eigenständige Erörterung an anderer Stelle. Hier geht es aber in erster Linie um ein klassisches Verständnis von Existenzphilosophie im Sinne der großen Mehrzahl ihrer Vertreterinnen und Vertreter, die sich für menschliche Existenz *vor* jeder äußeren Wesenszuschreibung interessieren.
Um folgende existenzielle Themen soll es also nun konkret gehen:

1. ***Freiheit, Verantwortung und Schuld***

Freiheit ist *das* große Thema von Jean-Paul Sartres Philosophie und eines der großen des französischen Existenzialismus überhaupt. Wir seien zur Freiheit „verurteilt", so Sartre. Mit der Freiheit einher geht aber auch die *Verantwortung* für das eigene Handeln. Soll diese Verantwortung nicht nur in einem rechtlichen Sinne betrachtet werden, wird sie zu einer ethischen Frage. Wer frei ist und für seine Handlungen Verantwortung übernehmen muss, der kann aber auch schuldig werden. *Schuld* wurde insbesondere durch Karl Jaspers thematisiert. Doch auch bei Viktor Frankl fand sie Berücksichtigung, indem er sie, neben *Leid* und *Tod* zur „tragischen Trias" zählte, mit der wir alle in einem existenziellen Sinne umgehen lernen müssen.

2. ***Sinn und Sinnlosigkeit***

Eine der Hauptfragen der Philosophie – jene nach dem *Sinn* des Lebens – beschäftigte auch die Existenzphilosophie von Anfang an. Allerdings nicht nur in Form einer objektivierbaren, allgemeingültigen Antwort (die schloss der Atheist Sartre z. B. schnell aus), sondern stets bezogen auf das individuelle, subjektive Erleben. Eng verbunden mit der Sinnfrage ist daher das Gefühl der *Sinnlosigkeit* des eigenen Lebens, welches in *Gefühlen der* Verzweiflung und Depression münden kann. Doch ein Mangel an Sinn hat auch oft etwas mit einem Mangel an Orientierung und Werten zu tun und wird damit Gegenstand therapeutischer und psychosozialer Beratung.

3. ***Isolation und Einsamkeit***
Irvin Yalom zählte *Isolation* und *Einsamkeit* zu den wichtigsten existenziellen Themen im Rahmen der psychotherapeutischen Behandlung. Auch in der Philosophie spielte das Thema bei zahlreichen Autoren eine Rolle, erstaunlicherweise oft positiv konnotiert. Der „Urvater" der Existenzphilosophie, Sören Kierkegaard, betrachtete Einsamkeit etwa als existenzielle Realität und notwendige Voraussetzung für die individuelle Entwicklung. Auch Heidegger sah in ihr eine notwendige Bedingung menschlichen Daseins. Doch in der persönlichen Erfahrung der Einsamkeit treten diese Potentiale oft rasch zurück hinter den Schmerz und die Verzweiflung, die ein Individuum empfinden kann, wenn es sich allein und auf sich selbst zurückgeworfen vorfindet. Neben der klassischen interpersonellen Einsamkeit gibt es für Yalom auch eine intrapersonale Einsamkeit, die sich aus einer Entfremdung des Individuums von sich selbst und der Welt ergibt. Sartre und Camus haben darüber jeweils in Romanform nachgedacht – für die Soziale Arbeit blieb dieses Thema bislang noch nahezu unangetastet.

4. ***Leiden, Krankheit und Tod***
Zu den bereits mehrfach genannten *Grenzsituationen* des Lebens zählt Karl Jaspers auch Krankheit, Leid und Tod. An ihnen bricht sich menschliches Leben, denn sie sind unausweichlich. Gleichzeitig zeige sich in der Art des Leidens, in der Haltung, die man dazu einnimmt, wie man als Mensch wirklich *ist*, ja *was* für ein Mensch man ist. Viktor Frankl sah hierin deshalb sogar die höchstmögliche Sinnmöglichkeit. Dazu kommt, dass Menschen immer auf den Tod bezogen ihr Leben leben und gestalten. In gewisser Weise gibt der Tod dem Leben erst seinen Sinn, denn in einem endlosen Leben würde alles Streben sein Ziel verlieren.

5. ***Authentizität – authentisch leben***
Beginnend mit Kierkegaard stellte sich die Existenzphilosophie auch von Anfang an der Frage, wie es als Einzelner möglich sei, ein wirklich eigenes, authentisches Leben zu führen. In gewisser Weise laufen alle anderen existenziellen Fragen und Probleme auf exakt diese Frage zu. Während für Kierkegaard (zumindest in seinem schriftstellerischen Frühstadium) die Frage der Authentizität eng im Zusammenhang mit der Möglichkeit stand, zeitgenössisch als Christ zu leben, waren die Vorzeichen bei atheistisch orientierten Denkern wie Sartre ganz andere. Hier resultierte die Schwierigkeit des authentischen Lebens aus dem Nicht-Vorhandensein einer (vorgegebenen) Essenz, also Wesenhaftigkeit. Woher soll man wissen, wann man authentisch lebt, wenn man nicht weiß, wer man im Grunde ist? Authentizität ist also ein ambivalentes Konstrukt: Es verlangt, herauszufinden, wer man im Kern eigentlich „wirklich ist", ohne sich mit vorschnellen Antworten („So bin ich nun mal") fatalistisch zurückzulehnen und sich gehen zu lassen. Und wie bei allen anderen existenziellen Fragen auch, ist der Einzelne hier unvertretbar. Er kann die Einschätzung darüber,

was sich wann authentisch anfühlt, nicht von sich abwälzen. Dies ist sich – wortwörtlich – jeder selbst schuldig.

Soweit ein kurzer Überblick über die nun näher zu betrachtenden Themen. Im folgenden sollen diese einerseits inhaltlich – mit ständigem Rückgriff auf existenzphilosophische Positionen – intensiver ausgeleuchtet werden. Andererseits gehen diese Überlegungen, sozusagen fließend, in die Frage über, wo und wie diese Themen im Alltag der Sozialen Arbeit auftreten. Hierzu werde ich mit Fallbeispielen arbeiten. Durch sie soll Ihnen als Leserin bzw. Leser spür- und erfahrbar werden, wie subtil, vielfältig und oft auch unvermittelt existenzielle Themen im beruflichen Alltag auftauchen. Die Fälle sind im Kern authentisch und entstammen der beruflichen Praxis von einigen Kollegen und mir selbst. Persönliche Daten, Orte und Zeiten wurden weitestgehend geändert um die Anonymität der betroffenen Personen zu wahren.

2.3 Existenzielle Themen in der Sozialen Arbeit

2.3.1 Freiheit, Verantwortung und Schuld

„Der Mensch ist Freiheit. Ohne Halt, ohne vorgegebene Werte und ohne Entschuldigungen muss er vor sich selbst verantworten, was er ist und tut.“ –

Jean-Paul Sartre

Dadurch, dass Sartre davon ausgeht, dass beim Menschen die Existenz der Essenz vorausgeht, ist der Mensch einerseits „frei“ in dem Sinne, als er keiner höheren Macht oder Natur entsprechend handeln müsste. Andererseits ist er aber dadurch auch konsequenterweise für alles was er tut, vollständig verantwortlich. Weder „Gott will es so!“ noch „Das liegt in der menschlichen Natur“ noch „So bin ich nun mal!“ sind hier akzeptable Ausreden oder Rechtfertigungen für das eigene Handeln. Damit einher geht direkt ein weiterer, sehr bekannter Satz von Sartre – jener, dass der Mensch zur *Freiheit verurteilt* sei:

> „Das möchte ich mit den Worten ausdrücken: der Mensch ist dazu verurteilt, frei zu sein. Verurteilt, weil er sich nicht selbst erschaffen hat, und dennoch frei, weil er einmal in die Welt geworfen, für all das verantwortlich ist, was er tut. Der Existentialist glaubt nicht an die Macht der Leidenschaft.“ (Sartre 1946/2000, 155)

An dieser Stelle sei eine Nebenbemerkung gestattet: Unter einem integrativen Blickwinkel müssen wir an dieser Stelle natürlich feststellen, dass sich Sartres Position vernünftigerweise nur für Menschen ab einem gewissen Alter und unter der Voraussetzung des Vorliegens basaler kognitiver Fähigkeiten argumentieren lässt. Ein Säugling ist auch schon in „die Welt geworfen“, kann aber für sein Handeln wohl kaum verantwortlich gemacht werden. Ebenso könnte man argumentieren, dass Menschen mit schweren kognitiven Beeinträchtigungen nicht in gleicher Weise für ihre Taten verantwortlich gemacht werden können, wie dies bei anderen der Fall ist. Ähnlich wie bei anderen philosophischen Denkern, scheint der Kreis, den Sartre hier adressiert jedenfalls nicht besonders inklusiv gedacht zu sein. Das ist natürlich aus sozialpädagogischer Sicht ein Problem. Zumindest lässt sich sagen, dass eine Übertragung existenzphilosophischer bzw. existenzialistischer Konzepte auf die Handlungspraxis Sozialer Arbeit nicht voraussetzungslos ist. Aber welche sozialarbeiterischen bzw. sozialpädagogischen Konzepte sind das schon? Letztlich hängt es an der Fähigkeit der einzelnen Fachkraft für ihren jeweiligen Kontext zu prüfen, inwiefern sich die hier beschriebenen Konzepte und Methoden auf die jeweilige Praxis übertragen lassen.

Freiheit ist ein bedeutungsschwerer und durchaus ambivalenter Begriff. Unumstritten dürfte das menschliche Streben nach Unabhängigkeit sein, nach Freiheit von Zwang und Sklaverei. Verwandte Begriffe sind etwa Autonomie und Selbstbestimmung. Als solche verklausuliert, hat es die Freiheit auch in die internationale Definition Sozialer Arbeit geschafft. Ziel Sozialer Arbeit, so heißt es da, sei u. a. „[...] die Stärkung der Autonomie und Selbstbestimmung von Menschen" (DBSH 2014)

Autonomie und *Selbstbestimmung* sind philosophisch wesentlich unverfänglicher (da konkreter) als der abstrakte Begriff der *Freiheit*. Über letzteren gibt es – nicht zuletzt im Zuge der Erkenntnisse der neueren Gehirnforschung – schon seit Jahren kontroverse Debatten (vgl. z. B. Singer 2020, kritisch dazu u. a. Brüntrup 2017). Dabei geht es, vereinfacht gesagt, um die Frage, inwiefern der Mensch in seinem Handeln und Entscheiden wirklich behaupten kann, *frei* zu sein. Gibt es eine *Freiheit des Willens*? Diese Debatte hat ihre Berechtigung, wird hier aber im Folgenden nicht ausführlich diskutiert.

Im Sinne der Definition Sozialer Arbeit geht es um etwas (vermeintlich) banaleres: Autonomie meint Unabhängigkeit, Selbstbestimmung hingegen die Freiheit meine eigenen Entscheidungen unabhängig von anderen Menschen treffen zu können. In Martha Nussbaums Capabilities Approach gibt es einen Punkt in ihrer Liste der *zentralen menschlichen Fähigkeiten*, den sie *praktische Vernunft* (practical reason) nennt und diese konkretisiert als die Fähigkeit, sich eine eigene Vorstellung des Guten machen zu können und sich kritisch über die eigene Lebensplanung Gedanken machen zu können (vgl. Nussbaum 2015, 42).

Akzeptiert man Nussbaums Idee der Fähigkeitenliste und verwendet sie darüber hinaus auch als möglichen Bezugsrahmen Sozialer Arbeit, dann findet man in der Fähigkeit der *praktischen Vernunft* eigentlich eine Konkretisierung der Begriffe der Autonomie und der Selbstbestimmung, zu dem in der internationalen Definition Sozialer Arbeit aufgerufen wird.

Freiheit schwebt dabei über den besser konkretisierbaren Begriffen der Autonomie, Selbstbestimmung und der praktischen Vernunft. Alle diese Begriffe sind voraussetzungsvoll und müssen relativ zu den Möglichkeiten einer Person gesehen werden: Selbstbestimmung und Autonomie sind gewissermaßen Ideale, die je nach Umständen (z. B. Kinder, mental beeinträchtigte Personen, Demenzerkrankte usw.) kein vollumfänglich erreichbares Ziel darstellen. Aber sie geben die Richtung vor, weshalb in der Definition oben ja auch von „Stärkung" und nicht etwa von „vollständiger Durchsetzung" von Autonomie die Rede ist.

Freiheit, so habe ich es schon in der Auseinandersetzung mit Heiko Kleve weiter oben herauszuarbeiten versucht, ist ein Ur-Anliegen der Sozialen Arbeit. Ich gehe so weit zu behaupten, dass das Projekt der Sozialen Arbeit nicht verstanden werden kann, wenn man damit nicht auch stets eine umfassende Emanzipation des Menschen von seinen äußeren Umständen anstrebt. Freiheit sei ein liberales Projekt, so Heiko Kleve (2020) – und ich stimme ihm hier vollumfänglich zu.

Unsere Bestimmung als Menschen, wir erinnern uns, ist bei Sartre nicht festgelegt, sondern wir entscheiden uns in jedem Moment, was, wer und wie wir sein wollen. Wenn wir uns beispielsweise dazu entscheiden, in die Stapfen unserer Eltern zu treten, dann ist das auch unsere Entscheidung – unabhängig, ob es diesbezüglich Druck oder andere, mehr oder weniger gute, Argumente für unsere Entscheidung gab. Wir entscheiden – so Sartre.

Die existenzialistische Überzeugung Sartres, dass wir grundsätzlich frei sind, löst immer wieder Unbehagen und Skepsis aus – gerade auch bei Sozialarbeiterinnen und Sozialarbeitern. Der Ansatz scheint blind für alle gesellschaftlichen, politischen und sozioökonomischen Machtverhältnisse zu sein, in die wir hineingeboren werden – und die wir uns eben nicht frei ausgesucht haben. Und das stimmt natürlich: Wir suchen uns unsere Verhältnisse, unsere Umstände, ja noch nicht mal unsere eigenen Eltern aus. Aber mit Sartre und der Existenzphilosophie können wir trotzdem behaupten, frei zu sein – und zwar in dem Sinne, dass wir frei darin sind, wie wir mit unseren Verhältnissen und Umständen umgehen, was wir aus ihnen machen und wie wir uns zu ihnen verhalten.

Wenn Soziale Arbeit ihrem, per internationaler Definition selbstgesetzten, Anspruch der „Stärkung der Autonomie und Selbstbestimmung" gerecht werden will, muss sie sich diesen Gedanken zu eigen machen (auch im Sinne einer Haltung): Menschen sind grundsätzlich frei darin, ihre eigenen Entscheidungen zu treffen und ihr eigenes Leben zu führen. Die Aufgabe Sozialer Arbeit ist es, für diese Freiheit zu sensibilisieren und ggf. dabei Unterstützung zu leisten, sie, so gut es eben geht, bei jedem Einzelnen zu befördern. Und dies geschieht u. a. auch dadurch, dass – wieder lässt Kleve grüßen – Soziale Arbeit immer wieder selbstkritisch hinterfragen muss, ob das was sie tut, nicht im Einzelfall eher dazu führt, Menschen in staatlichen Abhängigkeitsverhältnissen festzuhalten.

Keine Freiheit ohne Verantwortung!

Die andere Seite der Medaille, auf der *Freiheit* steht, heißt *Verantwortung*. Wer nicht frei handelt, kann im engeren Sinn auch nicht für seine Handlungen verantwortlich sein. Deshalb geht es in Gerichtsverfahren beispielsweise auch zunächst darum, die

Zurechnungsfähigkeit des Angeklagten festzustellen, bevor man ihn durch ein entsprechendes Urteil für seine Handlungen verantwortlich macht und entsprechend bestraft.
Freiheit und Verantwortung gehen also Hand in Hand. Deshalb sollte die Definition Sozialer Arbeit an dieser Stelle erweitert werden. Die Stärkung der Autonomie und Selbstbestimmung von Menschen geht einher mit der Einsicht und der Befähigung zur Übernahme von Verantwortung für das eigene Handeln.
Soziale Arbeit bedeutet daher immer auch, Menschen dazu zu befähigen, das eigene Leben verantwortlich zu führen – für sich und für andere. Nicht nur in der Arbeit mit Kindern und Jugendlichen ist es von eminenter Bedeutung, für die eigene Verantwortung zu sensibilisieren und wachsam zu sein, wo Menschen vielleicht dazu neigen, die eigene Verantwortung, aus Bequemlichkeit oder anderen Gründen, zu relativieren.
Wie stellt sich nun aber das Thema der Verantwortung in der Sozialen Arbeit dar? Leicht könnte nach dem bisher Gesagten der Verdacht aufkommen, hier gehe es um ein pädagogisch motiviertes Moralisieren. Doch die Sache ist natürlich etwas komplizierter.
Soziale Arbeit ist – je nach Handlungsfeld – bis zu einem gewissen Grad immer auch ein advokatorisches Geschehen. Sozialarbeiterinnen arbeiten anwaltschaftlich, sobald sie die Interessen der Adressatinnen und Adressaten wahrnehmen und vertreten. Dies geschieht meist informell und eher beiläufig, beispielsweise wenn ein Sozialpädagoge seinen Klienten im Rahmen des Einzelbetreuten Wohnens zu einem Termin beim Jobcenter begleitet und bei der dortigen Case Managerin um Nachsicht wegen der versäumten Termine der letzten Monate bittet und dies mit der gesundheitlichen Situation des Klienten erklärt. In diesen und ähnlichen Situationen übernehmen Fachkräfte Tag für Tag Verantwortung für ihre Klientinnen und Klienten. Oft genug wandern die Praktiker hier auf einem schmalen Grat zwischen verantwortlich handeln und Verantwortung abnehmen.
Soziale Arbeit bedeutet zudem immer auch, sich für andere „stark“ zu machen. Dies geschieht meist im Medium der Kommunikation. Sozialarbeiterinnen und –arbeiter müssen, so Heiko Kleve, *Kommunikationsvirituosen* sein bzw. werden[10.] Denn in der funktional-differenzierten Gesellschaft hängt ein Großteil ihres Handlungserfolges davon ab, wie gut es Sozialarbeitenden gelingt, die binären Codes, in denen sie sich bewegen, zu dechiffrieren und Kommunikation so zu gestalten, dass Inklusion ermöglicht und Exklusion ggf. vermieden wird.
Der folgende Fall stellt ein geradezu *klassisches* Beispiel dar und veranschaulicht diese Zusammenhänge anschaulich.

---

10 So Kleve bei seinem Festvortrag im Rahmen der Immatrikuliationsfeier an der Katholischen Hochschule NRW in Münster am 29.09.2016

Fallbeispiel 2: Jakob

Ein Sozialarbeiter betreut einen jungen Erwachsenen bei einem Wohnungsbesichtigungstermin. Für den Klienten wäre es die erste eigene Wohnung. Gemeinsam bereiten sie den Termin vor. Der Sozialarbeiter (nennen wir ihn hier Bernd) erklärt, worauf es bei so einem Termin ankommt, welche Fragen man auf jeden Fall stellen sollte (Nebenkosten? Kaution? Nachbarschaft?), zu welchem Zeitpunkt es klug ist, heikle Fragen zu stellen („Nehmen Sie auch Kunden vom Jobcenter als Mieter?“) und wie typische Makler-Aussagen zu lesen sind („Überlegen Sie nicht zu lange, es gibt noch ein Dutzend anderer Interessenten!“). Kurzum: Er dechiffriert die typische Kommunikation zwischen Makler und Wohnungsinteressenten im Spannungsfeld zwischen Provision erhalten/nicht-erhalten und der Abklärung legitimer Interessen eines potenziellen zukünftigen Mieters. Wenn alles klappt (und sich die Wohnung bei der Besichtigung hoffentlich nicht als schimmlige Bruchbude erweist), dann hat Bernd seinem Klienten dabei geholfen, in das System Wohnungsmarkt inkludiert zu werden.

Bernd übernimmt in diesem Beispiel auch ein Stück weit die Verantwortung für Jakob. In der Regel wird er vorher überlegt haben, ob es Sinn macht, Jakob zu dem Termin zu begleiten, oder ob es – im Sinne der anvisierten Verselbstständigung von Jakob nicht besser wäre, ihn die Besichtigung allein durchführen zu lassen. Später, wenn er das Einzelbetreute Wohnen verlassen hat, wird ihm schließlich auch niemand mehr bei solchen Terminen beistehen. Gehen wir davon aus, dass Bernd also seine Entscheidung zuvor sorgfältig abgewogen hat und dann erst beschlossen hatte, Jakob zu begleiten.

Sozialarbeiterinnen stehen jeden Tag in der Spannung zwischen Hilfe und Nicht-Hilfe (vgl. Kleve 2007b, 228–231). Der Grad ist schmal: Was als gute gemeinte Hilfe in dem einen Fall sinnvoll sein kann, führt in einem anderen Fall zum Verlust von Eigenverantwortung und Selbstständigkeit. Was bei Jakobs erster (und vielleicht auch bei seiner zweiten und dritten) Wohnungsbesichtigung hilfreich sein kann, könnte beim fünften oder zehnten Termin zu einer zunehmenden Passivität und damit zu der oft zitierten „erlernten Hilflosigkeit“ auf Seiten des Klienten führen.

Sozialarbeiterinnen und Sozialarbeiter müssen also jeden Tag einzelfallbezogen aufs Neue entscheiden, welche Verantwortung sie ihren Klientinnen und Klienten abnehmen – und welche nicht.

So weit so unspektakulär. Arbeit an der Verselbstständigung von Klienten gehört nun wirklich zum Alltagsgeschäft sozialpädagogischer Fachkräfte – nicht nur in der Jugendhilfe. Welche Bedeutungsebene soll hier durch eine Ausweisung als existenzielles Thema hinzukommen?

Zusammenfassend könnte man sagen: In einem existenziellen Sinne verstanden, geht Verantwortung in der Sozialen Arbeit über bloße Betreuung oder Anleitung (wie im Beispiel von Jakob) hinaus. Es geht um das Erkennen und Unterstützen der tiefen Freiheit und Verantwortung jedes Individuums, sein eigenes Leben zu gestalten. Es ist eine Verantwortung, die nicht nur äußere Handlungen umfasst. Menschen dazu zu bringen, sich der Verantwortung für ihr eigenes Leben zu stellen und danach zu handeln, ist eine sehr anspruchsvolle Aufgabe. Wenn in der Sozialen Arbeit nur darüber gesprochen wird, dass Klienten „selbstständiger werden" oder „Verantwortung übernehmen sollen", wird dies oft auf eine *instrumentelle Weise* verstanden – als Mittel zum Zweck. Im existenziellen Verständnis geht es aber darum, den Klienten als ein Wesen mit eigener Freiheit und eigener Verantwortung zu erkennen, unabhängig von externen Zielen oder Erwartungen.

Im Prinzip ist damit ein eigener Modus verbunden. Verantwortung und Freiheit sind, wie gesagt, zwei Seiten der gleichen Medaille. Förderung von Freiheit (Selbstbestimmung, Autonomie) geht immer einher mit der Übernahme von sukzessive mehr Verantwortung.

Aus der Sicht einer existenziellen Sozialen Arbeit ist es hierbei wichtig zu unterscheiden, an wen die Verantwortung adressiert wird: An Individuen oder Gruppen? Die Existenzphilosophie spricht nur und ausschließlich den Einzelnen und seine Verantwortung für sein Handeln an. Eine pauschale Adressierung von Verantwortung an Gruppen ist aus dieser Sicht problematisch. Nehmen wir z. B. die Aussage: „Migranten sind selbst dafür verantwortlich, sich zu integrieren!" Oder: „Drogensüchtige sind selbst schuld, sie hätten ja nicht anfangen damit müssen, Drogen zu konsumieren!" Mit Aussagen wie diesen (die sowieso hochproblematisch sind), kann man aus existenzphilosophischer Perspektive erst recht nichts anfangen.

Mit Bezug zu den vorherigen Ausführungen zum Freiheitsbegriff bei existenzphilosophischen Autoren stellt sich nun die Frage, was davon für Theorie und Praxis Sozialer Arbeit von besonderer Relevanz ist. Dafür wenden wir uns nochmal der mehrfach zitierten Textstelle in der internationalen Definition Sozialer Arbeit zu. Hier taucht zwar der Begriff der Freiheit als solcher nicht auf, allerdings können „Selbstbestimmung" und „Autonomie" als Chiffren gelesen werden. Wichtig auch: In der englischsprachigen Originalfassung ist an dieser Stelle von „liberation" die Rede, was am treffendsten mit „Befreiung (von Menschen)" übersetzt werden kann. Der Fachbereichstag Sozialer Arbeit in Deutschland wollte sich diesen Begriff aber für die deutschsprachige Definition mit Verweis auf „historische Kontexte" nicht zu eigen machen. „Liberation", stünde dann insofern in einem politischen Sinne für die Befreiung von Menschen aus (kolonialen) Herrschaftsverhältnissen, was in der deutschen Übersetzung aber eine entsprechende historische Sensibilität voraussetzen würde (vgl. DBSH 2014)

Ob diese Übersetzung so zielführend ist, halte ich zumindest für diskutabel. Denn es gibt auch noch eine andere Art, „liberation" zu verstehen – und zwar jene, die uns eben die Existenzphilosophie zur Verfügung stellt. Kurz gesagt: Befreiung des Menschen aus einer uneigentlichen Seinsweise (Heidegger) und bewusste Ergreifung und Gestaltung der eigenen Existenz. Dies kommt dem – ebenfalls in der internationalen Definition genannten – Begriff des *Empowerments* nahe.

Daraus lässt sich nun sehr deutlich ableiten, dass der Sozialen Arbeit eine ganz wesentliche Funktion zukommt, die sich darauf bezieht, Menschen zu mehr Freiheit zu verhelfen und ggf. zur Übernahme von Verantwortung zu befähigen, die es ihnen ermöglicht, aus der anonymen Masse des „man“ (Heidegger) herauszutreten und ihr Leben selbstbestimmt zu gestalten.
Diese Abgrenzung soll im folgenden Schaubild verdeutlicht werden.

Tab. 1: Aufgaben und Funktion Sozialer Arbeit in Bezug zum Thema Freiheit

Bezug zur internationalen Definition Sozialer Arbeit:	Existenzphilosophische Bezugnahmen	Aufgaben und Funktionen Sozialer Arbeit
	Sartre: Der Mensch als „zur Freiheit Verurteilter“	1. Bewusstmachung und Sensibilisierung für die eigene Freiheit (v. a. der „Freiheit zu“) 2. Begleitung von Menschen auf ihrem Weg zur selbstbestimmten Gestaltung ihres Lebens. 3. Vergrößerung des individuellen Freiheitsradius, z. B. im Sinne des Capabilities Apporaches von Martha Nussbaum
Im Original: „[...] the empowerment and liberation of people“	Heidegger: Befreiung durch Bewusstwerdung des „man“ um von der uneigentlichen zur eigentlichen Existenz zu kommen.	
„[...] die Stärkung der Autonomie und Selbstbestimmung von Menschen“	Jaspers: Existenzerhellung durch Bewusstwerdung der eigenen Existenz die sich an den Grenzsituationen des Lebens (Leid, Schuld, Tod, Kampf) bricht.	

Wichtig: Wie durch das Schaubild ersichtlich werden sollte, sind Freiheit und Verantwortung in der Regel *implizite Ziele* – also Ziele, die nicht an vorher benannte Maßnahmen oder Methoden gebunden sind. Diese finden – im Gegensatz zu *expliziten* – in Arbeitskontexten Sozialer Arbeit keinen rechtlichen Niederschlag. Vielmehr sollten sie bei allen Kontakten und Kommunikationen die der Hilfe in Form von Förderung, Betreuung oder Beratung dienen, einen Anspruch darstellen, der sich auch in der professionellen Haltung der Fachkräfte widerspiegelt.
Daraus lassen sich nun zwei Ziele für die Soziale Arbeit konkreter formulieren:

1. **Bewusstmachung und Sensibilisierung für die eigene Freiheit (v. a. der „Freiheit zu“)**

Viktor Frankl sprach von einer letzten Freiheit, die jedem Menschen, trotz aller (äußeren) Umstände, immer bleibt (vgl. z. B. Frankl 2007, 150). Er unterscheidet zwischen der *psychophysischen Dimension* einerseits und der *geistigen Dimension* andererseits. Auf der psychophysischen Dimension (der Einheit aus Körper und Psyche) gelten naturwissenschaftlich beschreibbare Prozesse, die dem Kausalitätsprinzip unterliegen: Aktion und Reaktion. Wenn ich meine Hand ins Feuer halte,

verbrenne ich mir die Haut und vielleicht noch mehr. Wenn ich Nahrung zu mir nehme, wird diese durch die Verdauungsorgane zerkleinert, in Energie umgewandelt und ein Teil davon wieder ausgeschieden. Es obliegt nicht meiner freien Entscheidung an diesen autonom ablaufenden Prozessen etwas zu ändern. In ähnlicher Weise verhält es sich mit Vorgängen, die wir in der Regel dem Bereich der Psyche zuordnen: Ich begegne einem Menschen, der mich von der ersten Sekunde an fasziniert. Selbst wenn ich mich dagegen sträuben sollte, so kann ich nicht verhindern, dass ich mich verliebe. Oder: Ich leide an einer Schilddrüsenfehlfunktion, die dafür sorgt, dass ich an einer depressiven Störung leide. Alle diese Vorgänge entziehen sich in letzter Konsequenz meinem freien Willen. Ich will keine Brandwunden haben, aber ich habe sie. Ich will keine Depressionen haben, aber ich habe sie.
Auf der geistigen Dimension, so Frankl, ist der Mensch hingegen frei, Stellung zu nehmen zu dem, was auf der psycho-physischen Ebene passiert. Zumindest verfügt er hier immer über einen gewissen Rest an Freiheit, indem er sich so oder so zu den gegebenen Umständen verhält.
Ganz wie an früherer Stelle schon beschrieben, differenziert also auch Frankl eine „Freiheit von" und einer „Freiheit zu".

> „Die grundlegende menschliche Freiheit gegenüber allem Schicksalhaften, *die unverlierbare Möglichkeit, sich zum gegebenem Schicksal als zu einer nun irgendwie zu bewältigenden Aufgabe einzustellen*, (Hervorhebung im Original, Anm. J. N.), die allemal unabdingbare Freiheit, sich dabei ‚so oder so' einzustellen, dies alles hat der Psychotherapeut ins rechte Licht zu rücken, denn so und nur so wird es ihm ermöglicht, dem Kranken das Äußerste an äußeren wie inneren Möglichkeiten verwirklichen zu helfen." (Frankl 1996, 32)

Zum oben genannten Beispiel der Depressionen könnte man in diesem Sinne nun konkreter sagen: „Ich habe Depressionen – aber die Depressionen haben nicht mich." Mit dieser Formulierung wird eine schon durch die Sprache induzierte Identifikation mit der Depression vermieden. Man erkennt damit das Vorhandensein der Depression an, ohne sich mit ihr gleichzusetzen. Denn der Einzelne ist ja einerseits vielmehr als seine Depression. Und andererseits öffnet sich so die Möglichkeit, sich von der Depression innerlich zu distanzieren, sie solcherart zu einem Umstand zu machen, mit dem man umgehen *muss* – mit dem man aber auch in der einen oder anderen Weise umgehen *kann*. Für Frankl ist die Depression ein psycho-physisches Geschehen, welches nicht die geistige Dimension betrifft. Auf dieser (der geistigen) Ebene sind wir vielmehr dazu in der Lage, uns gegenüber dem, was auf der psychophysischen Ebene passiert, einzustellen – uns dazu zu *verhalten*.
Lässt sich nun dies, was Frankl mit Blick auf die Psychotherapie und seine Patientinnen und Patienten gesagt hat, auf die Soziale Arbeit und ihre Adressaten übertragen? Ich glaube ja – und gehe sogar noch einen Schritt weiter: Es ist in der Sozialen Arbeit kaum vorstellbar, in der Sensibilisierung zu einem bewussten Umgang mit den eigenen Freiräumen trotz schicksalhafter Umstände *keine* zentrale pädagogische

Aufgabe zu sehen. Eine Aufgabe, die uns als Fachkräften in gewisser Weise sogar originär zukommt, jedenfalls originärer als beispielsweise Lehrerinnen und Lehrern, die wesentlich seltener in individuellen Settings mit einzelnen Schülerinnen und Schülern in der Lage sind, solche Themen zu problematisieren, als dies beispielsweise Sozialpädagogen in der Jugendhilfe oder der offenen Kinder- und Jugendarbeit möglich ist.

Fallbeispiel 3: Eine Frau wird in einer Erziehungsstelle beraten. Sie gibt an in letzter Zeit mit der Erziehung ihrer beiden Kinder öfters überfordert zu sein und zu „Gefühlsdurchbrüchen" zu neigen, im Zuge derer sie auch handgreiflich gegen ihre Kinder wird. Hierfür könne sie aber nach eigener Auskunft eigentlich nichts, da sie es als Kind selbst nicht anders kannte. Auch sie sei von ihrer Mutter „regelmäßig vertrimmt" worden. Daraufhin konfrontiert die Sozialpädagogin der Beratungsstelle die Klientin mit einem anderen Fall: Zwei eineiige Zwillingsschwestern erfuhren während ihrer Kindheit ebenfalls regelmäßig Gewalt (hier durch den Vater). Als sie selbst später Mütter wurden, setzte die eine Schwester dieses Gewaltverhalten mit der gleichen Begründung an ihren Kindern fort wie die Klientin (sie könne eben nicht anders, habe es schließlich selbst nicht anders erlebt). Die andere Zwillingsschwester hingegen erzog ihre Kinder völlig gewaltfrei. Sie habe sich bewusst dafür entschieden, die – vermeintlich alternativlose – Kette an Gewalt in der Erziehung bei sich zu unterbrechen, weil sie nicht so werden wolle, wie ihr Vater. ◀

Das Beispiel soll verdeutlichen, dass die Methode der anekdotischen Gesprächsführung der Sozialpädagogin beispielhaft darauf ausgerichtet ist, den eigenen (geistigen) Freiraum bewusst zu machen. Und manchmal wollen wir Menschen uns diesen Freiraum auch gar nicht bewusst machen, weil es bisweilen auch bequemer sein kann, sich auf äußere Einflüsse zu berufen, die vermeintlicherweise unser Handeln festlegen (determinieren).

Für diese Art der Sensibilisierung lassen sich viele Beispiele finden, die uns im Alltag der Beratung, Begleitung und Unterstützung von Menschen in der Sozialen Arbeit bei genauerem Hinsehen begegnen. Ein weiteres, dem obenstehenden Fall nicht unähnliches, Beispiel entnehme ich meiner eigenen beruflichen Tätigkeit.

Fallbeispiel 4: Ich betreute über drei Jahre einen jungen Mann Mitte Zwanzig, der an einer polytoxen Abhängigkeitserkrankung litt. Sein bisheriges Leben war u. a. durch den jahrelangen sexuellen Missbrauch durch den Lebensgefährten der Mutter geprägt. Als Jugendlicher bemerkte mein Klient dann selbst starke pädophile Neigungen an sich – ein nicht seltenes Phänomen bei Menschen die als Kinder missbraucht wurden. Die Vorstellung, ein Leben mit sexuellen Neigungen zu leben, deren Ausleben eine schwere Straftat darstellt, stürzte meinen Klienten in eine tiefe Krise. „Wozu noch leben? Warum soll ich ein Leben lang gegen diese Neigung ankämpfen?" waren einige der Fragen die ihn rastlos ließen. Meine Antwort lautete: „Du kannst nichts für dein Schicksal und das, was dir widerfahren ist. Du kannst auch nichts für das Vorhandensein deiner eigenen Neigungen. Aber du musst und kannst die Kette des Missbrauchs bei dir unterbrechen. Eine deiner Lebensaufgaben kann es sein, *kein* Täter zu werden." ◀

Auch hier geht es also um den persönlichen Freiraum – und diesen bewusst zu machen. Natürlich war in diesem Fall damit noch kein Problem gelöst. Aber es fand eine Sensibilisierung statt, die meinem Klienten dabei half, in seinem Schicksal und Leiden auch eine Aufgabe zu sehen, die für ihn unmittelbar greif- und einsehbar war und schließlich auch von ihm als wertvoll erkannt wurde.

Fallbeispiel 5: Vor einigen Jahren begleitete ich einen jungen Mann aus Eritrea im Rahmen einer intensiven Einzelbetreuung (§ 35a SGB VIII) in einer von meinem Arbeitgeber angemieteten Wohnung. Der Klient wurde in den 1990er-Jahren als Kindersoldat rekrutiert. Er litt unter einer heftigen posttraumatischen Belastungsstörung und musste täglich starke Medikamente nehmen um nachts einigermaßen schlafen und tagsüber sein Leben in einer für ihn fremden Welt bestreiten zu können. Hier wurde er auch noch regelmäßig Opfer rassistischer Diskriminierung, welche sich besonders bei der Suche nach einem Ausbildungsplatz und später bei der Suche nach einer eigenen Mietwohnung zeigte. ◀

Der Bereich des Schicksalshaften – also das, was vom Klienten selbst nicht oder kaum zu beeinflussen ist – war hier unübersehbar groß: Herkunft, Kriegs- und Gewalterfahrungen, Hautfarbe, psychische Krankheiten – für all das konnte der Klient nichts. In solchen Fällen ist es besonders herausfordernd, den persönlichen Freiraum zu identifizieren und immer wieder dem Drang zu widerstehen, sich ob der übermächtigen Herausforderungen, aufzugeben. Als Sozialpädagoge sah ich aber genau das als meine Aufgabe an: Was kann ich konkret tun, um mit meinem Klienten seine verbliebenen Freiräume zu identifizieren und kenntlich zu machen?
Die Schilderung dieses Falles – ohne an dieser Stelle weiter ins Detail zu gehen – lässt erahnen, wie zentral die existenzielle Dimension Sozialer Arbeit zu Tage tritt. Natürlich war ich auch hier zu typischen Unterstützungsleistungen aufgerufen, die man üblicherweise mit einer Tätigkeit im Betreuten Wohnen verbindet: Hilfe bei der Sicherstellung des Lebensunterhaltes, Unterstützung bei der Verselbstständigung, Netzwerkarbeit, regelmäßige Abklärung des (psychischen) Gesundheitszustandes, Vermittlung einer Schuldnerberatung usw. Aber als zentral für den Charakter der Hilfe empfand ich eben dieses: Die Identifizierung von Freiräumen, die Auseinandersetzung mit der eigenen Lebensgeschichte, Umgang mit Schuld und Traumata. Die in diesem Falle gute Ausstattung der Jugendhilfe (dank Anerkennung als §35a-Fall im Sinne des SGB VIII) ermöglichte es mir, substanzielle Fortschritte in der Arbeit mit dem Klienten zu erzielen.

Der individuelle Zugang zum Klienten bringt geradezu zwangsläufig Gespräche und Reflexionen über den eigenen Freiraum mit sich – egal ob es sich dabei um den Umgang mit der eigenen Sucht, der Erziehung von Kindern, der Einstellung zum eigenen Leiden oder auch dem eventuell bevorstehenden Lebensende handelt. Soziale Arbeit ist eine *Freiheits-Profession*, zumindest insofern sie ernsthaft das Ziel verfolgt, individuelle Freiheitsräume auf Seite der Klientinnen und Klienten zu erkennen, sie bewusst zu machen, für den Umgang mit ihnen zu sensibilisieren und sie letztlich zu vergrößern.

2. Begleitung von Menschen zur selbstbestimmten Lebensgestaltung

Soziale Arbeit unterstützt Menschen bei einer selbstbestimmten Lebensgestaltung. *Lebensgestaltung* kann hier auch synonym zu *Lebensführung* verstanden werden – ein Begriff, welcher in der zeitgenössischen Theoriendebatte in den letzten Jahren vermehrt aufgegriffen wurde (vgl. Wirth 2014, Röh 2013, Sommerfeld et. al. 2011 und in der Übersicht Lambers 2020). Im Gegensatz zu systemisch-konstruktivistisch geprägten Theorien, wie z. B. jener von Wirth, wird *Lebensführung* hier allerdings in seiner ursprünglichen, rein auf das Subjekt bezogenen, Bedeutung verstanden und nicht als *Lebensführung der Gesellschaft* (Wirth 2014).

Lebensführung oder *Lebensgestaltung* sind dynamischere und damit auch deutlich diffusere Begriffe. Sie enthalten kurz-, mittel- als auch langfristige Aspekte. Zur Lebensführung gehört – je nach Zuschreibung – der Genuss oder die Abstinenz von Suchtmitteln genauso dazu, wie das eigene Zeitmanagement, Arbeits- und Freizeitverhalten, Gesundheitsfürsorge, Umweltbewusstsein, Reiseverhalten und vieles andere mehr. Was aber davon kann und soll Gegenstand Sozialer Arbeit sein – und vor allem: Warum?

Hans Thiersch spricht von einem *gelingenderen Alltag* als Ziel Sozialer Arbeit. Er bleibt damit unbestimmt, denn was genau *gelingender* gestaltet werden soll hängt stark von den Adressaten und ihrer je eigenen Lebenswelt ab – von ihren Zielen, Hoffnungen, (enttäuschten) Wünschen und auch Träumen. Würde es daher überhaupt Sinn machen in einer theoretischen Skizze wie hier, zu versuchen, Inhalte der Lebensführung auf bestimmte Aspekte zu fokussieren? Wahrscheinlich nicht, denn damit wäre tatsächlich einer möglichen „Kolonialisierung der Lebenswelt" (Habermas) durch die Soziale Arbeit Vorschub geleistet – also der illegitimen Einmischung der Systemwelt (hier durch die Soziale Arbeit) in die private Lebenswelt. Samt den damit einhergehenden Konstruktionen von Normalität und Abweichung.

Wenn ich hier im Folgenden von *selbstbestimmter Lebensgestaltung* spreche, meine ich tatsächlich etwas, was uns schon bei der Definition des Existenz-Begriffes im ersten Kapitel begegnet ist: Der Philosophie Martin Heideggers folgend, geht es um das von ihm in *Sein und Zeit* (Heidegger 1927) beschriebene Heraustreten aus dem anonymen *man*.

Für Heidegger ist es wichtig, dass Menschen sich vom *man* distanzieren und ihre eigene Existenz auf eine authentische Weise vollziehen. Indem man sich seiner eige-

nen Einzigartigkeit bewusst wird, kann man aus dem *man* „aussteigen“ und zu einer eigenen Art des Seins, der Existenz, finden.
Es stellt sich die Frage welche Aufgabe bzw. Funktion hier Soziale Arbeit haben könnte. Als erste, allgemeine Aufgabe wäre eine Stärkung der Selbstreflexionsfähigkeiten auf Seiten der Klientinnen und Klienten zu nennen. Soziale Arbeit kann dazu beitragen, dass Menschen ihre eigene Situation reflektieren, ihre eigene Identität und ihre persönlichen Werte kennenlernen und verstehen. Durch die Förderung von Selbstreflexion und kritischer Reflexion ihrer Lebenskontexte und Umstände können Menschen lernen, über ihre Lebensweise und die Bedeutung der Gesellschaft und Kultur nachzudenken. Damit ist eine Aufgabe reformuliert, die seit der Zeit der Aufklärung an jedes Individuum gerichtet ist – nämlich sich aus seiner selbstverschuldeten Unmündigkeit zu befreien. Soziale Arbeit, so die hier vertretene Überzeugung, kann als helfende Profession, die sich spätestens seit der Nachkriegszeit immer auch als kritische und aufklärerische gesellschaftliche Kraft versteht, hier einen wichtigen Beitrag leisten. Einen Beitrag der, wenn man so will, ihrer DNA regelrecht „eingeschrieben“ zu sein scheint.
Es folgen hierzu nun zwei Fallbeispiele, die sicherlich ebenso gut zu dem später noch zu erläuternden Thema der Authentizität passen würden.

Fallbeispiel 6: Einem Sozialarbeiter in einem offenen Jugendtreff fällt in letzter Zeit ein etwa 16-jähriger Junge auf, der zwar immer mit einer bestimmten Clique an Gleichaltrigen den Treff besucht, dann aber meistens für sich bleibt. Während die anderen Jungs am Kicker oder Billard-Tisch stehen, wischt er nur auf dem Club-Sofa über sein Handy-Display. Der Sozialarbeiter sucht das Gespräch und fragt nach. Der Junge erklärt, dass er zwar manchmal gerne mitspielen würde, andererseits beiden Beschäftigungen nicht viel abgewinnen kann. Er würde lieber „irgendwas mit Musik“ machen, aber habe „keinen Plan“ wie und wo. Der Sozialarbeiter bietet ihm an, für den Jugendtreff eine Musikecke einzurichten und darüber nachzudenken, ob sie nicht gemeinsam einen „musikalischen Nachmittag“ organisieren wollen. Der Junge reagiert erst skeptisch, dann ablehnend. Der Sozialarbeiter vermutet, dass er Angst hat, sich zu weit von seinen Freunden „abzusetzen“ und sich damit noch mehr zum Außenseiter zu machen. ◀

Will man Heideggers Begriff des *man* auf das Beispiel übertragen, dann könnte man sagen, der Junge „schwimmt“ in seiner Clique mit. In ihr lebt er (zumindest während der Zeit im Jugendtreff) eine *uneigentliche Existenz*. Womöglich außerhalb des Treffs auch – das weiß der Sozialarbeiter natürlich nicht, aber die Vermutung liegt nahe. Eine pädagogische Aufgabe könnte der Sozialarbeiter nun darin erblicken, dem Jungen dabei zu helfen, für seine Interessen und Bedürfnisse einzustehen. Wenn dies gelingt, dann wäre das nicht nur ein Akt individuellen Empowerments, sondern auch ein großer Schritt Richtung selbstbestimmter Lebensweise in der kritischen Phase der Adoleszenz.

Fallbeispiel 7: Eine Sozialarbeiterin betreut im Rahmen einer ambulanten Erziehungshilfe ein 12-jähriges Mädchen und dessen Familie. Der Vater ist beruflich voll ausgelastet und kommt meist erst spätabends nach Hause. Die Mutter war vor ihrer depressiven Erkrankung als Reinigungskraft tätig. Ein Job, den sie nur aus finanzieller Notwendigkeit ausgeführt hat und in dem sie keinesfalls zurückkehren will. Sie ist medikamentös mittlerweile gut eingestellt und fühle sich so weit wieder in der Lage, demnächst eine Arbeitstätigkeit aufzunehmen. Gleichzeitig spürt sie aber den Druck, eine „gute Mutter" sein zu wollen für ihre Tochter, die unter der monatelangen Erkrankung (inklusive mehrwöchigem klinischen Aufenthalt) besonders gelitten habe. Hin- und hergerissen zwischen den unterschiedlichen Erwartungen ihres Mannes (der möchte, dass seine Frau wieder etwas zum gemeinsamen Lebensunterhalt beiträgt), des Jobcenters (das von ihr eine schnellstmögliche Wiederaufnahme einer Arbeitstätigkeit erwartet), der eigenen Mutter (die möchte, dass ihre Tochter erstmal weiter in einer Therapie an sich arbeitet) und der Tochter (die einfach nur will, dass ihre Mutter wieder gesund und glücklich ist) fühlt sich die Frau zunehmend hilflos und phasenweise verzweifelt. Die Sozialarbeiterin verwickelt daraufhin die Klientin in ein Gespräch, was sie am liebsten tun würde, wenn sie es frei entscheiden könnte und wenn es die Erwartungen der anderen gar nicht gäbe. ◀

Auch in diesem Beispiel geht es im Kern um die Frage der Lebensführung – ohne dabei ein bestimmtes Themenfeld besonders in den Vordergrund zu stellen. Es geht nicht nur um die Frage: Wiedereingliederung in den Arbeitsmarkt ja/nein oder Aufnahme einer Psychotherapie ja/nein. Es geht – im weitesten Sinne – um das Bedürfnis einer Frau nach Freiheit und um eine authentische, selbstbestimmte Lebensführung, jenseits gesellschaftlicher Normvorstellungen und familiären Erwartungsdruckes. Um hier helfen zu können, reicht daher auch nicht eine spezifische Ermutigung der Sozialarbeiterin (in der sie sich z. B. auf die Seite des Mannes oder der Klientin-Mutter stellt). Es geht vielmehr darum, der Frau in persönlichen Gesprächen den Raum und die Zeit zu geben, in geschützter Art und Weise zu einer „eigenen Stimme" (Peter Bieri) zu finden, gewissermaßen in Berührung mit sich selbst zu kommen. Hilfreich könnten hier z. B. bestimmte Frage- und Gesprächstechniken sein, wie sie am Ende des Beispiels auch angedeutet werden.

Schuld und Schuldgefühle

„Wenn man dem Menschen die Schuld nimmt,
nimmt man ihm auch die Würde."
Viktor Frankl

Für Freiheit und Verantwortung passt tatsächlich die Metapher der „zwei Seiten der Medaille" besonders gut. Als dritter Begriff dieses existenziellen Themenkomplexes habe ich *Schuld* mitaufgenommen. Der Zusammenhang ist schnell erklärt: Dort wo Menschen immer in einem – zumindest gewissem Maße – *frei* darin sind, Einstellun-

gen und Handlungen zu wählen, sind sie nicht nur *verantwortlich*, sondern können als Folge auch *schuldig* werden. Für Karl Jaspers zählt Schuld zu dem von ihn so benannten *Grenzsituationen*, denen wir uns als Menschen unweigerlich stellen müssen.
In der Sozialen Arbeit spielt das Thema *Schuld* viel öfters eine Rolle, als man denkt – oftmals subtil oder unausgesprochen. Kritisch ist dabei die Tendenz zu sehen, *Schuld* in erster Linie auf ein störendes Gefühl zu reduzieren. Diese Reduktion auf die Gefühlsebene kann das Verständnis und die Bewältigung von Schuldgefühlen erheblich behindern. Es ist daher unerlässlich, diese Gefühle ernst zu nehmen.
Es soll nicht geleugnet werden, dass Menschen auch unter Schuldgefühlen leiden können, für die es tatsächlich objektiv keinen Grund gibt (umgangssprachlich auch „Schuldkomplex" genannt) – die schlichtweg unberechtigt und falsch sind. Klassisch wäre hier die Schuld, die sich beispielsweise Opfer von sexuellen Übergriffen für das erlittene Unrecht selbst geben. Oder Kinder, die überzeugt davon sind, schuld zu sein, dass sich ihre Eltern haben scheiden lassen. Von solchen Schuldgefühlen ist hier nicht die Rede. Hier geht es um objektiv-rationale Schuldgefühle, für die es ein Gegenüber gibt, an dem man schuldig geworden ist.
Das Gefühl von Schuld ist eng verbunden mit unseren tiefsten menschlichen Erfahrungen von Verantwortung und Freiheit. Wenn wir uns schuldig fühlen, erkennen wir im Grunde oftmals indirekt an, dass wir eine Wahl hatten und dass wir möglicherweise die falsche Entscheidung getroffen haben. Dies kann zu einem Gefühl der Reue führen, das uns anspornt, unsere Fehler zu korrigieren und die Verantwortung für unsere Taten zu übernehmen. Auf diese Weise kann Schuld ein Motor für persönliches Wachstum und ethische Entwicklung sein.
Gleichzeitig können übermäßige oder ungelöste Schuldgefühle erhebliche psychische Belastungen verursachen. Menschen, die von Schuldgefühlen überwältigt werden, können unter Depressionen, Angstzuständen und Selbstwertproblemen leiden. Sie können sich isoliert und allein fühlen und es kann schwierig für sie sein, gesunde Beziehungen zu anderen aufrechtzuerhalten.
Wenn die Schuldgefühle eines Menschen nicht ernstgenommen oder übersehen werden, kann dies psychische Belastungen verschlimmern. Es kann dazu führen, dass sich die Person noch schuldiger fühlt, da sie das Gefühl haben kann, dass ihre Erfahrungen und Gefühle nicht gültig oder wichtig sind. Dies kann zu einem Teufelskreis von Schuld und Isolation führen, der die psychische Gesundheit weiter beeinträchtigt.
Deshalb ist es so wichtig, dass Fachkräfte der Sozialen Arbeit das Thema Schuld ernst nehmen und ihren Klientinnen und Klienten dabei helfen, Wege zur Bewältigung und ggf. zur Wiedergutmachung zu finden. Dabei ist es besonders wichtig, Schuldgefühle nicht zu relativieren oder gar zu ignorieren, sondern sie vielmehr anzuerkennen und den Klientinnen und Klienten Unterstützung bei deren Verarbeitung anzubieten. Und Verarbeitung kann hier auch heißen: Sühne zu leisten.

„Schuld und Sühne" ist nicht nur der Buchtitel eines berühmten Romanes von Fjodor Dostojewski, sondern steht auch hier wieder für zwei Seiten einer Medaille. Denn mit Klientinnen und Klienten über Schuld zu reden, ist immer nur der erste Schritt. Der zweite ist die Frage, wie Schuld gesühnt werden kann.
Wie und in welcher Form das möglich ist, hängt natürlich stark vom Einzelfall ab. An dieser Stelle soll nur dafür sensibilisiert werden, dass Soziale Arbeit in entsprechenden Situationen auch bedeuten kann, sich mit Klientinnen und Klienten auf die Suche nach Sühne zu begeben, nachdem man zuvor einen Weg gefunden hat, Schuld zu akzeptieren.
In der Jugendhilfe etwa können Jugendliche, die eine Straftat begangen haben, von Sozialarbeitern ermutigt werden, Verantwortung für ihr Handeln zu übernehmen. Dies könnte beispielsweise durch das Entwickeln eines Verständnisses für die Konsequenzen ihrer Handlungen geschehen und durch das Finden von Wegen zur Wiedergutmachung, wie etwa der Leistung von gemeinnütziger Arbeit oder einer Entschuldigung bei den Geschädigten.
Ein weiteres Handlungsfeld, in dem Sozialarbeiterinnen und Sozialarbeiter regelmäßig auf das Thema Schuld stoßen, ist die Suchthilfe. Suchtkranke Menschen kämpfen oft mit Schuldgefühlen, weil sie ihren Angehörigen oder sich selbst nicht selten beträchtlichen (materiellen wie auch psychischen) Schaden zugefügt haben. Hier kann es die Aufgabe von Sozialarbeitern sein, Menschen dabei zu helfen, diese Schuldgefühle aufzuarbeiten und Wege zu finden, wie sie wieder Vertrauen zu sich selbst und zu anderen aufbauen können.

Fallbeispiel 8: Ein Beispiel (welches mich persönlich bis heute tief berührt), betrifft die Auseinandersetzung einer Klientenmutter mit enormen Schuldgefühlen unter denen sie litt, seitdem sie, gemeinsam mit ihrem Sohn, den schwer pflegebedürftigen Mann verlassen hat. Letzterer litt unter einer extrem schweren Form von Myalgischer Enzephalomyelitis/Chronisches Fatigue-Syndrom (kurz: ME/CFS). Dabei handelt es sich um eine Folgekrankheit, die oft nach nicht ausgeheilten Viruserkrankungen auftritt und mit chronischer Müdigkeit und Erschöpfung einhergeht. Diese kann im Einzelfall (wie auch hier) so weit gehen, dass Patienten nicht mehr in der Lage sind, das Bett zu verlassen oder auch nur Tageslicht oder Lärm zu ertragen. Insgesamt fünf Jahre pflegte diese Frau ihren Mann unter unwahrscheinlichem Aufwand und gab dabei alles an eigenem Leben auf. Schließlich erstritt sie sich vor Gericht nach jahrelangem Kampf eine Anerkennung für ihren Mann als 100 % pflegedürftig und konnte fortan Pflegekräfte für die 24 Stunden-Betreuung engagieren. Auch ihr Mann war erleichtert, dass seine Frau nun endlich von seiner Pflege entlastet war und bat sie schließlich, ihn mit dem gemeinsamen Sohn zu verlassen und ein neues Leben zu beginnen – jetzt wo doch seine eigene Versorgung sichergestellt sei. Eine tiefe Ehekrise war die Folge. Der Mann war von Schuldgefühlen zerfressen, weil seine Frau wegen seiner Krankheit seit Jahren kein eigenes Leben mehr hatte. Die

Frau hatte Schuldgefühle bei der Vorstellung ihren Mann im Stich zu lassen. Am Ende verweigerte der Mann die Nahrungsaufnahme, solange seine Frau sich weigerte, auszuziehen, was sie schließlich dann auch tat. Nun, endlich vermeintlich „frei", schlugen die Schuldgefühle endgültig zu – jedes eigene Vergnügen, jeder Schritt in ein eigenes neues Leben mit dem Sohn (der dann mein Klient in der ambulanten Jugendhilfe werden sollte) fühlte sich für sie falsch an. Das Schuldgefühl, den eigenen Mann verraten und im Stich gelassen zu haben, war übermächtig.

Man kann sich vorstellen, dass das Thema Schuld in meinen Gesprächen mit der Mutter ständig präsent war, auch wenn es nicht immer explizit thematisiert wurde. Da mein Fokus auf der Betreuung und Begleitung des Sohnes und dessen Themen lag, war es mir nicht möglich, systematisch an diesem Thema mit der Frau zu arbeiten. Ich war aber sehr froh, als sie mir eines Tages erzählte, eine Psychotherapie aufgenommen zu haben und einen Therapeuten gefunden zu haben, mit dem sie hierzu arbeitet.

Zusammenfassung
Freiheit, Verantwortung und Schuld sind existenzielle Themen, die in einem direkten Zusammenhang miteinander stehen und in unterschiedlichster Gestalt in der Praxis der Sozialen Arbeit „aufblitzen". Existenzielle Soziale Arbeit reagiert sensibel und im Bewusstsein um die Bedeutung dieser Themen. Sie stärkt Individuen in dem sie diese für die eigenen Freiräume sensibilisiert, selbst wenn diese durch äußere Umstände sehr begrenzt erscheinen. Sie nimmt Menschen aber auch für ihre Handlungen und Entscheidungen in die Verantwortung. Eine besondere Herausforderung erkennt sie schließlich in einem angemessenen Umgang mit dem Thema Schuld.

2.3.2 Sinn und Sinnlosigkeit

„Wer ein Warum zum Leben hat, erträgt fast jedes Wie"
Friedrich Nietzsche

„Im Gegensatz zum Tier sagt dem Menschen kein Instinkt, was *er muss. Und im Gegensatz zum Menschen in früheren Zeiten sagt ihm keine Tradition mehr, was er soll. Und nun scheint er nicht mehr recht zu wissen, was er eigentlich will."*
Viktor E. Frankl

Die Frage nach dem Sinn des Lebens beschäftigt nicht nur die Existenzphilosophinnen und Philosophen, sondern die Philosophie insgesamt. Keine andere Frage steht in ähnlicher Weise stellvertretend für das philosophische Nachdenken.
Gut 120 Jahre nach dem Tod Nietzsches und gut 25 Jahre nach jenem Viktor Frankls scheint sich die Sinnfrage mit nahezu nie dagewesener Vehemenz zu stellen. Wäh-

rend Frankl (1905–1997) als Pionier der Sinnfrage (insbesondere in ihrer Bedeutung für die Psychotherapie) seiner Zeit gelten darf, gab es in den letzten Jahren sinnflutartig Veröffentlichungen zum Thema – sowohl aus dem wissenschaftlichen als auch dem populärwissenschaftlichen Sektor. Zu nennen wäre hier beispielsweise Tatjana Schnell mit ihrer fundierten Abhandlung zur Psychologie des Lebenssinns (2020) und Edward O. Wilson (2015), der sich als Biologe der Frage nach dem Sinn genähert hat. Populärwissenschaftlich und überaus lesenswert ist zudem die umfangreiche philosophische „Reise" zur Sinnfrage durch Christian Uhle (2022). Einen bedeutenden Aspekt unserer Zeit – der uns hier auch gleich noch beschäftigen wird – hat Richard David Precht (2021) hinsichtlich der Sinnfrage beleuchtet, indem er sich der Frage widmete, inwiefern Künstliche Intelligenz sich auf uns und unseren Lebenssinn auswirkt.

Daneben gibt es eine Unzahl an Veröffentlichungen, die im weitesten Sinn der Lebensratgeber-Literatur zuzurechnen sind – mal mehr, mal weniger anspruchsvoll. Hervorzuheben ist hier eine stark gestiegene Popularität des aus Japan stammenden IKIGAI-Konzeptes, welches eine Art Formel für Lebenssinn verheißt, wenn bestimmte Voraussetzungen erfüllt sind und miteinander zur Deckung kommen (vgl. z. B. Retzler 2022).

Jeder Mensch, so Frankl, trachtet danach, Sinn für sein Leben zu finden. Empfindet er sein Leben als sinnlos, kann ihn das krank machen und eine Reihe psychischer Störungen nach sich ziehen, z. B. Depressionen, Angst- oder Panikstörungen. Lange Zeit in der Geschichte der Menschheit schien das Leiden an der Sinnfrage erstaunlicherweise keine besonders exponierte Rolle in der philosophischen Debatte gespielt zu haben. Denn auch wenn sich die großen Denker der Antike wie Platon und Aristoteles durchaus mit der Frage auseinandergesetzt haben, was die Stellung des Menschen (z. B. im Verhältnis zu den Göttern) ausmacht, so behandelten sie doch nicht explizit das Thema, welches wir heute mit der Sinnfrage verbinden. Im alten Griechenland, ebenso wie später im römischen Reich und danach im christlich geprägten Mittelalter gab es dafür einen relativ einfach zu benennenden Grund: Gott bzw. die Götter. Unabhängig von sonstigen Eigenschaften, die man ihnen zuschrieb, waren Götter stets der Garant dafür, dass am Ende alles seinen Sinn hat – und der Mensch sich keine Sorge darum machen muss, dass es einen solchen eventuell gar nicht gibt. Über Jahrtausende stand im Kern nicht zur Debatte, dass es einen (oder auch viele) Götter gibt – und damit war die Frage, ob das Leben der Menschen einen tieferen Sinn hat, in gewisser Weise hinfällig. Zumindest war der Frage damit die Schärfe genommen. Sowohl in der Antike als auch im Mittelalter war die Überzeugung fundamental, dass es eine göttliche Ordnung gibt – insbesondere, dass jeder Mensch seine Rolle und seinen Platz in dieser Ordnung hat. In Zeiten bitterster Not – und diese Zeiten waren für die meisten Menschen eher die Regel, als die Ausnahme – war diese Hoffnung bzw. dieses Versprechen, der Strohhalm, an dem man sich immer klammern konnte.

Größere Risse bekam dieser Strohhalm mit der in Europa einsetzenden Aufklärung und dem Siegeszug der modernen Naturwissenschaften, die immer mehr jener natürlichen Phänomene erklären konnten, für die man bis dahin ausschließlich den Willen Gottes verantwortlich machte – z. B. Unwetter und Krankheiten. Aber nicht nur Phänomene erklären konnte die moderne Wissenschaft, sondern auch Dinge weiterentwickeln, die zweifelsohne dem Wohle der Menschen dienten – etwa im Sinne des medizinischen Fortschrittes oder technologischer Errungenschaften, die insbesondere im Bereich der Landwirtschaft die Erfahrung mit sich brachte, dass Hunger ein Problem ist, welches früher oder später tatsächlich (zumindest in Friedenszeiten) langfristig gelöst werden kann.

Nachdem sich das laizistische Prinzip – die Trennung von Staat und Kirche im nationalstaatlichen Rahmen – spätestens im 19./20. Jahrhundert weitestgehend durchgesetzt hatte (und zwar in liberal-demokratisch orientierten Gesellschaften genauso, wie in vielen totalitären Diktaturen) standen Kirche, Religion – und damit auch Gott – gewissermaßen auf dem Verliererposten. „Gott ist tot – und wir haben ihn getötet" ließ Nietzsche seinen tollen Menschen in *Die fröhliche Wissenschaft* sagen (Nietzsche 1882/2013)

Mit der Idee, Gottes (der natürlich nicht für alle „gestorben" ist, aber doch für eine kritische Masse in der Gesellschaft an Strahlkraft einbüßte) starb auch der Garant, dass das Leben einen tiefen, letzten Sinn hat – selbst wenn wir ihn zeitlebens nicht erkennen können. Symbolisch wird hier gerne aus der Bibel (Römer 11) zitiert: „Die Wege des Herrn sind unergründlich". Das kann generell so interpretiert werden, dass wir Menschen zwar in vielen Dingen keinen Sinn erkennen können, aber darauf vertrauen dürfen, dass es trotzdem der Wille Gottes ist – und damit gut und letztlich sinnvoll.

In einer Welt ohne Gott als letzten Sinn-Garanten richtet sich die Frage nach dem Sinn des Lebens nun nicht mehr als allgemeine Frage an das Kollektiv, sondern mit unerbittlicher Dringlichkeit an jeden Einzelnen von uns. Die Sinnfrage tritt individualisiert hervor. Jeder und jede muss eine eigene Antwort auf die früher oder später unabweisbare Frage finden, welchen Sinn er oder sie dem eigenen Leben geben will. „Das Leben fragt, der Mensch muss antworten" pflegte Frankl zu sagen.

Gottes „Tod" hat also einer allgemeinen Antwort auf die Sinnfrage einen schweren Schlag verpasst. Aber es kommt noch dicker – denn neben Gott gab es durchwegs noch andere, religionsunabhängige Themen bzw. Phänomene, die dem menschlichen Leben bislang einen Sinn geben konnten, insbesondere der Kampf gegen diese Phänomene. Folgt man Yuval Noah Harari kämpften menschliche Gesellschaften bis zu Beginn des 21. Jahrhunderts stets mit drei großen Problemen: Krankheit, Krieg und Hunger (Harari 2017). Der (Über)lebenskampf des Homo sapiens brach sich stets an den Bedrohungen, die schwere Krankheiten, kriegerische Auseinandersetzungen und der drohende Hungertod mit sich brachten. Und wenngleich es auch heute noch möglich ist, diesen Ereignissen zum Opfer zu fallen, so ist die Gefahr für die meisten

Menschen ungleich geringer als in früheren Zeiten. Für viele von uns gilt hingegen, was Odo Marquard in seinen Vorlesungen zur Existenzphilosophie gesagt hat: Wir gehören zu den „Davongekommenen". Wir erinnern uns: Gemeint sind damit alle, die sich einerseits nicht mehr direkt um ihr tägliches Überleben sorgen müssen, andererseits sich dann aber postwendend mit der Frage konfrontiert sehen, wofür sie ihre Energie, Aufmerksamkeit und Lebenszeit stattdessen einsetzen sollen. Mit anderen Worten: Welchen Sinn sie ihrem Leben nun „abringen" können und sollen.
Dieser Übergang im post-religiösen Zeitalter beschäftigte die Philosophie verstärkt ab der ersten Hälfte des 19. Jahrhunderts. Arthur Schopenhauer äußerte sich in seinem Hauptwerk *Die Welt als Wille und Vorstellung* in Bezug auf den Menschen gewohnt pessimistisch, insofern er ihn – kaum mal der Not entronnen – vor das Problem der Langeweile gestellt sieht:

> „Nun ist es aber sogleich sehr bemerkenswerth, daß einerseits die Leiden und Quaalen des Lebens leicht so anwachsen können, daß selbst der Tod, in der Flucht vor welchem das ganze Leben besteht, wünschenswerth wird und man freiwillig zu ihm eilt; und andererseits wieder, daß sobald Noth und Leiden dem Menschen eine Rast vergönnen, die Langeweile gleich so nahe ist, daß er des Zeitvertreibes nothwendig bedarf.[...] Demgemäß sehen wir, daß fast alle vor Noth und Sorgen geborgene Menschen, nachdem sie nun endlich alle anderen Lasten abgewälzt haben, jetzt sich selbst zur Last sind und nun jede durchgebrachte Stunde für Gewinn achten, also jeden Abzug von eben jenem Leben, zu dessen möglichst langer Erhaltung sie bis dahin alle Kräfte aufboten. (Schopenhauer 1818/2009, § 57)

Nietzsche, der in seinen frühen Jahren stark von Schopenhauer beeinflusst war, widmete sich einige Jahrzehnte später verstärkt der aus der Analyse Schopenhauers hervorgehenden Frage, wie es dem Menschen gelingen könne, seinen Sinn (oder auch sein „Heil") in diesem Leben zu finden, wenn Gott „tot" ist. Dazwischen (insbesondere in den 1840er-Jahren) versuchte Sören Kierkegaard, wenn man so will, einen „Mittelweg" zu finden und rang in seinem Werk um eine Antwort, wie man in Anbetracht des Zeitgeistes zu einem authentischen Glauben finden könne – und was dieser für die eigene Lebensgestaltung und Sinnsuche bedeutet.
Im 20. Jahrhundert waren es dann die Existenzphilosophinnen und -philosophen, die sich, mal mehr, mal weniger, direkt mit der Frage beschäftigten, wie der Einzelne Sinn in einer Welt finden kann, die unübersichtlich und vielfältig geworden ist – und die sich durch Säkularisierung und Industrialisierung rasend schnell verändert hat.
Wenn nun heute Veröffentlichungen zu diesem Thema ein gewisses „Revival" erleben, könnte das auch damit zu tun haben, dass wir an der Schwelle zu einer neuen Revolution stehen, die unsere gesamte Gesellschaft ein weiteres Mal fundamental verändern dürfte: Die digitale Revolution und der Siegeszug der Künstlichen Intelligenz (KI). Da es sich hier um einen, zugegebenermaßen spekulativen, Blick in die Zukunft handelt, werde ich mich hiermit an gesonderter Stelle im vierten Kapitel nochmal ausführlicher beschäftigen, wenn es um die Perspektiven der existenziellen Sozialen Arbeit geht.

Auf der anderen Seite beginnt diese, sowohl durch KI als auch durch den biotechnologischen und medizinischen Fortschritt geprägte, Zukunft *jetzt*, weshalb sich die Fragen und die damit einhergehenden Probleme von der Praxis Sozialer Arbeit bereits heute gar nicht sauber trennen lassen. Deshalb hier bereits ein kurzer Spoiler: Unser Arbeitsmarkt – da sind sich alle Expertinnen und Experten einig – wird sich durch den zunehmenden Einsatz digitaler Systeme und künstlicher Intelligenz rasant verändern. Auseinander gehen die Meinungen hinsichtlich der Frage, ob dies zu einer massenhaften Freisetzung dann nicht mehr benötigter menschlicher Arbeitskraft führen wird oder „nur" zu einer Veränderung des Profils und der Tätigkeiten, die Arbeitnehmer künftig erfüllen müssen (die Realität wird wahrscheinlich, wie meistens, irgendwo in der Mitte liegen). Da aber kaum eine Sache der individuellen Existenz so ein Sinngefühl zu verleihen mag, wie Arbeit, werden die hier stattfindenden Veränderungen ganz maßgebliche Auswirkungen darauf haben, wie sinnvoll Millionen Menschen ihr Leben nach der digitalen Revolution noch finden werden, respektive welche Sinn-Möglichkeiten ihnen der Arbeitsmarkt dann noch zu bieten vermag.

Nach diesen einleitenden Gedanken sollte nun deutlich geworden sein, als wie relevant die Sinnfrage auch im Zusammenhang mit dem Theorienkonzept einer existenziellen Sozialen Arbeit anzusehen ist. Sie ist vergleichbar mit einem gewissen (und aus meiner Sicht aktuell immer lauter werdenden) Hintergrundrauschen. In der Praxis Sozialer Arbeit ist sie, wenn ich es richtig sehe, eigentlich immer präsent. Mal direkt, mal indirekt, mal implizit, mal explizit.

Viktor Frankls Lehre vom Menschen als geistigem Lebewesen, welches in seinem Handeln und Trachten stets auf Sinn ausgerichtet ist, mündet in der von ihm begründeten Existenzanalyse und Logotherapie. Existenzanalyse kann dabei verstanden werden als eine Art Gegenbegriff zur Psychoanalyse Sigmund Freuds. Denn während es Freud darum ging, die Antworten auf menschliches Leiden in den Tiefen der Psyche zu finden (und in der Folge zu behandeln), lenkte Frankl den Blick nach außen. Als geistige Person findet der Mensch – sich selbst transzendierend – Sinn in etwas, das nicht wieder er selbst ist – beispielsweise in einer Aufgabe, in der er aufblüht oder in der Liebe und Hingabe an andere Personen. Psychische Störungen korrelieren nicht selten mit einem Mangel an empfundenen Sinn im eigenen Leben. Aber auch innerhalb der psychoanalytischen Tradition wurde die Sinnfrage wiederholt aufgegriffen und als relevant erachtet. Allen voran ist hier Irving Yalom zu nennen, der in seinem Hauptwerk *Existenzielle Psychotherapie* Sinn und Sinnlosigkeit als eines der vier Hauptthemen der Psychotherapie benennt und diesem ein großes Kapitel widmet. Dabei setzt er sich auch intensiv mit der Position Frankls auseinander und findet zahlreiche Schnittmengen zu seinen eigenen Gedanken.

Im deutschsprachigen Raum war es zuletzt der von Carl Gustav Jung beeinflusste Psychoanalytiker und Verhaltenstherapeut Ralf T. Vogel (2020), der sich im Rah-

men seiner Beschäftigung mit existenziellen Themen in der Psychotherapie auch mit der Sinnfrage auseinandersetzte.
Wieder verstärkt in den Fokus geriet die Sinnfrage zuletzt in der empirischen Forschung, insbesondere durch die vorhin schon erwähnte umfangreiche Arbeit von Tatjana Schnell (2020) und eine kritische Erwiderung darauf durch die Frankl-Schüler Elisabeth Lukas und Alexander Batthyany (2020).

Sinn-Objektivismus und Sinn-Subjektivismus

Ist Sinn etwas, das objektiv existiert – oder etwas, das (nur) subjektiv vom Individuum konstruiert wird? Die Unterscheidung zwischen Sinn-Objektivismus und Sinn-Subjektivismus ist ein zentraler Disput in der Philosophie des Geistes und der Erkenntnistheorie. Beide Sichtweisen versuchen, die Natur und Ursprung des Sinns zu erklären und unterscheiden sich dabei fundamental in ihren Antworten.
Der Sinn-Objektivismus geht davon aus, dass Sinn oder die Bedeutung von Dingen unabhängig von individuellen Überzeugungen, Vorstellungen oder Wahrnehmungen existiert. Vertreten wird die Auffassung, dass die Bedeutung eines Phänomens in der objektiven Welt verankert ist und unabhängig von subjektiven Interpretationen besteht.
Ein klassischer Vertreter des Sinn-Objektivismus wäre Platon. Er ist bekannt für seine Theorie der *Ideen*, nach der die sinnvolle Realität aus ewigen und unveränderlichen Formen besteht, die unabhängig von menschlichen Vorstellungen existieren. Diese *Ideen* sind das, was den Dingen ihre Bedeutung oder ihren *Sinn* gibt. Zum Beispiel besteht die Bedeutung des Begriffs „Gerechtigkeit" für Platon nicht in individuellen Vorstellungen oder Meinungen über Gerechtigkeit, sondern in der ewigen und unveränderlichen Form der Gerechtigkeit, die unabhängig von menschlichen Vorstellungen existiert. Individuelle Vorstellungen einzelner Menschen sind quasi nur subjektive Annäherungen an die unveränderbare, objektive Idee der Gerechtigkeit die dahinter existiert (vgl. hierzu auch Fröhlich 2015, Zehnpfennig 2017 und Nathschläger 2015). Die Annahme solcher unveränderlichen Ideen wirkt aus heutiger Sicht für die meisten ziemlich absurd. Allerdings sollte man sie deshalb nicht vorschnell ad acta legen. Im dritten Kapitel werde ich mich im Rahmen der Beschäftigung mit der Methode des Sokratischen Dialogs nochmal etwas ausführlicher Platons *Ideen* widmen.
Auch Viktor Frankl vertritt einen Sinn-Objektivismus (vgl. Noyon und Heidenreich 2012, 83f). Er geht davon aus, dass Sinn in der Welt auffindbar ist und wir Menschen auf diesen Sinn bezogen leben und ihn durch die Verwirklichung von Werten leben können. Sinn richtet sich, so Frankl, an eine Person in einer konkret gegebenen Situation – manchmal auch in ganz unmittelbarer Gestalt: Stellen Sie sich vor, Sie kommen an eine Kreuzung, wo eine ältere, gebrechliche Person versucht, die Straße zu überqueren, sich aber nicht recht traut, da die Ampel ausgefallen ist. Sie könnten dieser Person Hilfe anbieten, heil über die Straße zu kommen. Sie könnten aber auch

einfach weitergehen. Je nachdem, wie Sie reagieren, folgen oder ignorieren Sie die Möglichkeit, in dieser Situation sinnvoll zu handeln. Und der Sinn – der Person Hilfe anzubieten – ist objektiv in diese Situation eingelagert. Es geht nur darum, ob man den situativen Sinnaufruf erkennt und wahrnimmt – oder eben nicht. Als mittelbares Beispiel könnte man sich eine Person mit bestimmten Fähigkeiten und Talenten vorstellen. Aus Frankls Sicht ergibt sich daraus die objektive Sinnmöglichkeit, etwas (schöpferisches) daraus zu machen. Die Fähigkeiten zu nutzen, die einem die Natur (oder religiös konnotiert: Gott) mitgegeben hat. Tut man dies nicht, liegt das natürlich in der Freiheit des Menschen, hat aber Konsequenzen. Eine davon ist womöglich ein schlechtes Gewissen. Für Frankl war das Gewissen daher im wortwörtlichen Sinne ein Sinn-Organ: Es zeigt uns als *gutes Gewissen* oder *schlechtes Gewissen* an, ob wir sinnvoll gehandelt haben.

Wenn wir der älteren Person nicht über die Straße geholfen haben und kurz später sich unser schlechtes Gewissen meldet, zeigt uns dieses an, dass wir wider dem objektiven Sinn (Logos) der Situation gehandelt haben. Lassen wir unsere Talente und Fähigkeiten brach liegen, wird uns ebenfalls früher oder später unser Gewissen strafen. Kurzum: Frankl geht von einem objektiven Sinn aus, der sich individuell an jede einzelne Person in ihrer jeweiligen Lebenssituation richtet. Und es geht *immer* darum, dass wir, als auf Sinn bezogene Lebewesen, diesen Sinn erspüren, entdecken und letztlich verwirklichen sollen um uns nicht selbst zu verfehlen. Dann haben wir auch ein gutes Gewissen.

Im Gegensatz dazu behauptet der Sinn-Subjektivismus, dass der Sinn oder die Bedeutung von Dingen auf subjektiven Interpretationen und Erfahrungen beruht. Nach dieser Theorie ist Sinn nicht in der objektiven Welt verankert, sondern wird durch das Individuum oder die Gemeinschaft konstruiert, die diesen Sinn interpretiert oder erfährt. Die Bedeutung eines Phänomens hängt demnach von der Perspektive, den Überzeugungen, den Erfahrungen und den Interpretationen des Individuums oder der Gemeinschaft ab, die es wahrnehmen. In Bezug zu den beiden Beispielen oben würde man aus Sicht des Sinn-Subjektivismus argumentieren, dass die Frage, ob es sinnvoll ist, der gebrechlichen Person Hilfe bei der Straßenüberquerung anzubieten, rein von Ihnen abhängig ist. Wenn Sie sagen, es ist sinnvoll, dann ist es sinnvoll – wenn Sie sagen, das ist nicht sinnvoll, dann ist es nicht sinnvoll. Sinn wird schließlich nur subjektiv von Ihnen konstruiert. Und was die (nicht) genutzten Fähigkeiten und Talente anbelangt, verhält es sich genauso.

Einer der bekanntesten Vertreter des Sinn-Subjektivismus ist der Philosoph und Soziologe George Herbert Mead, der argumentierte, dass Bedeutung durch soziale Interaktion und Kommunikation konstruiert wird. Nach Mead entsteht Bedeutung durch den Prozess der sozialen Interaktion, in dem Individuen und Gemeinschaften ihre Erfahrungen und Interpretationen austauschen und verhandeln (vgl. Mead 1934/2015).

Auf den ersten Blick wirkt für viele die Position des Sinn-Subjektivismus eher vereinbar mit unserer Alltagsintuition. Bei genauerem Hinsehen allerdings ergeben sich hier durchaus argumentative Schwierigkeiten und Widersprüche.
Eine Art Kompromissposition zwischen Sinn-Objektivismus und Sinn-Subjektivismus stellt die Philosophie Immanuel Kants dar. Er argumentierte, dass unsere Erfahrung der Welt notwendigerweise durch die Strukturen unseres Verstandes geformt wird und dabei Raum, Zeit und die Kategorien des Verstandes (wie das Denken in Ursache-Wirkungs-Zusammenhängen) umfassen. Während wir in der Lage sind, Phänomene zu erfahren – das heißt, Dinge, wie sie uns erscheinen – können wir niemals das „Ding an sich" erkennen, also die Realität, wie sie unabhängig von unserer Wahrnehmung ist. Dies liegt daran, dass unsere Wahrnehmung und unser Verstand die Art und Weise strukturieren, wie wir die Welt wahrnehmen. Wir können die wahre Welt nur so erkennen, wie sie uns durch unsere Sinnesorgane und unseren Verstand vermittelt wird. Das heißt aber nicht, dass dahinter nicht wirklich eine wahre Welt bzw. das „Ding an sich" existiert.

Die Sinnfrage in der Praxis der Sozialen Arbeit

Die Unterscheidung zwischen Sinn-Objektivismus und Sinn-Subjektivismus wurde hier nicht nur aus philosophischem Interesse thematisiert. Sie hat auch unmittelbare Auswirkungen auf unser Verständnis von der Welt und unserem Leben. Sinn-Objektivismus à la Frankl vermittelt in den Augen vieler eine optimistischere Lebensauffassung, weil sie geprägt ist von der Überzeugung, dass das Leben einen unbedingten Sinn hat, den es nicht verlieren kann und den wir Menschen entdecken können. Sinn-Subjektivismus bringt hingegen zwar auf der einen Seite das Versprechen einer größtmöglichen individuellen Freiheit mit sich, da wir unseren Sinn jeweils selbst frei konstruieren können, kann andererseits aber auch zu einer Selbst-Überforderung führen, wenn wir – bildlich gesprochen – nichts haben, woran wir uns wirklich „festhalten" können, was unserem Leben Sinn verspricht.
Im Folgenden soll anhand mehrerer Fälle gezeigt werden, wie sich beispielhaft Sinnfragen im Alltag der Sozialen Arbeit zeigen. Die wichtigste Botschaft, die damit einhergehen soll: Sinnfragen sind unbedingt ernst zu nehmen. Sie stellen oftmals eine reale Not dar, die man nicht unbedacht mit einem milden Lächeln oder ironischen Kommentaren à la „Hach ja, der Sinn des Lebens, die ewige Frage..." ins Lächerliche ziehen sollte. Auf diese Gefahr weist auch Thompson mit Bezug auf die Soziale Arbeit (1992/2017, 178) hin:

> „The quest for meaning is often dismissed by jokes about ‚the meaning of life' but, when we are highly anxious, under extremes of pressure or in what appears to be an inescapable situation, questions about meaning and purpose – existential questions – can loom large. Brushing them aside, whether by humour or some other defence, is of no help to people who are going through such painful and demanding experiences. The emotions aroused by such experiences need to be acknowledged, understood and dealt with. The common

reaction of laughing them off may work at times but the issues will not go away. If we are to avoid bad faith, if we are to seek authenticity, the issues need to be tackled."[11]

Durch die folgenden Fälle soll nachvollziehbar gemacht werden, wie sich die existenzielle Frage nach Sinn und die Konfrontation mit empfundener Sinnlosigkeit in unterschiedlichen Formen und Facetten im sozialpädagogischen Arbeitsalltag zeigt. Worum es nicht geht, ist jeweils eine differenzierte, systematische Fallbearbeitung darzustellen. Methodische Aspekte „blitzen" zwar wiederum auf, werden aber nicht umfassend rekonstruiert.

Fallbeispiel 9: Freddy (23) war ein ehemals drogenkonsumierender junger Mann und wurde vom Sozialarbeiter S. in einer Jugendhilfeeinrichtung zwei Jahre lang ambulant betreut und wohnte in dieser Zeit in einer therapeutisch betreuten Wohngemeinschaft (TWG). Er litt an einer starken Cannabisabhängigkeit und war deswegen nach einer Entgiftung auch auf einer sechsmonatigen stationären Entwöhnungstherapie (nach drei Monaten wurde die Option gezogen, um weitere drei Monate zu verlängern). Neben Cannabis konsumierte der Klient auch unregelmäßig verschiedene Partydrogen und Kokain.
In den ersten sechs Wochen der Betreuung fanden zwei wöchentliche Gesprächstermine mit S. statt, wobei jeweils einer aufsuchend in der TWG durchgeführt wurde und einer im Büro der Einrichtung. Dazu kamen noch zwei weitere, für den Klienten verpflichtende Termine– ein Gruppenangebot namens „Frühstarter". Dieses Angebot wurde von mir (J. N.) angeboten und sollte Klientinnen und Klienten ohne feste Tagesstruktur helfen, an zwei Vormittagen pro Woche aus dem Bett zu kommen, gemeinsam zu frühstücken und danach sich ihren Themen (z. B. Ausbildungsplatzsuche o. ä.) zu widmen.
Freddy nahm seine Termine in den ersten Wochen sehr gewissenhaft wahr, nach etwa zwei Monaten ließ seine Zuverlässigkeit aber sukzessive nach und es gab auch einen cannabisbedingten Rückfall. Bei Freddy gab es verschiedene Probleme in der Herkunftsfamilie, die ihn den Kontakt zu dieser auf ein Minimum beschränken ließen. Eine Freundin hatte er zu jener Zeit nicht, lediglich einige „alte Kumpels", die er aber seit Ende der stationären Therapie eher mied, da diese weiterhin regelmäßig kifften und für ihn daher ein hohes Rückfallrisiko darstellten. Ohne Arbeit, ohne Ausbildung, ohne Freundin und mit wenig sonstigen sozialen Kontakten fehlte

11 Übersetzung: „Die Sinnsuche wird oft mit Witzen über den „Sinn des Lebens" abgetan, aber in großer Angst, unter extremem Druck oder in einer scheinbar unausweichlichen Situation können Fragen nach Sinn und Zweck – existentielle Fragen – auftauchen. Sie beiseite zu schieben, sei es durch Humor oder eine andere Verteidigung, hilft Menschen nicht, die solche schmerzhaften und anspruchsvollen Erfahrungen machen. Die durch solche Erfahrungen geweckten Emotionen müssen anerkannt, verstanden und verarbeitet werden. Die übliche Reaktion, sie auszulachen, mag manchmal funktionieren, aber die Probleme werden nicht ver-schwinden. Wenn wir Bösgläubigkeit vermeiden wollen, wenn wir nach Authentizität streben wollen, müssen die Probleme angegangen werden."

Freddy nicht nur die Tagesstruktur, sondern tatsächlich Lebensinhalt. Er formulierte das dann mal im Rahmen der „Frühstarter" folgendermaßen: „Ich weiß nicht, wohin mit mir, es muss doch einen Platz geben, wo ich richtig bin, wo ich hingehöre." ◀

Der Fall von Freddy zeigt fast schon idealtypisch, wie es vielen Klientinnen und Klienten geht, die sich auf dem Weg gemacht haben, eine Suchterkrankung hinter sich zu lassen bzw. zumindest zu lernen, mit ihr nach Entgiftung und stationärer Entwöhnung zu leben. Sie finden sich nach der Entlassung aus der „Käseglocke" der Suchtfachklinik regelrecht – um es mit Sartre zu sagen – *in die Freiheit geworfen* vor. Was für viele zunächst als langersehnter Wiedergewinn an Selbstständigkeit und Eigenverantwortlichkeit gesehen wird, fühlt sich für andere (meist für jene, die schon die zweite oder dritte Entwöhnung hinter sich haben) eher bedrohlich an. Denn zurück im „freien Leben" wartet auf die nun ehemaligen Patientinnen und Patienten das, was Lothar Böhnisch als gesellschaftlich vorstrukturierte Bewältigungsaufgabe ansieht. Für junge Erwachsene zwischen 18–25 Jahren (die Hauptzielgruppe der Sucht-Nachsorgeeinrichtung) bedeutet dies: (Wieder)einstieg in den Arbeitsmarkt, Ausbildungsplatzsuche, Gestaltung von sozialen Beziehungen (zur Familie, zu Freunden, Lebenspartnern, WG-Mitbewohnern u. a.), Gesundheitsfürsorge, Tagesstruktur, Drogenabstinenz, aktive Freizeitgestaltung, Schuldenklärung u. v. m. Dabei handelt es sich aber nur um die expliziten Aufgaben, bei der Soziale Arbeit hilfreich unterstützen kann. Sie finden sich entsprechend häufig auch in den Hilfeplänen bei Klientinnen und Klienten, die noch über das Jugendamt betreut werden, ebenso wie ältere, die Eingliederungshilfe im Sinne des SGB XII, § 53 erhalten.
Vielerorts existieren sogar entsprechende „Checklisten" um den Fachkräften eine hilfreiche Orientierung über die Themen zu bieten, die üblicherweise während der Suchtnachsorge-Zeit von Bedeutung sind. Die genannten Themen waren hier – wie aus der bisherigen Fallschilderung hervorgehen sollte – durchaus auch relevant. Doch da war noch mehr. In seiner Aussage („Ich weiß nicht, wohin mit mir, es muss doch einen Platz geben, wo ich richtig bin, wo ich hingehöre") verbalisierte Freddy eine *existenzielle Not* – eine Sinnkrise. Damit sendete er ein Signal das deutlich machte, dass das nüchterne „Abarbeiten" der expliziten Ziele der „Checkliste" alleine eventuell nicht reichen könnte. Gleichwohl ging es aber auch nicht darum, die Aussage Freddys dahingehend zu dramatisieren, dass er umgehend eine fachfremde Hilfe benötigte (z. B. in Form von Psychotherapie).
Freddy befand sich einfach in einer veritablen Sinnkrise – so wie sie viele von uns auch schon mal erlebt haben – und wie sie gewissermaßen in der Spätmoderne als Risiko immer mit eingepreist ist, wenn einem weder Gesellschaft noch Familie, Staat oder Kirche einen festen Platz „zuweisen". Denn das Bedürfnis nach einem individuell passenden Platz im Leben (räumlich wie emotional) prägt uns Menschen zweifellos weiterhin stark und ist nicht einfach im Einklang mit Säkularisierung,

dem Zerbrechen großfamiliärer Strukturen und wissenschaftlichem Fortschritt verschwunden.

Aus Sicht einer existenziellen Sozialen Arbeit befinden wir uns hier nun an einem für die Profession entscheidenden Punkt: Wird der Sozialarbeiter S. die existenzielle Not des Klienten als implizites Thema (welches das Potential haben könnte, die gesamte bisherige Betreuung einer kritischen Überprüfung zu unterziehen) anerkennen und fortan aktiv aufgreifen (wie immer dies auch geschehen mag)? Oder wird er es weitgehend ignorieren und hoffen, dass es bei dieser einmaligen Verbalisierung einer Sinnkrise bleibt? „Not my business" sagte letztens einmal ein Student zu mir, als ich ihn fragte, wie er als Fachkraft hier reagieren würde. Mein Kollege S. reagierte damals – zum Glück – anders.

Nach seiner Äußerung bei den „Frühstartern" informierte ich (J. N.) den Bezugsbetreuer S. und wir überlegten gemeinsam, wie man die zum Ausdruck gebrachte Sinnkrise weiter thematisieren könnte. Ohne vorherigen Plan es explizit zum Thema zu machen, reflektierten wir dabei auch die Zuständigkeit oder Nicht-Zuständigkeit Sozialer Arbeit. Wir waren uns dabei aber schnell einig: Sinnkrisen sind – natürlich – Gegenstand Sozialer Arbeit.

In unserem kollegialen Fachgespräch schlug ich S. vor, Freddy in den wöchentlichen Einzelterminen weiter über sich erzählen zu lassen – ganz im Sinne eines narrativen Verfahrens. Sinn entsteht durch Zusammenhänge, die oft erst sichtbar werden, wenn man selbst ins freie Erzählen kommt (besonders gut hat das zuletzt Christian Uhle (2022) herausgearbeitet).

Freddy wurde von S. in der Folge aufgefordert, frei aus seinem Leben zu erzählen. S stellte zwischendurch nur Verständnisfragen und formulierte am Ende dem Klienten gegenüber „Thesen", wo sich bisher Sinn in seinem Leben gezeigt hat. Dabei zeigte sich, dass das Gefühl der Sinnlosigkeit (maßgeblich im Gefühl „keinen Platz zu finden in dieser Welt" artikuliert) Freddy schon seit seiner Jugend begleitete. Die Scheidung der Eltern, die Abwesenheit des Vaters während der Jugendjahre und die sukzessive Überforderung der Mutter, die sich neben ihrer eigenen Arbeit noch um zwei jüngere Geschwister von Freddy kümmern musste, trugen maßgeblich dazu bei. Hier ging es aber nicht um eine systemische Betrachtung oder Familientherapie, sondern zunächst einzig um Freddys Sehnsucht nach einem eigenen, festen Platz im Leben.

Im Rahmen eines Gesprächs äußerte Freddy als aktuellen Berufswunsch „Türsteher". Er war beeindruckt von den muskulösen Männern in den angesagten Nachtclubs der Großstadt, die er zuletzt wieder gelegentlich aufsuchte. Er könne sich sehr gut vorstellen, durch entsprechendes Training und Ernährung eine gute Form zu erreichen, denn seine Erbanlagen seien da „nicht die schlechtesten".

S. nutzte diese Erzählung und eruierte mit Freddy die Möglichkeiten, sich in einem Fitnessstudio anzumelden. Wenn schon nicht unmittelbar mit dem Ziel Personenschützer oder Bodybuilder zu werden, so könnte er dort doch zumindest etwas

Sinnvolles für seine Gesundheit tun. Freddy willigte ein, wünschte sich aber für die ersten Termine eine Begleitung von S. (der seinerseits selbst regelmäßig in einem Fitnessstudio trainierte).

Das Training schlug in der Folge sehr schnell an. Freddy baute rasch Muskeln auf und steigerte seine Kraftwerte beträchtlich. Dadurch wuchs auch sein Selbstbewusstsein. Er genoss jede Stunde im Fitnessstudio und die anerkennenden Rückmeldungen anderer. S. stellte Freddy daraufhin frei, erstmal vormittags trainieren zu gehen, anstatt zu den „Frühstartern" kommen zu müssen. Doch zu unserem Erstaunen lehnte Freddy das ab. Er sagte, es fühle sich eigentlich falsch an, vormittags zu trainieren, wenn alle anderen in seinem Alter doch um diese Zeit meistens arbeiten gehen. Er möchte lieber weiter bei den „Frühstartern" an sich arbeiten, mit anderen Klienten frühstücken und Bewerbungen schreiben Er wisse jetzt auch, was er wolle – nämlich eine Ausbildung zur Fachkraft für Schutz und Sicherheit werden. Als Vorbild nannte er einen etwa gleichaltrigen jungen Mann, den er im Fitnessstudio kennengelernt habe: „Der hat gerade seinen Abschluss als Maurer gemacht, kommt nach einer 8-Stunden-Schicht auf der Baustelle trotzdem jeden Tag nach der Arbeit zum Training und wohnt mit seiner Frau und einer kleinen Tochter in einer eigenen Wohnung. Das will ich auch!"

Was ist hier geschehen? Zunächst stand die Erkenntnis, dass Freddy mehr bzw. etwas anderes brauchte als einen Sozialarbeiter, der mit ihm lediglich eine „Checkliste" zur Abarbeitung von gesellschaftlich vorstrukturierten Bewältigungsaufgaben durchging. Es bedurfte echter, sensibler Resonanz auf die vom Klienten geäußerte Sinnkrise. Und es bedurfte des Willens und der Bereitschaft von S. diese Sinnkrise als implizites Ziel Sozialer Arbeit im Rahmen der Suchtnachsorge explizit zu machen und den Klienten durch die Aufforderung zum freien Erzählen sich auf die Suche nach Sinnspuren im bisherigen Leben zu machen, die die beiden schließlich zum Fitnesstraining führten. Im Sportstudio fand der Klient schließlich einen Ort an dem er sich nicht nur wohl, sondern auch „richtig" fühlte. Dieser Ort erfüllte – zumindest partiell – die Sehnsucht von Freddy, einen Raum zu haben, wo er authentisch „er selbst sein könne" (das waren wirklich seine eigenen Worte). Damit war aber nur ein Startpunkt, eine Art Basis gesetzt. Denn Freddy wusste von Anfang an, dass das Leben aus mehr besteht als nur aus diesem einen Ort. Insbesondere die Begegnungen mit anderen Trainierenden und deren „normale" Lebensmodelle prägten fortan Freddys Nachdenken über mögliche eigene Ziele für sein Leben. Er nahm in sich bald den Wunsch wahr, auch mehr Verantwortung zu übernehmen und früher oder später eine eigene Familie zu gründen – vor allem wollte er aber erstmal möglichst rasch auf eigenen Beinen stehen, eine Ausbildung machen und auch in nicht allzu ferner Zukunft aus der betreuten Wohngruppe in eine eigene Wohnung ziehen.

Obwohl es in der Folge nicht immer ganz so „geradlinig" weiterging, Rückfälle und Krisen bewältigt werden mussten, so lässt sich heute – mit dem Abstand von 12 Jahren und Blick auf das Facebook-Profil von Freddy erahnen, dass er mittlerweile viele seiner zentralen Ziele erreichen konnte.

Fallbeispiel 10: Beate (damals 49 Jahre alt) ist eine Mutter von mittlerweile erwachsenen Zwillingen und einer 15-jährigen Tochter, die zuletzt in der Schule durch häufige unentschuldigte Abstinenz auffiel. Als die Schulsozialarbeiterin selbstverletzendes Verhalten feststellte, wurde das Jugendamt eingeschaltet und eine ambulante Erziehungshilfe vorgeschlagen. Im Zuge der Begleitung der Familie (zu der auch noch ein Vater gehörte, der als LKW-Fahrer in ganz Europa unterwegs war und mir tatsächlich während der 9-monatigen Zusammenarbeit mit Beate nur zwei Mal begegnete) konnten für die Tochter verschiedene Schritte erarbeitet werden, um sich den Gründen ihrer Schulabstinenz und ihres selbstverletzenden Verhaltens zu nähern und diese sozialpädagogisch zu begleiten. Unter anderem wurde hier eine Mobbing-Situation im erweiterten Freundeskreis bekannt, als auch eine unerwiderte Liebe sowie Angst vor schulischem Versagen. Mit dem Mädchen wurden entsprechende Ziele vereinbart und regelmäßig im Hilfeplanverfahren überprüft.
Bei den wöchentlichen Hausbesuchen öffnete sich die Mutter nach und nach. Sie erzählte von ihren behandlungsbedürftigen Depressionen, für welche sie sich selbst die Schuld gab, weil es ihr doch eigentlich an nichts mangele: Sie habe einen treusorgenden Ehemann, der zwar arbeitsbedingt meistens unterwegs sei, mit dem sie aber dafür sehr intensive Stunden verbringe, wenn er zu Hause ist. Dazu zwei äußerst erfolgreiche Zwillinge, die mittlerweile an der Uni erfolgreich studierten. Die finanzielle Situation der Familie sei zwar „ausbaufähig", durch ein Erbe auf Seiten des Mannes aber auch langfristig abgesichert. Kurzum: Es gebe keinen objektiven Grund, warum sie depressiv sei. Trotzdem ist sie in Behandlung und kommt in schlechten Phasen manchmal tagelang nicht aus dem Bett. Für die Probleme der Tochter gibt sie sich dadurch eine Mitschuld. So hätte sie von dem Mobbing zum Beispiel gar nichts mitbekommen, weil sie zu sehr mit ihrer eigenen Krankheit beschäftigt gewesen sei. Langsam sei sie regelrecht verzweifelt, weil sie einfach nicht wisse, was sie noch tun könne. Sie nehme schon seit Monaten Anti-Depressiva, die aber nur dazu führten, dass sie noch antriebsloser sei. Immerhin aber könne sie mit Medikamenten besser schlafen und fühle sich insgesamt etwas stabiler.
„Aber eine Lösung ist das nicht. Wenn ich nur wüsste was mit mir los ist! Körperlich konnte mein Hausarzt auch nichts feststellen und traumatisiert oder sowas bin ich auch nicht."
An dieser Stelle ergab sich für mich in der Zusammenarbeit mit der Familie eine entscheidende Veränderung. Die Hilfe für die Tochter lief zwar weiter, jedoch wurde mir vom Jugendamt eine Aufstockung der verfügbaren wöchentlichen Stundenzahl gewährt, um auch mit der Mutter regelmäßig in Form von Einzelgesprächen zu arbeiten. Glücklicherweise ging dieser bürokratische Akt vollkommen problemlos

und war mit keinerlei Wartezeit verbunden – anders als ein Platz in einer Psychotherapie auf den manche meiner Klienten monate- oder sogar jahrelang warten mussten. Wir trafen uns nun regelmäßig Freitag am frühen Nachmittag und erörterten weiter ihre persönliche Situation.

Unsere Gespräche streiften ab nun viele unterschiedliche Themenfelder, wobei sich Beate sehr interessiert für philosophische und psychologische Themen zeigte. Immer wieder war dabei ihre Beschäftigung mit der eigenen depressiven Erkrankung das Thema. Mit Verweis auf die Arbeiten von Viktor Frankl (ich war gerade fertig „gebackener" Logotherapeut) erläuterte ich ihr, dass Depressionen nicht immer einen körperlichen oder psychischen Ursprung haben müssen. Frankl selbst sprach von „noogenen Neurosen" (vom altgriechischen „nous" für Geist bzw. Sinn). Gemeint seien damit psychische Störungen, die ihren Ursprung in einem „existenziellen Vakuum" haben, einem Zustand, in dem es Menschen schlichtweg an Lebensinhalten und Werteverwirklichung, kurz: an *Sinn*, fehle.

Der Gedanke, dass es für ihre Depression eine Erklärung geben könnte, die, salopp gesagt, nichts mit einer Schilddrüsenfehlfunktion oder einem Kindheitstrauma zu tun hat, weckte unmittelbar Beates Aufmerksamkeit. Sie selbst beschrieb ihr aktuelles Leben in eigenen Worten als „dahinvegetieren". Ihre Stelle als Reinigungskraft hatte sie im Zuge ihrer wiederholten depressiven Episoden aufgegeben und wollte auch keinesfalls in diese Arbeit zurückkehren.

Als ich dann ein paar weitere logotherapeutische Gedanken vertiefte, wurde das Leuchten in ihren Augen immer größer. Es schien fast so, als ob sie sich Satz für Satz besser verstanden fühlte. Ich musste dafür gar nicht viel tun, als einfach eine Art bündige, mündliche Zusammenfassung dessen zu liefern, was Viktor Frankl in seinem Hauptwerk Ärztliche Seelsorge von 1947 (Frankl 2007) bereits vor gut 75 Jahren zu Papier gebracht hatte.

Methodisch begab ich mich nun mit Beate einige Sitzungen lang auf eine Art Zeitreise um *Sinnspuren* zu entdecken, wie u. a. der 2022 verstorbene Logotherapeut Otto Zsok das stets nannte. Sie sollten dabei helfen, zu erkennen, wo für Gegenwart und Zukunft noch mögliche Sinnmöglichkeiten lagen, wobei diese nicht zwangsläufig auf Erwerbsarbeit beschränkt waren. Wichtig ist dabei, dass der Zuhörer (in diesem Fall also ich), den Erzählenden nicht in eine bestimmte Richtung drängt oder gar Sinn für den Klienten/die Klientin finden will. Ähnlich wie Sokrates ging es auch Frankl nicht darum, den Menschen bestimmte Wahrheiten zu vermitteln, sondern sie diese selbst auffinden zu lassen (mehr zu dieser methodischen Verwandtschaft zwischen Frankl und Sokrates im dritten Kapitel).

Beate erzählte in der Folge immer wieder von ihren jungen Erwachsenenjahren als sie ihre erste eigene Wohnung bezog, in Teilzeit arbeitete und den Rest der Zeit ihrem einzigen wirklichen Hobby widmete: Dem Fotografieren. Ihre Augen leuchteten als sie einen alten Fotoband aus dem Regal zog, der ihre Aufnahmen einer Interrail-Reise Anfang der 1980er-Jahre zeigte. Ich erkannte einmal mehr, wie recht Frankl hatte, als er von „Erlebniswerten" sprach und damit meinte, dass wir Menschen Sinn nicht nur durch schöpferische Tätigkeit finden können, sondern auch durch die Verwirklichung von Erlebniswerten. Das Fotografieren von Sehenswürdigkeiten, Naturschauspielen und Alltagssituationen war für Beate im Grunde beides: Einerseits ein schöpferischer Akt, aus welchem u.a. dieser Fotoband (und später ein eigener Dia-Vortrag an der Volkshochschule) hervorging. Andererseits ein Erlebniswert, welcher Reisen immer darstellte. Beides – schöpferisch tätig sein, wie auch erleben – hilft uns Menschen dabei Sinn zu erfahren.

Einer meiner damaligen Kollegen formulierte in einer Teamsitzung vorsichtige Kritik an meinem Vorgehen, insbesondere daran, dass ich mit Beate über psychologische Zusammenhänge nachdachte. Er meinte, dies sei nicht die Aufgabe von Sozialarbeitern. Ich fragte dann nach, was denn stattdessen Aufgabe Sozialer Arbeit sei, wenn nicht die Beratung und Begleitung von Menschen in solchen offenkundigen Sinnkrisen. Seine Antwort hörte sich dann wieder wie die hier bereits mehrfach zitierte „Checkliste" an. Gleichwohl gab ich zu, dass die Gespräche mit Beate sehr voraussetzungsvoll waren – und zwar sowohl mit Blick auf meine eigenen Kenntnisse und Erfahrungen mit der Logotherapie Frankls als auch in Richtung der Klientin, die bereit und kognitiv in der Lage war, sich auf die in den Gesprächen thematisierten Ideen und Konzepte einzulassen.

An dieser Stelle eine Nebenbemerkung: Will Soziale Arbeit als Profession ernstgenommen werden, so meine Überzeugung, dann muss sie sich auch, wie hier, selbstverständlich dem ihr zur Verfügung stehenden Wissen aus benachbarten Disziplinen bedienen lernen. Daran ist nichts Verwerfliches. Im Gegenteil – es ist vielmehr eine der großen Ressourcen einer – wie Heiko Kleve es nannte „Wanderin zwischen den Welten".[12]

Zurück zu Beate: Nach etwa sechs Gesprächen machte sie sich immer mehr mit dem Gedanken vertraut, dass (hoffentlich) noch viele gesunde Jahre vor ihr liegen, die mit Sinn gefüllt werden möchten. Dies hat zugleich auch eine zumindest supportive Wirkung für ihren Kampf gegen die Depressionen.

Wir meditierten daraufhin über einen weiteren spannenden Gedanken, der sich bei Frankl finden lässt: Nicht wir Menschen sind diejenigen, die das Leben zu befragen haben, sondern das Leben ist es, was uns Fragen stellt – und uns aufruft zu antworten. Unser Leben zu ver-antworten (vgl. Frankl 2007, 107).

Das mag auf den ersten Blick etwas mystisch klingen, kann aber dabei helfen, eine ungesunde Erwartungshaltung in sich selbst umzukehren, die alltagssprachlich oft in dem Satz „Was soll denn jetzt noch kommen im Leben?" mündet.

Beate besann sich wieder auf ihre einstige Leidenschaft, das Fotografieren. Um diesem Hobby wieder nachgehen zu können, brauchte sie aber eine neue Kamera – und die

12 Gemeint im Sinne einer Profession, die sich zwischen den unterschiedlichsten Systemen und den in ihnen herrschenden Kommunikationen bewegen können muss, unter stetiger Berücksichtigung der unterschiedlichen Systemlogiken.

war teuer. Wir überlegten, dass die einzige realistische Chance, die Kamera zu finanzieren, der baldige Wiedereinstieg in den Arbeitsmarkt war. Erstaunlicherweise waren zwischenzeitlich ihre Widerstände dagegen deutlich gesunken, offenbar weil sie jetzt ein wertvolles Ziel vor Augen hatte, welches sie – im wahrsten Sinne des Wortes – *motivierte*, also in Bewegung brachte (vom lateinischen *movere* = bewegen).
Mit den erfolgten Interventionen und Sinnfindungs-Gesprächen war ein erster wichtiger Schritt gesetzt. Weitere sollten folgen. Auch in den kommenden Monaten traf ich mich noch regelmäßig mit Beate um über Philosophie und die Logotherapie Frankls zu sprechen, aber auch um ihr Raum und Zeit zu geben, über ihre Entwicklung zu reflektieren. Unsere Gespräche waren im besten Sinne *existenziell* – und sie handelten von jenen Themen, denen sich die Existenzphilosophie seit jeher verschrieben hatte: Freiheit, Verantwortung, Identität und natürlich Sinn. ◀

Als drittes Fallbeispiel rund um das Thema „Sinn" möchte ich hier noch von Karl erzählen. Der Fall wurde mir von einem Kollegen (Jens) zugetragen, den ich im Rahmen meiner logotherapeutischen Ausbildung kennengelernt habe und der zum damaligen Zeitpunkt im Sozialdienst eines Pflegeheimes tätig war.

Fallbeispiel 11: Karl (64) war Witwer und Vater eines Sohnes, zu dem er schon vor Jahren den Kontakt verloren hatte. Kurz nach seiner Frühverrentung mit Anfang 60 wurde bei Karl ein bösartiger Tumor im Magen festgestellt – seine Prognose war schlecht, seine Lebenserwartung wurde vom Arzt sehr grob mit „Einige Monate bis wenige Jahre" angegeben. Karl, der erst vor kurzem sein über 40-jähriges Arbeitsleben als Elektroinstallateur beendet hatte, entschloss sich trotz der furchtbaren Prognose alle verfügbaren Therapiemöglichkeiten, auch Chemotherapie, in Anspruch zu nehmen. Nach einer Operation, bei der ein Großteil des Tumors entfernt werden konnte, und einigen Sitzungen Chemotherapie konnte Karl nach Hause entlassen werden. Da sein Gesamtzustand sich aber dramatisch verschlechtert hatte, stand kurz danach der Umzug in eine stationäre Pflegeeinrichtung an, der glücklicherweise reibungslos von statten ging. In den kommenden zwei Jahren stabilisierte sich Karls Gesundheitszustand, sein Wochenablauf war durch regelmäßige Arzttermine und auch Physiotherapie geprägt. Im Pflegeheim nahm er regelmäßig das Gesprächsangebot des Sozialdienstes wahr und baute ein vertrauensvolles Verhältnis zu Sozialarbeiter Jens (48) auf.
Inhaltlich ging es in den Gesprächen mit Jens immer wieder um die Rückschau auf das Familien- und Arbeitsleben von Karl. Er identifizierte sich sehr stark mit seiner beruflichen Tätigkeit für ein mittelständisches Handwerkunternehmen und geriet in eine tiefe Krise, nachdem ihm die Geschäftsführung nach einigen gesundheitlichen Problemen rund um seinen 60. Geburtstag nahegelegt hatte, über eine Frühverrentung nachzudenken. Bereits damals litt Karl unter regelmäßigen, starken Bauch- und Rückenschmerzen, womöglich Vorboten der nun ausgebrochenen Krebserkrankung.

Seine Frau war vor sechs Jahren ebenfalls einem Krebsleiden zum Opfer gefallen, Karl berichtete Jens in sehr intensiven Bildern von der Erfahrung der letzten Wochen, als er mit ihr in ein Hospiz zog und sie bis zu ihrem Tod pflegte. „Nun bin ich selbst dran – und keiner ist mehr da, der mich pflegen könnte. Und das Schlimmste ist, das mein Sohn selbst jetzt nichts von mir wissen will, obwohl er Kenntnis davon hat, dass es mit mir zu Ende geht".

Im Sozialdienst eines Alten- oder Pflegeheimes ist der Tod ein ständig präsentes Thema. In der letzten Phase des Lebens ist es ein natürliches Bedürfnis alter Menschen, Beziehungen zu klären und Versöhnung mit sich und ihrer Lebensgeschichte zu finden. Ganz besonders, wenn – z. B. aufgrund entsprechender Krankheit – die verbleibende Lebenszeit deutlich limitiert ist. Jens sah seine Aufgabe seit Dienstantritt daher vor allem darin, den Bewohnerinnen und Bewohnern die Möglichkeit zu bieten, ins Sprechen zu kommen. Durch eine Kollegin erfuhr er von der Logotherapie Viktor Frankls und dass dieser sich auch intensiv mit dem Sinn von Leiden und Tod auseinandergesetzt hat. Jens nutzte nun dieses Wissen in seinen Gesprächen mit Karl. Er versuchte sensibel wahrzunehmen, auf was es Karl in seiner jetzigen Situation ankam und worunter er am meisten litt. Zum einen war dies der ungeklärte Konflikt mit seinem Sohn. Hier konnte Jens nur begrenzt tätig werden. Er bot Karl an, mit seinem Sohn in Kontakt zu treten, was dieser aber ablehnte. Zum anderen quälte Karl der Gedanke, dass er nun wahrscheinlich allein sterben müsste.

„Ich habe mich damit abgefunden, dass mein Leben zu Ende geht. Im Großen und Ganzen war es ein gutes Leben. Aber dass ich jetzt allein sterben muss macht mich traurig und verbittert." Jens erinnerte Karls Situation an einen ähnlichen Fall, von dem er im Rahmen seiner Ausbildung gehört hatte. Methodisch ging es dabei um die von der Frankl-Schülerin Elisabeth Lukas begründete Methode der Einstellungsmodulation. Gemeint ist das Ringen um einen Sinn im Leiden – dem Leiden einen *Sinn abzuringen*. Denn auch dort, wo schicksalshafte Umstände dazu führen, dass schöpferische Werte oder Erlebniswerte (wie in den ersten beiden Fällen) nicht mehr verwirklicht werden können, so ist es oft dennoch möglich, sich zu unabwendbarem Leid einzustellen, eine Haltung dazu einzunehmen. Menschen können, so Frankl, Sinn darin finden, wenn es ihnen gelingt, ihr Leid zu gestalten.

„Was wäre gewesen, wenn Sie vor Ihrer Frau gestorben wären?" fragte Jens eines Tages Karl. Und dieser reagierte ähnlich, wie der Mann in dem Fall, den er aus seiner Ausbildung kannte[13]: „Sehr schwierig – sie hätte schwer zu leiden gehabt, außerdem wäre es dann für sie schwierig gewesen, finanziell unser Haus zu halten, was noch nicht vollständig abbezahlt ist. Und sie hing unendlich an ihrem Garten. Das alles wäre möglicherweise weg gewesen. Ich mag mir nicht vorstellen, wie sie daran zerbrochen wäre. Sie wollte auf keinen Fall in ein Pflegeheim. ◀

13 Auch bei Frankl selbst findet sich eine sinngleiche Schilderung

Wir sehen hier also einen Fall, bei dem es nur noch sehr begrenzt möglich für den Klienten war, durch schöpferisches Tätigsein oder durch eigenes Erleben Sinn zu erfahren. Vielmehr ging es darum, eine Einstellung, eine Haltung, zu dem zu finden, was unabänderlich war. Viktor Frankl sieht hier sogar die höchste Möglichkeit der Sinnfindung. Denn im Gegensatz zur Verwirklichung schöpferischer Werte (wo einem ja als Voraussetzung bestimmte Fähigkeiten von der Natur „bereitgestellt" wurden, auf die man zurückgreifen kann) und im Gegensatz zu Erlebniswerten (für deren Verwirklichung funktionierende Sinnesorgane, die Fähigkeit zu lieben und geliebt zu werden vorausgesetzt werden), muss man sich die Fähigkeit zu Leiden und eine Haltung zum eigenen Leid zu gewinnen selbst *erleiden*.

Fazit

Bei der Darstellung der Fallbeispiele ging es darum zu zeigen, in welchen unterschiedlichen Facetten das Bedürfnis nach Sinn in der Praxis der Sozialen Arbeit zutage treten kann. Die drei ausgewählten Fälle von Freddy, Beate und Karl wurden dabei von mir nicht zufällig ausgewählt. Die Art wie sich bei jedem der drei ein Mangel an Sinn zeigt – und die Art, wie sie schließlich für sich jeweils wieder Sinn finden, entspricht exakt jenen drei Wegen, die Viktor Frankl in seiner Logotherapie beschrieben hat. Bei Freddy waren es Schöpfungswerte: Er erfuhr Sinn darin, sein Leben wieder selbst in die Hand zu nehmen und aktiv zu werden. Sowohl sein Training als auch die Aussicht auf eine Ausbildung und Arbeit waren hier leitend. Bei Beate ging es dagegen mehr darum, Sinn im Erleben zu finden. Natürlich ist auch Fotografie eine schöpferische Tätigkeit, aber Beate ging es v. a. auch um die im Zusammenhang mit der Tätigkeit der Fotografie stehenden Erlebnisse, Situationen, Landschaften, die es dann bildlich festzuhalten gilt. Und bei Karl schließlich ging es um Sinn durch die Wahl einer sinnvollen Einstellung zu unabänderlichem Schicksal. Auf allen drei Wegen ist Sinn zu finden – das sollten die Fälle zeigen.

Damit soll auch nochmal die These von Noyon und Heidenreich aufgegriffen werden, der zufolge eine Fachkraft der Sozialen Arbeit in ihrer (beraterischen) Tätigkeit mindestens genauso oft und wahrscheinlich mit existenziellen Themen konfrontiert werden dürfte, wie ein Therapeut. Ich würde sogar noch weiter gehen und behaupten, dass Sozialarbeiterinnen und Sozialarbeiter noch öfter und regelmäßiger mit existenziellen Themen und Fragen konfrontiert werden – wenn sie denn aufmerksam zu- und hinhören. Besonders zwei Aspekte erhöhen die Wahrscheinlichkeit, dass im Kontext Sozialer Arbeit Sinn-Fragen eher als im therapeutischen Bereich zur Sprache kommen:

1. Das Setting: Soziale Arbeit stellt in der Regel deutlich niedrigschwelligere Settings zur Verfügung als die Psychotherapie. Es gibt kaum längere Beantragungswege, um mit Fachkräften ins Gespräch zu kommen, während man auf einen Platz in der Psychotherapie nach diversen Voruntersuchungen und Gutachten oftmals erst noch Monate warten muss, bevor es dann irgendwann losgehen kann.

2. Der doppelte Generalismus der Sozialen Arbeit (Kleve 2000): Soziale Arbeit zeigt sich einerseits strukturell offen bezüglich ihrer Zielgruppe (universeller Generalismus) – prinzipiell kann jeder Mensch Adressat sein bzw. Klient werden. Andererseits zeigt sie auch eine ganzheitliche Offenheit für das Leben des einzelnen Klienten in seiner bio-psycho-sozialen Verfasstheit (spezialisierter Generalismus).

Kurzum: Sozialarbeiterinnen und Sozialarbeiter geraten nicht zufällig und überraschend in Gespräche über Sinnfragen, sondern strukturell bedingt. Soziale Arbeit ist in manchen Handlungsfeldern fast so etwas wie eine „Sinn-Profession". Dafür gilt es ein Bewusstsein zu schaffen.

Zusammenfassung
Der Mensch lebt auf Sinn bezogen. Individuen streben danach, Sinn für ihr Leben zu finden und es zeigt sich, dass dieses Suchen und Finden von Sinn(möglichkeiten) eine Aufgabe darstellt, bei der Menschen auf Rückmeldungen und Austausch mit ihrer Umwelt angewiesen sind. Sozialarbeiterinnen und Sozialarbeiter sind oftmals die Adressaten von Sinnfragen ihrer Klienten. Sie müssen, bereit sein, sich für diese Fragen zu öffnen und eine prinzipielle Einsicht in die Zuständigkeit für Sinnfragen mitbringen. Damit geht nicht automatisch die Forderung nach einer bestimmten Lösungskompetenz zur Beantwortung individueller Sinnfragen einher – sehr wohl aber die Forderung nach einem bewussten Umgang und einer damit einhergehenden Gesprächsführungskompetenz. Zuallererst geht es aber schlicht darum, diese Zuständigkeit nicht reflexhaft wegdelegieren zu wollen.

2.3.3 Isolation und Einsamkeit

Zu den grundlegendsten Aufgaben Sozialer Arbeit gehört der Umgang mit Isolation und Einsamkeit. Menschen, die sich aus unterschiedlichsten Gründen am Rande der Gesellschaft wiederfinden, die sonstigen sozialen Sicherungssystemen (allen voran der Familie) verlustig gegangen sind, stellen unmittelbar eine Zielgruppe professionell organisierter Hilfe dar.

Ein wenig bestrittenes Grundprinzip bzw. eine Methode Sozialer Arbeit ist daher auch die Netzwerkarbeit, welche, durch die Schaffung einer sozialraumorientierten Angebotsstruktur ergänzt, unter anderem das Ziel verfolgt, Menschen in Kontakt und Austausch miteinander zu bringen. Anthropologisch ist das menschliche Bedürfnis nach sozialer Eingebundenheit grundlegend, was Martha Nussbaum im Rahmen des von ihr begründeten Capabilities Approach dazu führt, der Fähigkeit zur sozialen Eingebundenheit (Affiliation) eine „architektonische Funktion" zuzusprechen. Alle zehn von ihren aufgelisteten Fähigkeiten(komplexe) seien zwar essenziell für ein gutes menschliches Leben, so Nussbaum. Aber zwei stechen in besonderer Weise heraus und strukturieren gewissermaßen den Möglichkeitsraum

von Individuen, ihr Leben in wahrhaft menschlicher Weise führen zu können: *Praktische Vernunft* (*practical reason*) und eben die *soziale Eingebundenheit* (vgl. hierzu z. B. Nussbaum 2015 und erläuternd Nathschläger 2014a).
Wenn Einsamkeit und Isolation solcherart als Themen der Sozialen Arbeit markiert werden können, dann handelt es sich im Allgemeinen um das, was Irvin Yalom *interpersonale Isolation* nennt: Diese...

> „[...] bezeichnet die Isolation gegenüber anderen Menschen. Sie hat viele Gründe: geografische Isolation, das Fehlen angemessener sozialer Verhaltensweisen, sehr widerstreitende Gefühle gegenüber Intimität oder ein Persönlichkeitsstil (wie zum Beispiel schizoid, narzisstisch, ausnützend, oder urteilend), die befriedigende soziale Interaktion ausschließt. Kulturelle Faktoren spielen eine wichtige Rolle bei interpersonaler Isolation. Der Verfall von Institutionen die Intimität fördern – die Großfamilie, die stabile Wohngemeinschaft, die Kirche, lokale Händler, der Hausarzt hat [...] unausweichlich dazu geführt, dass die interpersonale Entfremdung zunahm." (Yalom 2010, 411)

Hier genießt die Soziale Arbeit traditionell eine unumstrittene Zuständigkeit: Der Kampf gegen die interpersonale Isolation stellt eine der Hauptanforderungen in der postmodernen Gesellschaft dar, insofern sie (um einen Gedanken von Heiko Kleve aufzugreifen) ein soziales Problem ist, welches durch die Moderne erst hervorgebracht wurde.
Hier geht es aber nicht um die interpersonale Isolation, sondern um das, was Yalom als *existenzielle Isolation* beschreibt.

> „Die Menschen sind oft von anderen Menschen oder von Teilen ihrer selbst isoliert, aber unterhalb dieser Trennungen gibt es eine noch grundlegendere Isolation, die zur Existenz gehört – eine Isolation, die trotz höchst befriedigender Verbindungen zu anderen Menschen und trotz vollständiger Selbsterkenntnis und Integration weiterbesteht. Existenzielle Isolation bezeichnet einen unüberbrückbaren Abgrund zwischen sich selbst und anderen Lebewesen. Sie bezeichnet auch eine noch grundlegendere Isolation – eine Trennung zwischen dem Menschen und der Welt." (Yalom 2010, 413)

Was Yalom hier als existenzielle Isolation zu fassen versucht, wird im französischen Existenzialismus im Abstand von nur wenigen Jahren in zwei Weltklassikern der Literaturgeschichte in Romanform thematisiert: Zunächst in *Der Ekel* (Sartre 1938/1975) und dann in *Der Fremde* (Camus 1942/1996). In beiden Fällen wird das Thema der existenziellen Isolation des jeweiligen Protagonisten für den Leser unmittelbar spürbar.
Camus erzählt die Geschichte von Meursault, einem Mann, der scheinbar ohne Grund einen anderen Menschen tötet. Der Roman zeigt die Isolation des Hauptcharakters auf mehreren Ebenen. Er ist emotional distanziert und scheint keine tiefen Beziehungen zu anderen Menschen aufbauen zu können, was durch seine fehlende Trauer um den Tod der eigenen Mutter und seine gleichgültige Haltung gegenüber anderen Menschen verdeutlicht wird. Meursault ist auch von der Gesellschaft iso-

liert, da er ihre moralischen und sozialen Normen nicht akzeptiert und teilt. Seine emotionale und soziale Isolation spiegelt die existenzielle Einsamkeit wider, die sich aus dem Fehlen eines objektiven Sinns und der Unberechenbarkeit der Welt ergibt. Am Ende des Romans blickt Meursault auch seinem eigenen Tod (er wurde wegen des Mordes zum Tod durch Enthaupten verurteilt) gelassen bis gleichgültig entgegen, aber freut sich auf die hasserfüllten-Rufe des Publikums bei seiner Hinrichtung. Sartre beschreibt in *Der Ekel* die Isolation des Protagonisten Antoine Roquentin in seiner Entfremdung von anderen Menschen und seiner Umwelt. Roquentins Ekel vor der Existenz führt dazu, dass er sich von anderen Menschen und den Dingen, die er einst schätzte, zurückzieht. Diese Entfremdung zeigt die Schwierigkeit, Authentizität und Bedeutung in einer Welt zu finden, die sinnlos und absurd erscheint. Roquentins Isolation verdeutlicht die existenzielle Trennung zwischen dem Individuum und seiner Umgebung und die Herausforderung, eine Verbindung zu anderen Menschen und zur Welt herzustellen, während man mit der eigenen Freiheit und Verantwortung konfrontiert ist.

Das Erlebnis des Absurden geht für Camus mit einer Entfremdung des Einzelnen von sich einher. Sowohl Meursault als auch Roquentin vermitteln den Eindruck, dass sie nicht (Meursault) oder nicht mehr (Roquentin) in der Lage sind, die Kluft zwischen sich und der Welt zu schließen und sich damit in der Situation einer existenziellen Isolation befinden, auf die sie keinen Zugriff mehr haben.

Genau dieses Gefühl interessiert auch im Zusammenhang mit Isolation als Thema einer existenziellen Sozialen Arbeit: Das Gefühl, der Selbst-Entfremdung, welches sowohl eine Isolation von anderen als auch, in gewisser Weise, von einem selbst impliziert. Dieses Gefühl tritt nicht isoliert auf, sondern geht oft mit einem grundsätzlichen Sinn-Verlust einher. Dies zeigt sich bei Sartres' Rouquentin darin, dass er einen dramatischen Ekel vor allem Sein empfindet. Alles ist ihm zu viel. Die pure Anwesenheit der Dinge löst diesen fundamentalen Ekel aus. Schließlich erkennt Rouquentin die Ursache für den Ekel: Die Einsicht in die Sinnlosigkeit seiner eigenen Existenz.

Isolation als existenzielles Thema soll hier (anders als in Sartres Roman) ein Stück weit getrennt vom Gefühl der Sinnlosigkeit betrachtet werden. Denn phänomenologisch gesehen, kann Sinnlosigkeit natürlich auch ohne das Gefühl der existenziellen Isolation erlebt werden (vielleicht sogar in der Mehrheit der Fälle).

Im Zusammenhang mit der Praxis der Sozialen Arbeit interessiert hier die Begegnung mit Klientinnen und Klienten, die das Erlebnis der Entfremdung von sich und der Welt auf unterschiedliche Art thematisieren. Sie lösen nicht selten bei den Fachkräften Gefühle des Unbehagens oder auch des Unverständnisses aus – noch mehr als bei Sinnkrisen. Das hat auch etwas damit zu tun, dass dieses Gefühl der Selbst-Entfremdung nur schwer in Worte zu kleiden ist. Aber selbst wenn man meint, als Zuhörer den Klienten in seiner Not verstanden zu haben, stellt sich postwendend die Frage: Wie damit umgehen?

Fallbeispiel 12: Eva (27) arbeitete seit vier Jahren als Flugbegleiterin, als sie plötzlich – „urplötzlich", wie sie es selbst beschrieb – auf einem Transatlantik-Flug nach Deutschland eine Panikattacke ereilte. Sie hatte gerade Pause, als es passierte. Ihr Herz fing an zu rasen, sie hatte Schweißausbrüche. Eine Kollegin merkte, dass etwas mit ihr nicht stimmte und gab ihr ein Beruhigungsmittel und „zog" sie aus dem Verkehr. Sie verbrachte den Rest des Fluges in der Teamkabine. Kurze Zeit später (und nach zwei weiteren Panikattacken) wurde sie in eine psychiatrische Klinik eingeliefert und medikamentös eingestellt. Die Diagnose lautete „Panikstörung (episodisch paroxsysmale Angst)" Im Klassifikationsschema ICD-10 findet sich die Diagnose unter F41. Dort heißt es u. a.:

> „[…] Das wesentliche Kennzeichen sind wiederkehrende schwere Angstattacken (Panik), die sich nicht auf eine spezifische Situation oder besondere Umstände beschränken und deshalb auch nicht vorhersehbar sind. Wie bei anderen Angsterkrankungen zählen zu den wesentlichen Symptomen plötzlich auftretendes Herzklopfen, Brustschmerz, Erstickungsgefühle, Schwindel und Entfremdungsgefühle (Depersonalisation oder Derealisation). Oft entsteht sekundär auch die Furcht zu sterben, vor Kontrollverlust oder die Angst, wahnsinnig zu werden." (ICD-10, F41.0)

Nach abgeschlossener stationärer Therapie wurde Eva an eine psychiatrische Tagesklinik überwiesen, an der ich damals (2003) eines meiner beiden Pflichtpraktika als Student der Sozialen Arbeit absolvierte. Die Patientinnen und Patienten hatten tagsüber verschiedene Gesprächs- und Therapieangebote, an welchen sie teilnehmen konnten und sollten. Daneben ging es auch darum, sich wieder eine gewisse Tagesstruktur anzueignen und in Austausch mit anderen Menschen zu kommen. Eva nutzte die regelmäßigen Beratungsangebote des Sozialdienstes, u. a. um sich über Möglichkeiten der beruflichen Neuorientierung zu informieren. Eine Rückkehr in den Beruf der Flugbegleiterin kam für sie nicht mehr infrage. Während eines gemeinsamen Gruppenausfluges erzählte mir Eva, dass die Medikamente zwar zwischenzeitlich gut angeschlagen hätten und sie schon seit drei Wochen keine Panikattacke mehr gehabt hätte. „Geblieben ist aber ein Gefühl der völligen Entfremdung. Es ist so, als gäbe es zwischen mir und der Welt ein riesiges Gap, ein Graben, den ich nicht mehr überwinden kann." ◀

Mit meinen 23 Jahren fühlte ich mich nachvollziehbarer Weise nicht in der Lage, irgendwelche klugen Antworten oder Ratschläge zum Umgang mit solchen Gefühlen zu geben, deshalb fragte ich einfach mal weiter: „Was macht dieses Gefühl mit dir?" Ihre Antwort: „Es bedroht mich. Ich habe keine Ahnung, wie ich damit dauerhaft leben soll. Es ist ein Alptraum."
Erst Jahre später, als ich mich im Rahmen einer Weiterbildung auch mit dieser Thematik konfrontiert sah – konnte ich mir eine bessere Vorstellung über Evas Gefühlszustand machen. Vor allen Dingen erkannte ich aber einen psychologi-

schen Zusammenhang, der uns wieder kurz zu Viktor Frankl zurückführt. Dabei geht es erneut um die Sinnbezogenheit des Menschen und um die menschliche Fähigkeit zur Selbsttranszendenz. Beides hängt bei Frankl unmittelbar miteinander zusammen: Der Mensch strebt nach Sinn – und diesen findet er v. a. außerhalb seiner selbst: In einer schöpferischen Tätigkeit sowie im Erleben von Sinn durch Erleben und Liebe. Beide Wertkategorien wurden im letzten Kapitel bereits thematisiert. Worauf es nun im Zusammenhang mit dem Fallbeispiel von Eva ankam, lässt sich mit Frankls Erklärung für die Entstehung (und vor allem die Aufrechterhaltung!) von manchen psychischen Störungen erklären: Der Hyperreflexion. Dabei handelt es sich um das, was wir alltagssprachlich als „Gedankenkreisen" verstehen. Bei Angst- und Panikstörungen ist das besonders problematisch: Je mehr wir im Teufelskreis unserer Ängste festhängen, umso schlimmer werden sie in der Regel. Es droht die berühmte „Angst vor der Angst", die dazu führt, dass Phobiker ab einem bestimmten Stadium ihrer Erkrankung das Haus nicht mehr verlassen, aus Angst, sie könnten in der Öffentlichkeit z. B. eine Panikattacke erleiden. Argwöhnisch beobachten sich Patienten, die unter solchen psychischen Störungen leiden auf Schritt und Tritt selber – die Gedanken kreisen irgendwann nur noch um das eigene Befinden, getrieben von der allgegenwärtigen Angst, der eigene Zustand könnte sich (wieder) verschlechtern.

Um Menschen dabei zu helfen, das Gedankenkreisen im Sinne der Hyperreflexion zu beenden, empfiehlt sich laut Frankl und seinen Schülern die Dereflexion. Hier geht es im Kern darum, die Aufmerksamkeit der Patienten weg von der eigenen Störung, hin zu sinnvollen Gehalten außerhalb ihrer Selbst zu lenken und dabei auf die Fähigkeit zur Selbsttranszendenz des Menschen zu bauen. Denn wir alle besitzen von klein auf die Fähigkeit uns in eine Tätigkeit oder einem Erlebnis „zu verlieren". Ein Idealbild, das jeder kennt, ist z. B. das tief in sein Spiel versunkene Kind. Es scheint Raum und Zeit zu vergessen – es ist ganz in seinem Spiel und damit auch in ganz wundersamer Weise *bei sich*. Ein anderes Beispiel sind frisch Verliebte. Für sie gibt es nichts anderes auf der Welt als den oder die Angebetete. Sie sind mit all ihrem Fühlen und Denken bei ihrem Partner. Weder beim spielenden Kind noch beim frisch Verliebten hätte eine Hyperreflexion von Erwartungsangst in der Regel auch nur den Hauch einer Chance.

Was daraus folgt, ist ein Paradox, welches sich sinngemäß so beschreiben lässt: Wir sind erst dann vollkommen wir selbst, wenn wir mit all unserer Aufmerksamkeit bei etwas oder jemand anderen sind. – zum Beispiel vertieft in eine wichtige Aufgabe, bei einem Spiel oder eben bei unserem großen „Crush"[14].

Für Eva und andere Patienten bzw. Klienten in einer ähnlichen Situation bedeutet das, dass jenseits (tiefen)psychologischer Ursachen, die eine Angst- oder Panikstörung auslösen können auch, eine recht bekannte bewusstseinspsychologische

14 Jugendwort für „Schwarm"

Tatsache von Bedeutung ist: Intentionalität. Bewusstsein ist immer auf etwas oder jemanden gerichtet. Sobald wir morgens aufwachen, beschäftigt sich unser bewusstes Denken mit den unterschiedlichsten Dingen, ist gleichsam geistig „bei ihnen". Und je mehr wir uns vollkommen bestimmten Dingen, Handlungen, Personen usw. widmen, umso weniger Aufmerksamkeit bleibt für die Störung bzw. das Symptom über.

Der Fall von Eva sollte zweierlei deutlich machen: 1. Jenseits medizinischer und psychiatrischer Codes zeigt sich: Der Zustand, in welchem sie sich während ihrer Panikattacke im Flugzeug befand, wie auch das Gefühl, dass sie im Zuge ihrer Beratungen im Sozialdienst wiederholt beschrieb, ähneln stark dem von Yalom skizzierten Gefühl einer existenziellen Isolation. Einer Isolation, die einem – trotz räumlicher (und oft auch emotionaler!) Nähe von anderen – das Gefühl einer tiefgreifenden Entfremdung empfinden lässt. Dieses Gefühl muss von allen helfenden Professionen ernst genommen werden. 2. Dieses Gefühl kann zu unterschiedlichen Symptomen führen, die dann – aufgrund von Erwartungsangst – erst recht zu einer ungesunden Aufmerksamkeitsfokussierung (Hyperreflexion) führen können. Ziel Sozialer Arbeit könnte es in solchen Fällen sein, Wert- und Sinnmöglichkeiten mit den Klienten zu eruieren. Nicht um sie so von ihren Symptomen „abzulenken", sondern um, im Sinne einer Dereflexion, dem Symptom keine toxische Aufmerksamkeit zu schenken. Paradoxerweise kann genau diese Dereflexion dazu führen, Menschen auch aus ihrer existenziellen Isolation heraus zu begleiten.

Das Thema der existenziellen Isolation ist daher letztlich mit der Frage verknüpft, wie sich für Betroffene wieder ein Bezug zur Welt herstellen lässt, welcher in der Lage ist, die Isolation zu überwinden.

Zusammenfassung

Soziale Arbeit hat es regelmäßig mit Menschen zu tun, die nicht nur unter einer *interpersonalen Isolation* (soziale Vereinsamung) leiden, sondern an der hier beschriebenen *existenziellen Isolation* und dem damit einhergehenden Gefühl einer umfassenden Entfremdung. Ihnen zu helfen, sie zu unterstützen ist ein originäres Ziel Sozialer Arbeit. Wie dies gelingen kann, ist nur im Einzelfall zu beantworten. Für den Anfang ist hier – wie auch bei anderen existenziellen Themen – ein grundsätzliches Verständnis und Sensibilität auf Seiten der Fachkräfte notwendige Voraussetzung. Darauf aufbauend können Methoden wie die Dereflexion hilfreich sein um Menschen dabei zu unterstützen, wieder einen Bezug zu sich selbst und zur Welt herzustellen. ◀

2.3.4 Leid, Krankheit und Tod

Die grundsätzlichen Themen der Existenzphilosophie auf die sich eine existenzielle Soziale Arbeit ausrichten bzw. derer sie sich bewusst werden soll, lassen sich nur bedingt isoliert betrachten. Das hat sich auch in den bisherigen Fallbeispielen wiederholt gezeigt: Oft mischen sich Themen wie Sinn, Schuld, Freiheit oder Isolation

in den jeweiligen Fallkonstellationen miteinander und nur punktuell wird es möglich, einen bestimmten Aspekt als besonders prägend zu identifizieren.
Wenn ein existenzielles Thema das Potential hat, alle (oder nahezu alle) Handlungsfelder der Sozialen Arbeit wie eine Art „rotes Band" zu durchziehen, dann sicherlich der Umgang mit Leid. Denn in gewisser Weise handelt es sich dabei um eine – mehr oder weniger abstrakte – zentrale Indikation für die allermeisten professionell angebotenen Hilfen, welche Soziale Arbeit zur Verfügung stellt. Auch das Thema der (schweren) *Krankheit* ist in der Praxis oft präsent, insbesondere natürlich an der Schnittstelle zum Gesundheitswesen, beispielsweise im klinischen Sozialdienst. *Sterben* und *Tod*, schließlich, können ebenfalls in allen Arbeitskontexten Sozialer Arbeit als Thema entweder situativ auftauchen (z. B., wenn Klienten plötzlich mit dem Tod eines Angehörigen konfrontiert werden) oder strukturell eine Rolle spielen (z. B. in der Hospizarbeit oder auf palliativen oder onkologischen Stationen im klinischen Bereich).
Aus existenzphilosophischer Sicht interessiert uns die Frage, welche *Haltung* Menschen zu Leid, Krankheit und Tod einnehmen. Denn das Auftauchen dieser Phänomene und Zustände ist ja in der Regel schicksalshaft, soll heißen: Es kann nicht willentlich beeinflusst werden. So kann sich eine Person nicht entscheiden, nicht an einer tödlichen Erkrankung zu leiden oder den Unfalltod eines Angehörigen rückgängig zu machen. Wohl aber lässt sich der Umgang mit Leid, Krankheit und Tod gestalten. Dies geschieht beispielsweise systematisch in der Trauertherapie (vgl. z. B. Wagner 2019). Aus der Perspektive der existenziellen Sozialen Arbeit geht es, wie auch bei den anderen zuvor behandelten Themen, vor allem um unspezifische Formen der Hilfe und Beratung im Umgang mit den genannten Themen.
Hinsichtlich der Frage, wie Soziale Arbeit hier helfen kann, hilft daher ein weiteres Mal der Blick, in Richtung Yalom und Frankl. Auch auf die Gefahr hin, mich hier zu wiederholen: Das Ziel dabei ist erneut nicht, eine Art „Psychotherapie light" in die Alltagspraxis der Sozialen Arbeit einzubauen. Stattdessen geht es darum, einerseits die Fachkräfte für einen sensiblen, aber auch selbstbewussten Umgang mit diesen Themen zu ermuntern. Denn keinesfalls sollten sie der allgemeinen Neigung nachgeben, Themen wie Krankheit und Tod zu tabuisieren. Dies geschieht leider – wie auch beim Thema *Schuld* – nur allzu oft. Die Gründe dafür sind vielfältig. Einige sollen hier genannt werden, weil mit der Bewusstwerdung der Gründe für Tabuisierung im Kern bereits das existenzielle Arbeiten beginnt:
Zunächst bedeutet Tabuisierung ja, dass bestimmte Themen häufig vermieden, nicht offen diskutiert oder mit Unbehagen behandelt werden. Allerdings variiert das Ausmaß der Tabuisierung je nach kulturellem, religiösem oder sozialem Hintergrund.

- Angst: Der Tod und das Leid, das mit schwerer Krankheit verbunden ist, können starke Ängste und Unsicherheiten auslösen. Viele Menschen fürchten sich vor dem Unbekannten, dem Verlust von Kontrolle oder dem Schmerz, der mit diesen Erfahrungen einhergehen kann.

- Unbehagen: In vielen Kulturen ist es unangenehm, über Leid, Krankheit und Tod zu sprechen, da diese Themen oft starke Emotionen hervorrufen. Manche Menschen fühlen sich hilflos oder überfordert, wenn sie mit diesen Themen konfrontiert werden, und wissen nicht, wie sie angemessen reagieren oder Unterstützung anbieten sollen.
- Kulturelle und religiöse Normen: In einigen Kulturen und Religionen gibt es bestimmte Normen und Überzeugungen, die den offenen Umgang mit Leid, Krankheit und Tod einschränken. Beispielsweise kann in manchen Kulturen die Vorstellung von „schlechtem Karma" oder „bösem Blick" dazu führen, dass Menschen zögern, über diese Themen zu sprechen.
- Vermeidung: Einige Menschen vermeiden die Auseinandersetzung mit Leid und Tod, um sich selbst vor den damit verbundenen emotionalen Belastungen zu schützen. Sie ziehen es vor, sich auf positivere Aspekte des Lebens zu konzentrieren und anderes auszublenden.
- Stigmatisierung: In manchen Fällen kann die Tabuisierung von Leid, schwerer Krankheit und Tod auch auf Stigmatisierung und Diskriminierung zurückzuführen sein. Menschen, die mit diesen Themen konfrontiert sind, können aufgrund von Vorurteilen und Missverständnissen sozial ausgegrenzt oder stigmatisiert werden.

Obwohl die Tabuisierung von Leid, schwerer Krankheit und Tod in vielen Kulturen und Gesellschaften verbreitet ist, gibt es auch zunehmend Bestrebungen, diese Tabus zu brechen, denn durch einen offeneren Umgang können Menschen besser darauf vorbereitet werden, mit den damit verbundenen Herausforderungen umzugehen, und es kann zu einer größeren Empathie und gegenseitiger Unterstützung in der Gesellschaft beitragen.
Neben Selbsthilfegruppen für Trauernde gibt es auch innovative Angebote, wie etwa die 2011 vom Engländer Jonathan Underwood begründeten „Death Cafes" bei denen sich wildfremde Menschen zu allen Fragen rund um das Thema Tod und Sterben austauschen können (vgl. Fong 2018).
Irvin Yalom (2010) benennt den Tod als eines der vier zentralen existenziellen Themen der Psychotherapie und behandelt ihn in seinem Hauptwerk auf über 200 Seiten auch am ausführlichsten. Gleich zu Beginn wirft er traditionellen psychoanalytischen Schulen vor, das Thema bislang „in peinlicher Weise ausgelassen" zu haben (ebd., 43) – und zwar „[...] sowohl in der psychotherapeutischen Theorie als auch in ihrer Methodenlehre". Wenn sich also sogar die klassische Psychoanalyse mit ihren hunderten bekannten Autorinnen und Autoren offenbar schwertut, einen Umgang mit dem Tod zu finden, wie kann man dann von der noch vergleichsweise jungen Disziplin der Sozialen Arbeit erwarten, dass ihr das besser gelingt?
Tatsächlich scheint das Thema hier auch noch nicht so richtig angekommen. Eine der wenigen relevanten Monografien lieferte bislang Tim Krüger (2017), der mit

dem Titel seines Werkes (*Sterben und Tod: Kernthemen Sozialer Arbeit*) in gewisser Weise eine Setzung vornimmt, die schon im Buchrückentext relativiert wird: „Obwohl sowohl die Theorien, als auch die Praxis Ansatzpunkte und Notwendigkeiten zur grundlegenden Integration dieser Themen bieten, sind Sterben und Tod keine Kernthemen der Sozialen Arbeit." Krüger geht in seiner lesenswerten Analyse nicht nur den Hintergründen dieses (fehlenden) theoretischen Umganges nach, sondern skizziert auch die aus den Bürgerbewegungen der 1960er-Jahre hervorgegangene Hospiz-Bewegung sowie die zeitgleich in den USA entstandene „Death-Education". Diese stellen einen multidisziplinären Versuch der Humanwissenschaften dar, Tod und Sterben (wieder) in Bildungskontexte zu integrieren (vgl. z. B. Bryant 2003). Neben Krüger ist ansonsten noch Hugo Mennemann zu nennen, der den Themen Tod und Sterben in seinen frühen Arbeiten noch einen gewissen Schwerpunkt einräumte (vgl. Mennemann 1997a und 1997b)
Wenn wir also theoretisch beschreiben wollen, welche Bedeutung *Tod* (und – mit Abstrichen – auch *Krankheit* und *Leid* allgemein) für die Soziale Arbeit haben, können wir nur in sehr begrenztem Umfang auf einschlägige Vorarbeiten zurückgreifen. Zumindest wenn es darum geht, diese Themen in Gesprächs- bzw. Beratungskontexten aktiv zu gestalten und als Themen zu entwickeln. Ausnahmen hiervon gibt es in erster Linie an der Schnittstelle zum Gesundheitswesen und zur Alten- und Pflegearbeit.

Tod und Sterben als unspezifische Themen in der Praxis der Sozialen Arbeit
Heidenreich und Noyon unterscheiden Tod und Sterben wie folgt:

> „Wir werden den Begriff ‚Tod' als Synonym für die Tatsache der Endlichkeit des Lebens verwenden, wohingegen der Begriff ‚Sterben' den Prozess am Ende des Lebens bezeichnet. Im englischsprachigen Raum findet sich eine analoge Unterscheidung zwischen ‚death' und ‚dying'. Für Therapeuten und Berater ist es zunächst wichtig herauszufinden, ob ihre Klienten Angst vor dem Tod (im Sinne der Endlichkeit des Lebens) oder Angst vor dem Sterben (im Sinne des Erlebens von Schmerzen) haben. (Noyon, Heidenreich 2012, 125)

Die Differenzierung in diesem Zitat macht auch aus Sicht des hier vertretenen Ansatzes Sinn. Insbesondere die Angst vor dem Tod, auch (und vor allem dann!) wenn dieser gar nicht unmittelbar, z. B. aufgrund schwerer Krankheit, ein realistisches Szenario für die nahe Zukunft darstellt, ist ein zutiefst existenzielles Thema. In dieser Angst drückt sich ein Unbehagen aus, welches mit der Einsicht in die zeitliche Begrenztheit des Lebens einhergeht. Der Begrenztheit unserer praktisch verfügbaren und gestaltbaren Lebenszeit. Der Tod, so könnte man sagen, strukturiert unser Leben auf einen Endpunkt hin, von dem wir zwar nicht genau wissen, wann er uns genau ereilt, aber auf den hin wir letztlich doch – bewusst und unbewusst – unser Leben ausrichten. *Sein zum Tode* nannte Heidegger das.

Die Angst vor dem Tod ist so betrachtet oft auch eine Angst davor, nicht (richtig) gelebt zu haben. Und nicht „richtig" meint hier auch nicht „sinnvoll". Menschen in der Mitte des Lebens, die von einem Gefühl der tiefen Sinnlosigkeit des Lebens gequält werden, haben nicht selten gleichzeitig große Ängste vor dem Tod. In unserer postmodernen Zeit, wo Menschen dazu aufgerufen sind, für sich und ihr Leben selbst Sinn zu finden, ist es nur allzu logisch, dass viele an der damit zusammenhängenden (Sinn)suche verzweifeln. Analog zu kinderlosen Frauen, von denen man sagt, dass ab einem gewissen Alter ihre „biologische Uhr" zu ticken beginne, vernehmen Menschen, die auch noch in ihren 30er, 40er oder 50er-Jahren das Gefühl haben, keine sinnvollen, relevanten Lebensprojekte gehabt zu haben, das Ticken einer „geistigen Uhr". Und was liegt da als psychische Reaktion näher, als eine diffuse Angst vor dem Tod zu entwickeln, der den traurigen Schlusspunkt eines missglückten und als sinnlos empfundenen Lebensweges darstellen würde?

Die Angst vor dem Sterben ist insbesondere bei kurz- bis mittelfristig absehbarem Lebensende ein zentrales Thema der Seelsorge. Sie kommt nicht nur in der Palliativversorgung und Hospizarbeit vor, sondern ist ein universelles Phänomen. Im Gegensatz dazu, ist die Angst vor dem Tod selbst ein Thema, das unabhängig von Lebensalter oder Lebensphase zu sehen ist. In der existenziellen Psychotherapie bei Yalom kann die Angst vor dem Tod jederzeit relevant werden und birgt sogar das Potential für positive Veränderungen. Der Schock, dem eigenen Tod möglicherweise nur knapp entkommen zu sein, löst bei Betroffenen häufig tiefgreifende Veränderungen aus. Wer sich mit einem Schlag bewusst wird, dass im nächsten Moment alles vorbei sein kann, führt sein Leben fortan oft schlagartig bewusster als bis dahin. Yalom bringt dafür das Beispiel von Pierre, einem der Protagonisten aus Tolstois monumentalem Roman *Krieg und Frieden*:

> „Pierre [...] fühlt sich von dem bedeutungslosen, leeren Leben der russischen Aristokratie abgestumpft. Als verlorene Seele stolpert er durch die ersten neunhundert Seiten des Romans und sucht nach irgendeinem Sinn des Lebens. Es kommt zum Höhepunkt des Buches, als Pierre von Napoleons Truppen gefangen genommen und zum Tod durch Erschießen verurteilt wird. Er steht mit sechs anderen in einer Reihe, er beobachtet die Exekution der fünf Männer vor ihm und bereitet sich darauf vor zu sterben – erst im letzten Augenblick wird er unerwarteter Weise begnadigt. Die Erfahrung verwandelt Pierre, der dann während der letzten dreihundert Seiten des Romans sein Leben begeistert und zweckvoll lebt. Er begibt sich voll in die Beziehung zu anderen, ist sich seiner natürlichen Umgebung voll bewusst, entdeckt eine Aufgabe im Leben, die Bedeutung für ihn hat, und widmet sich ihr." (Yalom 2010, 49)

Analog zu diesem Beispiel hören wir immer wieder von Menschen, die durch ein einschneidendes Erlebnis, z. B. ein nur knapp überlebter Autounfall oder eine überstandene schwere Krankheit, in ähnlicher Weise neuen Lebensmut fassen.

Es gehört zu den besonderen Privilegien eines Sozialarbeiters, dann und wann Zeuge einer solchen Verwandlung zu werden. Tragischerweise geschieht dies oft im Zusam-

menhang mit einem Schockerlebnis, wie z. B. der Diagnose unheilbarer Erkrankungen.
Hier kommt wieder das Konzept des *man* von Heidegger ins Spiel. Für Martin Heidegger zeigen sich in dem hier angedeuteten „Vorher-Nachher“ Schema zwei unterschiedliche Weisen des Seins, die durch die Bewusstheit des Todes strukturiert werden. Die meisten Menschen leben die überwiegende Zeit ihres Lebens in der Seinsweise des „man“:

> „Man lebt kein selbstbestimmtes Leben, man lebt eigentlich nicht das, was man selbst ist, sondern man tut das, was man halt so tut. Man handelt so wie andere handeln, man denkt das, was so andere denken, man lässt sich auch in seiner äußeren Lebensgestaltung ganz von anderen leiten. Es ist das Leben der Masse, in der Masse und mit der Masse.“ (Bordt 2010, 157)

In der Sozialen Arbeit stellt ein grundlegendes Motiv jeder Hilfeform die Förderung der Selbstbestimmung dar – darauf wurde an anderen Stellen schon hingewiesen. In der Konfrontation mit Krankheit, Leid und Tod nehmen diese Bemühungen eine ganz eigene, unabwendbare Dringlichkeit an. Dazu nun ein weiteres Fallbeispiel.

Fallbeispiel 13: Hans ist ein 70-jähriger Witwer, der vor zwei Jahren seine Frau Klara nach einer langen Krebserkrankung verloren hat. Sechs Monate später starb unerwartet sein einziger Sohn, Michael, bei einem Autounfall. Diese aufeinanderfolgenden Verluste haben Hans innerlich gebrochen und er zog sich in der Folge immer mehr zurück. Er zeigt Anzeichen einer Depression und entwickelt eine Angststörung in Bezug auf den Tod. Seine einzige verbliebene Angehörige, seine Enkeltochter Lena, lebt in einer anderen Stadt und ist durch ein beginnendes Medizinstudium zeitlich stark eingespannt. Sie ist besorgt um ihren Großvater und wendet sich an den allgemeinen Sozialdienst.
Ein Sozialarbeiter, nennen wir ihn Matthias, wird beauftragt, Hans zu begleiten und zu unterstützen. Bei ihrem ersten Treffen stellt Matthias fest, dass Hans sehr verschlossen ist und das Thema Tod und Verlust komplett vermeidet. Hans spricht zwar über seine Frau und seinen Sohn, aber nur in Bezug auf die guten Zeiten, die sie gemeinsam hatten.
Matthias erkennt, dass es wichtig ist, das Thema Tod anzusprechen, um Hans bei der Verarbeitung seiner Trauer und der Bewältigung der Depression und Angststörung zu unterstützen. Obwohl Hans zunächst Widerstand zeigt, versucht Matthias behutsam und empathisch, das Gespräch auf den Verlust von Klara und Michael und die damit verbundenen Emotionen zu lenken.
In der folgenden Zeit begleitet Matthias Hans regelmäßig und hilft ihm, wieder soziale Kontakte aufzubauen. Parallel dazu führen sie immer wieder Gespräche über den Tod, die Trauer und die Endlichkeit des Lebens. Matthias ermöglicht Hans, sich in einer geschützten Atmosphäre mit seinen Ängsten und Sorgen auseinanderzusetzen. Dadurch wird das Thema Tod langsam enttabuisiert.

Matthias ermutigt Hans auch, sich einer Trauergruppe anzuschließen, um sich mit Menschen auszutauschen, die ähnliche Erfahrungen gemacht haben. Hans ist anfangs skeptisch, nimmt jedoch schließlich teil und merkt, wie gut es ihm tut, sich offen über den Verlust und den Tod seiner Angehörigen auszutauschen. ◀

Die Funktion des Sozialarbeiters Matthias in diesem Fallbeispiel besteht darin, Hans bei der Verarbeitung seiner Trauer und der Bewältigung seiner Depression und Angststörung zu unterstützen. Matthias zeigt, dass das Thema Tod unabweisbar ist und nicht tabuisiert werden sollte, auch wenn er als Sozialarbeiter Widerstände spürt. Durch seine empathische und behutsame Herangehensweise gelingt es ihm schließlich, das Thema für Hans zugänglich zu machen und damit einen wichtigen Beitrag zu leisten, dass Hans besser mit dem Geschehenen umgehen kann.
Hans wird nach einigen Sitzungen zunehmend aufgeschlossener, jedoch bleibt er noch immer zurückhaltend, wenn es um seine eigenen Gefühle und Ängste in Bezug auf den Tod geht. Eines Tages schlägt Matthias vor, einen Spaziergang auf dem Friedhof zu unternehmen, auf dem Hans' Frau Klara beerdigt wurde. Anfangs zögerlich, willigt Hans schließlich ein.
Während des Spaziergangs auf dem Friedhof kommen Hans und Matthias an verschiedenen Grabstätten vorbei, die sie dazu veranlassen, über die Vergänglichkeit des Lebens und die Endlichkeit menschlicher Existenz zu sprechen. Als sie schließlich das Grab von Klara erreichen, wird Hans von einem tiefen Gefühl der Erkenntnis überwältigt – einem „Aha-Erlebnis". Er realisiert, dass auch er eines Tages sterben wird und dass es wichtig ist, sein Leben sinnvoll und authentisch zu gestalten, anstatt sich hinter einer Fassade der Uneigentlichkeit zu verstecken.
In diesem Moment öffnet sich Hans gegenüber Matthias und teilt ihm seine Ängste und Gedanken zum Tod mit. Matthias entscheidet sich bewusst, die Grenzen professioneller Distanz flexibel zu gestalten und offenbart Hans, wie auch er bereits mit dem Tod konfrontiert wurde und wie diese Erfahrung sein Leben verändert hat. Durch diese Offenheit schafft Matthias eine tiefere Verbindung zu Hans und ermöglicht ihm, sich weiter mit dem Thema Tod auseinanderzusetzen.
Matthias unterstützt Hans fortan dabei, sein Leben bewusster und sinnvoller zu gestalten. Gemeinsam besprechen sie Hans' Wünsche und Ziele und entwickeln Strategien, um diese zu verfolgen. Hans beginnt in der Folge wieder eine ehrenamtliche Tätigkeit aufzunehmen, die er bereits früher ausgeübt hat und findet darin neuen Lebensmut.
Die fluide Gestaltung der professionellen Distanz durch Matthias erfordert ein hohes Maß an Professionalität und Selbstreflexion. Er ist sich bewusst, dass diese Herangehensweise im Angesicht des Todes notwendig ist, um Hans in seiner Entwicklung bestmöglich zu unterstützen. Durch diese enge Zusammenarbeit gelingt es Matthias, Hans dabei zu helfen, wieder mehr eine „eigentliche" Existenz zu führen zu führen, in der er sein restliches Leben sinnvoll und erfüllt gestaltet.

Noyon und Heidenreich (2012) beschäftigen sich ausführlich mit den therapeutischen Implikationen der Thematisierung von Tod und Sterben. Den wesentlichsten Beitrag des therapeutischen Angebotes sehen sie hier in der Grundhaltung des Therapeuten, welche vor allem die Bedeutung der Selbsterfahrung als auch der Selbstöffnung des Therapeuten beinhaltet (vgl. Noyon, Heidenreich 2012, 131–134). Analog kann die hier zum Vorschein tretende Forderung, sich auch als Sozialarbeiter oder Sozialarbeiterin in entsprechenden Konstellationen bewusst aus einer zu restriktiven professionellen Distanz zu lösen und selbst mit eigenen Gedanken, Gefühlen, Erfahrungen, Ängsten und Sorgen einzubringen, gesehen werden. Dies ist im Kern sogar das, worum es aus Sicht einer existenziellen Sozialen Arbeit geht: Sich selbst einbringen, kein Thema scheuen und die Beschäftigung mit existenziellen Themen nicht nur formal und abstrakt besprechen, sondern authentisch und lebensnah – so wie dies im obigen Fallbeispiel durch Matthias geschieht. Das folgende Fallbeispiel von Melitta soll helfen, weiter herauszuarbeiten, wie eine dem existenziellen Thema *Tod und Sterben* verpflichtete Soziale Arbeit hier vorgehen kann – und wie diese Themen letztlich auch immer in einem engen Zusammenhang mit der Sinn-Frage stehen.

Fallbeispiel 14: Melitta ist eine 58-jährige Frau, die kürzlich erfahren hat, dass sie an einer unheilbaren Krankheit leidet und nur noch wenige Monate zu leben hat. Sie ist verheiratet, hat zwei erwachsene Kinder und ist Großmutter eines Enkelkindes. In dieser Situation sucht Melitta Hilfe bei einer Sozialarbeiterin des örtlichen Gemeindezentrums, um mit ihren Ängsten, Sorgen und Bedenken umzugehen, die sich aus ihrer Diagnose ergeben.

Die Sozialarbeiterin, nennen wir sie Lisa, beginnt ihre Arbeit mit Melitta, indem sie zunächst eine vertrauensvolle Beziehung aufbaut und eine offene Atmosphäre schafft, in der Melitta sich wohl fühlt, um über ihre Gefühle und Ängste in Bezug auf den bevorstehenden Tod zu sprechen. Lisa ist bereit, auch ihre eigenen Erfahrungen, Gedanken und Gefühle in den Prozess einzubringen. Sie scheut nicht davor zurück, sensible Themen wie Tod und Sterben anzusprechen und zeigt Empathie und Verständnis für Melittas Situation.

In den folgenden Sitzungen arbeiten Melitta und Lisa gemeinsam an verschiedenen Themen, die für Melitta von Bedeutung sind. Dazu gehören die Auseinandersetzung mit der Endlichkeit des Lebens, die Frage nach dem Sinn des Lebens, die Bewältigung von Trauer und Verlust, die Vorbereitung auf den Abschied von Familie und Freunden und die Planung für die verbleibende Lebenszeit. Existenzielle Soziale Arbeit in Reinform, sozusagen.

Lisa ermutigt Melitta, sich mit ihrer Familie und Freunden über ihre Diagnose und ihre Wünsche für die verbleibende Zeit zu unterhalten. Sie hilft Melitta dabei, ihre Ängste und Bedenken zu erkennen und zu artikulieren und unterstützt sie bei der Entwicklung von Strategien, um diese Ängste zu bewältigen.

Gemeinsam erkunden sie auch Möglichkeiten, wie Melitta ihre verbleibende Zeit sinnvoll und erfüllt gestalten kann, beispielsweise durch die Verwirklichung von Träumen und Wünschen, die Vertiefung von Beziehungen oder die Schaffung von bleibenden Erinnerungen für ihre Familie und Freunde.
Im Laufe der Zusammenarbeit entwickelt sich eine tiefe Verbindung zwischen Melitta und Lisa, die auf gegenseitigem Vertrauen, Ehrlichkeit und Offenheit basiert. Melitta schätzt die Authentizität und das Einfühlungsvermögen von Lisa und fühlt sich in ihrer schwierigen Lebenssituation verstanden und unterstützt. ◀

Dieses Fallbeispiel soll zeigen, wie eine existenziell ausgerichtete Soziale Arbeit mit dem Thema Tod und Sterben umgehen kann. Indem sich auch die Sozialarbeiterin Lisa bewusst aus einer zu restriktiven professionellen Distanz löst und ihre eigenen Gedanken, Gefühle und Erfahrungen einbringt. Dadurch entsteht eine authentische und lebensnahe Beziehung, die Melitta in ihrem Prozess der Auseinandersetzung mit ihrer eigenen Endlichkeit unterstützt und stärkt.
In einer der Sitzungen bringt Lisa das Thema Sinnfindung und einen Gedanken Frankls dazu ins Gespräch. Sie erzählt Melitta von Frankls Metapher des fertig gewebten oder geknüpften Teppichs: Ein gelebtes Leben ist wie ein solcher Teppich, in dem man in der Reflexion Muster und Sinn-Spuren, Schönes und Schlechtes, in der Gesamtzusammenschau erkennen kann. Jedes Leben ist einzigartig und authentisch in seiner Gestaltung, mit individuellen Erfahrungen, Beziehungen und Entscheidungen.
Lisa betont, dass Melittas Leben ebenfalls, wie ein solcher Teppich ist, der reich an Farben und Mustern ist und eine einzigartige Geschichte erzählt. Sie ermutigt Melitta, auf ihr gelebtes Leben zurückzublicken und die verschiedenen Aspekte, die es geformt haben, zu würdigen. Dabei sollen sowohl die glücklichen Momente als auch die schwierigen Zeiten betrachtet werden, denn beides hat zu dem einzigartigen Leben beigetragen, das Melitta geführt hat.
Lisa führt weiter aus, dass es Vorteile des Alters gegenüber der Jugend gibt. Er spricht von der Reife und Weisheit, die sich durch die Erfahrungen im Laufe des Lebens entwickeln, und von der Fähigkeit, den Sinn in schwierigen Situationen und Herausforderungen zu erkennen und zu schätzen. Lisa erklärt, dass Melitta diese Reife und Weisheit besitzt, die ihr helfen kann, die verbleibende Zeit ihres Lebens mit Würde und Sinn zu gestalten.
Melitta fühlt sich durch diese Gedanken ermutigt und getröstet. Sie beginnt, auf die verschiedenen Etappen ihres Lebens zurückzublicken und die einmaligen und authentischen Erfahrungen, die sie gesammelt hat, wertzuschätzen. Sie erkennt die Sinn-Spuren, die sie durch ihr Leben gezogen hat, und lernt, die Schönheit und Einzigartigkeit ihres „Teppichs" zu schätzen.
Gestärkt durch diese Einsichten und die Unterstützung von Lisa, findet Melitta Trost in der Erkenntnis, dass ihr Leben eine besondere und unverwechselbare

Geschichte erzählt. Sie fühlt sich motiviert, die verbleibende Zeit bewusst und sinnvoll zu gestalten, indem sie ihre Erfahrungen und Weisheit nutzt, um sich selbst und ihren Lieben Trost und Ermutigung zu geben.
Zusammenfassend wird hier die fundamentale Bedeutung der existenziellen Themen *Leid*, *Krankheit* und *Tod* für das Konzept einer existenziellen Sozialen Arbeit besonders deutlich. Diese Phänomene und Erfahrungen, in ihrer Tiefe und Komplexität, prägen das menschliche Dasein und sind daher unvermeidliche Bestandteile sozialpädagogischen Handelns.
Doch trotz der umfassenden Analyse und Betrachtung dieser Themen in diesem Kapitel bleibt unbestritten, dass es noch weit mehr zu sagen und zu entdecken gibt. Die reichhaltigen Impulse der existenziellen Psychotherapie bieten weiterhin eine Fülle von Einsichten und Anregungen für zukünftige Reflexionen und Diskussionen in den Diskursen der Sozialen Arbeit. Ihre Sichtweisen auf den leidenden Menschen bieten wertvolle Werkzeuge und Perspektiven zur Unterstützung und Begleitung von Individuen in ihren existenziellen Kämpfen und Herausforderungen.

Zusammenfassung
Die existenzielle Soziale Arbeit nimmt sich der herausfordernden Themen von *Krankheit*, *Leid* und *Tod* bewusst an und schafft einen Raum für eine tiefgehende Auseinandersetzung mit diesen Aspekten der menschlichen Existenz. Sie erkennt die Notwendigkeit an, sowohl implizite als auch explizite Bezüge zu diesen Themen in den verschiedenen Handlungsfeldern der Sozialen Arbeit zu integrieren.
Der Umgang mit Leid, Krankheit und Tod gehört auf verschiedenste Art und Weise zum täglichen „Geschäft" in der Sozialen Arbeit. Das Bewusstsein der Endlichkeit des Lebens und der Unvermeidlichkeit von Leid und/oder schwerer Krankheit stellt eine hohe fachliche und persönliche Herausforderung an Sozialarbeiterinnen und Sozialarbeiter dar, der sie sich stellen müssen.
Die Beschäftigung mit Leid, Krankheit und Tod in diesem Kapitel soll sozialpädagogische Fachkräfte ermutigen, diese Themen in ihre Praxis zu integrieren und den Menschen in ihrer ganzen existenziellen Tiefe zu begegnen. Ganz besonders soll sie aber dafür sensibilisieren, dem natürlichen Reflex zu begegnen, diesen Themen im Berufsalltag auszuweichen – denn das passiert leider nur allzu oft.

2.3.5 Authentizität und authentisch leben

Als letztes großes Themenfeld möchte ich mich nun der Bedeutung des Konzepts der *Authentizität*, einer zentralen Prämisse der Existenzphilosophie, für die Praxis der Sozialen Arbeit widmen. Die Existenzphilosophie betrachtet *Authentizität* nicht nur als Ideal oder als wünschenswertes Ziel, sondern als entscheidendes Element, welches das menschliche Dasein prägt.

Authentizität, in der existenzphilosophischen Tradition, impliziert eine ehrliche Auseinandersetzung mit der eigenen Existenz, eine Anerkennung und Annahme der eigenen Freiheit und Verantwortung, und die Bereitschaft, sich gegen die Anonymität des „man" (Heidegger) zu stemmen. Es bedeutet, das eigene Leben aktiv zu gestalten, anstatt sich passiv von den Normen und Erwartungen der Gesellschaft leiten zu lassen. Für Jaspers stellt *Authentizität* das Streben nach *Existenz*, einem Zustand des bewussten und aktiven Engagements mit dem eigenen Dasein, dar. Camus, auf der anderen Seite, sah in der *Authentizität* ein Mittel zur Rebellion gegen das Absurde, gegen die grundlegende Diskrepanz zwischen menschlicher Suche nach Sinn und der scheinbaren Sinnlosigkeit der Welt.
Schon aus diesen wenigen Sätzen wird deutlich, wie sehr die bisherigen Themenblöcke, v. a. Sinn, Freiheit und Verantwortung im Konzept der Authentizität faktisch kumuliert zusammenfinden.
Für das hier diskutierte Verständnis von Authentizität sind die Arbeiten des deutsch-amerikanischen Psychoanalytikers und Sozialpsychologen Erich Fromm (1900–1980) höchst interessant. In seinem Buch „Authentisch leben" (Fromm 2006) stellt er eine provokative Frage: Wer ist der Denker hinter unseren Gedanken? Wer ist der Handelnde hinter unseren Handlungen oder der Fühlende hinter unseren Gefühlen? Fromm untersucht, ob wir tatsächlich autonom und frei sind, oder ob wir durch die vielfältigen Stimmen unserer Umgebung manipuliert werden, deren Erwartungen wir zu unseren eigenen Handlungsgrundsätzen gemacht haben.
Fromm legt dar, dass wir oft Gedanken, Gefühle und Wünsche besitzen können, die wir subjektiv als unsere eigenen ansehen, obwohl sie uns von der Außenwelt nahegelegt wurden. Diese von außen auferlegten Überzeugungen und Werte sind uns im Grunde genommen fremd und repräsentieren oft nur bedingt, was wir wirklich denken und fühlen.
Solch eine Dynamik führt dazu, dass wir uns immer weiter von unserem wahren Selbst entfernen und uns in Objekte verwandeln, die auf ihre Erfolgsquote und ihre Fähigkeit, gesellschaftliche Erwartungen zu erfüllen, reduziert werden. Dies wirkt sich auf unser Selbstbild und unsere Beziehungen zu anderen aus.
Fromm analysiert tiefgehend den Menschen in seinem Wesen, und wie die Gesellschaft ihn zu einer Ware degradiert, die ihren Zwecken dient. Er thematisiert die Gefühle von Hilflosigkeit, die durch diese Dynamik im Menschen hervorgerufen werden, und wie Menschen darauf reagieren. Dadurch will er ein Bewusstsein für diese Mechanismen schärfen und den Weg zur Selbstfindung und zu einem authentischen Denken, Fühlen und Handeln ebnen.
Ein weiterer hilfreicher existenzphilosophischer Gedanke der dem Konzept der Authentizität nahesteht, findet sich wiederum bei Martin Heideggers Begriff des *man*, der ja in diesem Buch schon mehrfach angesprochen wurde.

Heidegger argumentierte, dass die Menschen sich nur von der Masse des *man* befreien können, indem sie ihr eigenes Dasein und ihre eigene Existenz auf eine authentische Weise anerkennen und gestalten. Das bedeutet, dass das Individuum die Fähigkeit besitzt, seine eigene Existenz in der Welt zu erforschen und sich selbst zu definieren, anstatt einfach den Erwartungen der Masse zu folgen. Hierbei unterscheidet er begrifflich zwischen zwei Existenzweisen: Der eigentlichen und der uneigentlichen Existenz.
Uneigentliche Existenz meint demzufolge eine Art des Daseins, bei der der Mensch sich seiner eigenen Endlichkeit und Abhängigkeit nicht bewusst ist. Er ist in diesem Zustand in der Welt verloren und orientiert sich an vorgefertigten Konzepten und gesellschaftlichen Normen. In dieser Form des Daseins nimmt er seine eigene Freiheit und Verantwortung nicht wahr und lebt ein unauthentisches Leben.
Eigentliche Existenz bezieht sich hingegen auf das Dasein des Menschen in seiner ursprünglichen und authentischen Form. Der Mensch als Dasein ist laut Heidegger auf eine eigentliche Weise, wenn er sein eigenes Sein erkennt und lebt, indem er sich seiner eigenen Endlichkeit und seiner Abhängigkeit von anderen und der Welt bewusst ist. In diesem Zustand lebt der Mensch ein Leben das nicht von äußeren Faktoren und gesellschaftlichen Normen bestimmt wird.

Von der selbstbestimmten Lebensführung zur authentischen Lebensführung
In der Sozialen Arbeit hat das Konzept der *Authentizität* eine besondere Bedeutung. Es fordert Fachkräfte einerseits dazu auf, den Individuen, mit denen sie arbeiten, auf authentische Weise zu begegnen, sie in ihrer Einzigartigkeit und Individualität zu erkennen und sie andererseits dabei zu unterstützen, ihre eigene Authentizität zu entdecken und zu leben (idealerweise, so meine Position, im Sinne Fromms). Es ermutigt Sozialarbeiterinnen und Sozialarbeiter dazu, nicht nur als sozialtechnologische Experten zu agieren, sondern als Mitmenschen, die bereit sind, sich auf echte und ehrliche Weise mit den existenziellen Fragen und Herausforderungen der Adressaten auseinanderzusetzen.
Klienten, so könnte man es vielleicht auf den Punkt bringen, zu befähigen, ein authentisches Leben zu führen, setzt unmittelbar voraus, als Sozialarbeiterin selbst authentisch zu agieren. Die besondere Bedeutung einer authentischen Beziehung zwischen Fachkraft und Adressat der Sozialen Arbeit wurde in diesem Buch schon an verschiedenen Stellen, vor allem implizit, angerissen. Wenn es nun um das Ziel der authentischen Lebensführung der Klienten als solche selbst geht, wird die Notwendigkeit hoher Authentizität der Fachkraft auch ganz explizit notwendig – und zwar in einem wort-wörtlichen Sinne, eben „not-wendend".
Selbstbestimmung und *Autonomie* haben als Ziele nicht nur in die internationale Definition Sozialer Arbeit Einzug gefunden, sondern sind wahrscheinlich mit die meistdiskutierten Begriffe, denen angehende Fachkräfte der Sozialen Arbeit während ihres Studiums begegnen. *Authentizität* hingegen führt im Vergleich dazu ein

eher stiefmütterliches Dasein – sowohl als reflexiver Selbstanspruch, als auch als Ziel der Arbeit mit Klientinnen und Klienten.
Selbstbestimmung und Autonomie fungieren, so wie ich es wahrnehme, in den theoretischen Diskursen Sozialer Arbeit als Leitprinzipien, die die Intention der Profession zur Förderung individueller Freiheit und Entscheidungskompetenz widerspiegeln. Nichtsdestotrotz ist es möglich, diese Begriffe als eher defensive Konzepte zu interpretieren, insofern sie primär eine protektive Funktion gegenüber exzessiven äußeren Einflüssen einnehmen.
In dieser Perspektive scheinen Selbstbestimmung und Autonomie überwiegend die Wahrung individueller Handlungsspielräume gegenüber Fremdbestimmung und Kontrollverlust zu betonen. Ein solcher Ansatz greift nach meiner Überzeugung aber zu kurz und vernachlässigt eine Diskussion über ein fundamentales existenzielles Bedürfnis menschlichen Daseins – die aktive Gestaltung des eigenen Lebens in Übereinstimmung mit den eigenen innersten Überzeugungen und Werten, ein Zustand, den die Existenzphilosophie eben als Authentizität bezeichnet.
Authentizität, in diesem Sinne, ist ein äußerst offensiver Begriff. Es geht nicht nur darum, sich gegen äußere Einflüsse zu wehren, sondern aktiv und bewusst das eigene Dasein zu gestalten. Authentizität fordert das Individuum heraus, über den bloßen Schutz der eigenen Autonomie hinaus zu gehen und sich aktiv mit der Frage auseinanderzusetzen, was ein sinnvolles und erfüllendes Leben für einen ausmacht – auch dann, wenn man gar nicht in einer Sinnkrise steckt, sondern vielleicht gerade ganz komfortabel im Modus des anonymen *man* mitschwimmt…
Es ist daher von zentraler Bedeutung, dass die Soziale Arbeit diese erweiterte Perspektive aufgreift und sich reflexiv fragt, ob das primäre Ziel ihrer Praxis tatsächlich *nur* in der Förderung von Selbstbestimmung und Autonomie liegen sollte, oder ob es nicht vielmehr darum geht, Menschen dabei zu unterstützen, die Fähigkeit zu entwickeln und zu stärken, ein wahrhaft *authentisches* Leben führen zu können. Eine solche Ausrichtung würde eine tiefere und umfassendere Auseinandersetzung mit den existenziellen Fragen des menschlichen Daseins implizieren und könnte dazu beitragen, Soziale Arbeit auf ein neues Niveau fachlicher Tiefe und gesellschaftlicher Relevanz zu heben.

Fallbeispiel 15: Ayse (35) ist eine alleinerziehende Mutter von zwei Kindern, die seit einigen Jahren von ihrem gewalttätigen Partner getrennt lebt. Sie ist seit langem in Kontakt mit einem Sozialdienst, der sie in ihrer Rolle als alleinerziehende Mutter unterstützt. Im Zentrum der Begleitung durch die Sozialarbeiterin Nicole, steht seit einiger Zeit das Bedürfnis von Ayse nach einem authentischeren Leben.
Ayse kämpft mit Gefühlen der Unzulänglichkeit und Unsicherheit. Sie ist in ihrer Rolle als Mutter und in ihrem Beruf oft überfordert und hat das Gefühl, nicht die Kontrolle über ihr eigenes Leben zu haben. Sie fühlt sich hin- und hergerissen zwi-

schen den Anforderungen ihrer Arbeit, den Bedürfnissen ihrer Kinder und ihrem eigenen Wunsch nach persönlicher Entfaltung.
In ihrer Arbeit mit Ayse merkt Nicole bald, dass jenseits diverser praktischer Themen, die auch explizit benannt werden (z. B. Antrag auf verschiedene Sozialleistungen, u. a. Wohngeld oder Zuschuss zur Klassenfahrt der Tochter) hier auch existenzielle Fragen eine Rolle im sozialpädagogischen Kontakt spielen. Sie ermutigt Ayse sich aktiv mit der Frage auseinanderzusetzen, was für sie ein authentisches Leben bedeutet. Sie unterstützt Ayse dabei, ihre eigenen Werte und Überzeugungen zu erkennen und zu artikulieren.
In konkreten Gesprächen arbeitet Nicole an der Identifikation von Momenten, in denen Ayse das Gefühl hat, wahrhaft *„als sie selbst“* zu handeln, und solchen, in denen sie das Gefühl hat, nur eine Rolle zu spielen oder den Erwartungen anderer zu entsprechen. Sie unterstützt Ayse dabei, diese Erfahrungen zu reflektieren und Wege zu finden, wie sie in ihrem Alltag mehr Raum für Authentizität schaffen kann. Sie ermutigt ihre Klientin auch, ihre eigenen Wünsche und Bedürfnisse ernst zu nehmen und sie nicht vorschnell den Anforderungen und Erwartungen anderer unterzuordnen.
Im Laufe der Zeit wird Ayse immer besser darin, ihre eigenen Bedürfnisse und Wünsche zu erkennen und zu artikulieren. Sie beginnt, aktiv Entscheidungen zu treffen, die ihr eigenes Wohlbefinden und das ihrer Kinder fördern. Dadurch fühlt sie sich zunehmend in der Lage, ein authentischeres Leben zu führen, und das Gefühl der Kontrolle über ihr eigenes Leben kehrt zurück. Auch wenn sie immer noch mit Herausforderungen konfrontiert ist, fühlt sie sich nun besser gerüstet, diese zu bewältigen. Und vor allem fühlt sie sich mehr als *sie selbst.* ◀

Dieses Fallbeispiel mag auf den ersten Blick relativ einfach wirken, weil die darin angesprochenen Themen typisches sozialpädagogisches Terrain markieren – insbesondere bezüglich der darin aufscheinenden Probleme Alleinerziehender. Worum es mir hier aber auch hier wieder geht, ist zu zeigen, dass die Sozialarbeiterin in dieser Situation aktiv geworden ist, *weil* sie in den Äußerungen der Klientin einen existenziellen Hilferuf erkannt hat. Sie hätte sich ja auch hier wieder auf die expliziten, praktischen Aufgaben zurückziehen können, bietet aber der Klientin stattdessen eine Möglichkeit, ihre Sehnsucht nach einem authentischeren Leben zu artikulieren. Das entspricht ganz und gar der Perspektive einer existenziellen Sozialen Arbeit und öffnet, falls sinnvoll und gewünscht, ein „Fenster“ für weitere Interventionen und Gespräche.
An dieser Stelle möchte ich noch ein zweites Fallbeispiel geben, bei dem Authentizität im Zentrum der Zusammenarbeit mit dem Klienten stand. Es entstammt meiner eigenen Berufspraxis und zeigt einen weiteren jungen Mann, den ich kurz nach Ende meines Studiums über mehrere Jahre betreut hatte.

Fallbeispiel 16: Roland, ein 23-jähriger Mann aus einem konservativen Elternhaus im ländlichen Brandenburg, eröffnete mir nach zwei Monaten der Betreuung, dass er homosexuell sei. Diese Offenbarung war für ihn ein bedeutender Akt der Authentizität, da ich der erste Mensch war, dem er diese intime Information anvertraute.
Die situative Dynamik dieses Geständnisses verlangte nach einer authentischen Reaktion meinerseits. In Übereinstimmung mit meinen eigenen Überzeugungen und Werten äußerte ich bewusst meine Wertschätzung für seine Offenheit, wohlwissend, dass dies eine bedeutsame, mutige und sicherlich auch schwierige Handlung für ihn war.
Die thematische Fokussierung auf Authentizität ermöglichte es uns, Rolands Suchterkrankung aus einer neuen Perspektive zu betrachten. Es wurde klar, dass seine Sucht möglicherweise eng mit seinen Schwierigkeiten verbunden war, ein authentisches Leben zu führen und zu seiner Homosexualität zu stehen. Daher führten wir intensive Diskussionen darüber, was es für Roland bedeutete, „endlich zu sich zu stehen" – ein Zitat, das seine Sehnsucht nach Authentizität treffend widerspiegelt.
Wir erkannten, dass Authentizität für Roland weit mehr umfasste als nur das Akzeptieren seiner sexuellen Orientierung. Daher begannen wir, verschiedene Lebensbereiche zu untersuchen, die für ihn von besonderer Bedeutung waren. Dazu gehörten seine beruflichen Ambitionen, die wir im Gegensatz zu den Erwartungen seines dominanten Vaters auf Rolands eigenen Wünsche und Vorstellungen ausrichteten.
Ein weiterer Aspekt, der in unserem Dialog zur Sprache kam, war Rolands Freizeitgestaltung. Als ehemaliger Leistungssportler (Segeln) spürte er eine zunehmende Erschöpfung gegenüber dem Wettkampfdruck. Wir stellten uns die Frage, welche Freizeitaktivitäten oder Hobbys ihm ermöglichen würden, authentisch er selbst zu sein. Hierbei war uns bewusst, dass es keine einfache Antwort auf diese Frage geben würde, sondern dass es eine stetige Reflexion und das Ausprobieren neuer Wege erfordern würde. ◀

Die Worte von Viktor Frankl „Sinn kann nicht gegeben, sondern muss gefunden werden", dienten in diesem Fall als Leitmotiv der sozialpädagogischen Begleitung. Sie unterstrichen die Notwendigkeit, dass Roland seinen eigenen Weg finden musste – ein Weg, den ich als sein Betreuer nur begleiten, aber nicht vorgeben konnte. Auch die Suche nach einer authentischen Freizeitbeschäftigung war Teil dieses Entdeckungsprozesses. In diesem Zusammenhang betonten wir die Bedeutung der Zeit und des Raumes für Selbstreflexion und das Ausprobieren neuer Möglichkeiten, was zentral für Rolands individuellen Weg zu einem authentischen Leben war.
Er begriff, dass Authentizität nicht bloß ein abstrakter Zustand ist, sondern eine dynamische und kontinuierliche Suche nach Übereinstimmung mit den eigenen Werten und Überzeugungen in allen Lebensbereichen.
Unsere Zusammenarbeit war also durch und durch geprägt, von einer existenzphilosophischen Perspektive, die den Menschen als ein sich selbst gestaltendes und sich

selbst interpretierendes Wesen auf der Suche nach einer authentischen Lebensweise versteht.

Werte sind vielfältig und können verschiedene Dimensionen unseres Lebens betreffen. In unseren westlichen Gesellschaften sind beispielsweise christliche Werte wie Nächstenliebe oder soziale Gerechtigkeit tief verankert. Diese Werte sind oft implizit anerkannt und wenige würden die Notwendigkeit einer sozial gerechten Gesellschaft in Frage stellen, auch wenn die Interpretationen davon stark variieren können. Allerdings ist uns nicht immer klar, was unsere individuellen Werte sind. Für manche Menschen mag *Freiheit* ein zentraler Wert sein, der Unabhängigkeit von anderen, die Fähigkeit zu reisen, wann und wohin man möchte oder schlicht die Abwesenheit gesellschaftlicher Zwänge meint. Für andere mag die *Familie* der Dreh- und Angelpunkt ihres Lebens sein, dem sie alles andere unterordnen. Wieder andere finden in *Religion* und Spiritualität einen zentralen Wert. Unabhängig davon, ob wir unsere Werte im privaten, öffentlichen oder religiösen Raum verorten, haben sie eine gemeinsame Funktion: Sie strukturieren und hierarchisieren unser tägliches Handeln.

Die Auseinandersetzung mit Werten und deren Identifikation ist keine leichte Aufgabe, aber sie ist lohnend. Sozialarbeiterinnen und Sozialarbeiter finden sich häufig in Diskussionen über Werte verwickelt – und obwohl diese Gespräche nicht immer explizit auf die Frage nach einem authentischen Leben abzielen, drehen sie sich letztendlich oft um die Frage, was im Leben wirklich wichtig ist. Dabei gilt es zu beachten, dass es nicht nur darum geht, was allgemein im Leben wichtig ist, sondern was speziell für das Individuum Bedeutung hat.

Einige Werte sind weniger abstrakt und können sich direkt aus unserem alltäglichen Handeln ergeben. So kann beispielsweise das Engagement als Übungsleiter in einem Sportverein oder die ehrenamtliche Organisation kreativer Angebote für Kinder ein Ausdruck gelebter Werte sein. Viele solcher potenzieller Werte mögen bereits vorhanden sein, sind uns aber nicht immer bewusst. Es ist daher lohnend, diese Werte regelmäßig zu reflektieren und sich ihrer bewusst zu werden, denn letztlich verleiht auch die Summe gelebte Werte dem Leben Sinn und Bedeutung. Werte sind nicht nur Orientierungspunkte, sondern auch Sinnstifter. Im Kontext der existenzphilosophischen Diskussion bedeutet die Verwirklichung von Werten die Verwirklichung von Sinn. Wer also ein wert- und sinnvolles Leben führt, der führt mit hoher Wahrscheinlichkeit insgesamt auch ein authentisches Leben. Dabei ist es essenziell, dass es wirklich die eigenen Werte sind, die gelebt werden. Denn Authentizität erfordert eine innere Übereinstimmung, eine kohärente Identität, die auf der Kongruenz von Denken, Fühlen und Handeln beruht.

Schließlich bedeutet Authentizität nicht nur, ein Leben in Übereinstimmung mit den eigenen Werten zu führen, sondern auch, Verantwortung für diese Werte und für das eigene Leben zu übernehmen. Dies erfordert Mut, Offenheit für Selbstreflexion und die Bereitschaft, sich auf die Reise der persönlichen Entwicklung zu begeben. Authentizität ist somit ein kontinuierlicher Prozess und keine statische Eigenschaft.

Abschließend lässt sich sagen, dass das Streben nach Authentizität im Kontext der Sozialen Arbeit sowohl für den Klienten als auch für den Sozialarbeiter bzw. die Sozialarbeiterin von Bedeutung ist. Für den Klienten kann es ein Weg zur Stärkung seiner Identität und Selbstbestimmung sein, für die Fachkraft kann es dazu beitragen, ihre Rolle und Aufgabe besser zu verstehen und auszufüllen. Denn letztlich ist Authentizität nicht nur ein individuelles Streben, sondern auch ein soziales und relationales Phänomen, das in der Interaktion mit anderen Menschen entsteht und gelebt wird.

Zusammenfassung
Jeder Mensch strebt – bewusst oder unbewusst – nach einer authentischen Lebensweise: Er/sie möchte das Gefühl haben, wirklich ein eigenes Leben zu führen, ausgerichtet auf Werte und Inhalte, die man selbst gewählt hat und zu denen man mit tiefster innerer Zustimmung „Ja" sagen kann. Soziale Arbeit kann – ähnlich wie beim Thema Sinn – hier zwar keine Werte „verschreiben", aber sie kann Klienten beim Prozess der Reflexion der eigenen Werte begleiten und unterstützen. ◀

2.4 Zusammenfassung: Soziale Arbeit und die Konfrontation mit der existenziellen Dimension der Klienten

In diesem zweiten Kapitel habe ich mich intensiv mit den zentralen existenziellen Themen auseinandergesetzt und durch Fallbeispiele zu verdeutlichen versucht, wie Fachkräfte in der Sozialen Arbeit auf vielfältige Weise mit diesen Themen in Berührung kommen können – sowohl in impliziter als auch expliziter Gestalt.
Es ist meine feste Überzeugung, dass in allen Handlungsfeldern der Sozialen Arbeit kontinuierlich Aufträge auftreten, die der existenziellen Dimension zugeordnet werden können. Der adäquate Umgang mit diesen Aufgaben stellt eine Herausforderung für die Soziale Arbeit dar, insbesondere da es noch keinen Konsens, ja noch nicht einmal eine Diskussion, darüber gibt, welche Methoden, Gesprächstechniken oder Interventionsformen hier effektiv Anwendung finden könnten und sollten.
Die in den Fallbeispielen dargelegten Situationen beinhalten keine abschließenden Lösungen, sondern zielen primär darauf ab, ein Bewusstsein und Gefühl dafür zu vermitteln, wie existenzbewusstes Arbeiten gestaltet werden kann. Es ist unerlässlich, und ich möchte diesen Punkt nochmals betonen, dass wir uns mit geeigneten Methoden und Interventionen, die in anderen Bereichen der Sozialen Arbeit, aber eben auch in benachbarten Berufen eingesetzt werden, auseinandersetzen sollten.
Dabei geht es nicht zwangsläufig um die Anwendung einer patentierten Methode, die womöglich eine langjährige therapeutische Ausbildung oder gar ein eigenes Studium erfordert. Vielmehr geht es zunächst schlicht darum, eine *Gesprächskompetenz* als Fachkraft zu entwickeln, die es uns ermöglicht, mutig und offen mit den von den Klienten vorgetragenen Problemen umzugehen. Dies kann sowohl durch aktives

Zuhören, das Einbringen (existenz)philosophischer Gedanken, als auch durch die Anwendung konkreter Methoden geschehen, wie sie im folgenden Kapitel beschrieben werden.

Entscheidend ist, dass Fachkräfte mit Selbstbewusstsein agieren und nicht verzweifelt versuchen, etwas zu sein, was sie eigentlich nicht sein wollen – nämlich eine Art sozialer Sachbearbeiter oder distanzierter Sozialtechnologe. Wenn wir es als Fachkräfte schaffen, authentisch zu handeln und uns kontinuierlich mit existenziellen Fragen auseinandersetzen, dann sind wir auch in der Lage, besser auf die existenziellen Bedürfnisse unserer Klienten einzugehen.

Letztlich ermöglicht uns eine solche existenzielle Sensibilität, dem gerecht zu werden, was Soziale Arbeit sein sollte und sein muss: eine nachhaltige Hilfe und Unterstützung für Menschen in allen Lebenssituationen. Eine existenzbewusste Soziale Arbeit eröffnet uns nicht nur neue Perspektiven in unserer professionellen Praxis, sondern ermöglicht es uns auch, die Menschen, die wir unterstützen, auf einer wahrhaft menschlichen Ebene zu erreichen.

Im Bestreben, eine solche Praxis zu etablieren, ist es von entscheidender Bedeutung, dass wir uns als Disziplin und Profession, aber auch als Privatpersonen kontinuierlich mit den existenziellen Fragen auseinandersetzen, die in unserem Arbeitsfeld aufkommen. Dies erfordert auch ein hohes Maß an Bereitschaft zur kritischen Selbstreflexion.

Indem wir diese existenziellen Fragen in den Vordergrund unserer Arbeit rücken, positionieren wir die Soziale Arbeit in einem Kontext, der weit über die Grenzen einer reinen Versorgungsarbeit hinausgeht.

Zusammenfassend lässt sich sagen, dass die Integration existenzieller Themen und Fragen in die Praxis der Sozialen Arbeit eine transformative Kraft hat. Sie ermöglicht es uns, über die traditionellen Grenzen unserer Arbeit hinauszugehen und neue Wege zu beschreiten, um den Menschen, die wir unterstützen, effektiver und nachhaltiger zu begleiten und zu helfen. Existenzielle Soziale Arbeit erlaubt uns, eine authentische Praxis zu etablieren, die sowohl unsere Fähigkeiten als Fachkräfte, als auch die Bedürfnisse und Wünsche der Menschen, die wir unterstützen, in den Vordergrund stellt.

Im nächsten Kapitel soll daher der Blick auf mögliche Methoden gerichtet werden, die genau dies ermöglichen.

3 Maximen und Methoden existenzieller Sozialer Arbeit

Jede Theorie und jedes theoretische Konzept Sozialer Arbeit muss sich letztlich immer daran messen lassen, welche Konsequenzen sich jeweils für die Praxis ableiten lassen, insbesondere in methodischer Hinsicht.
Methoden werden hier verstanden als *bewusste und beschreibbare Verfahren oder Konzepte, die ein zielgerichtetes professionelles Handeln möglich machen* und sich dabei im Einklang mit den existenziellen Maximen sozialpädagogischen Handelns befinden.
Diese Maximen werden im Kapitel 3.2. beschrieben – und darauf aufbauend eine Reihe von konkreteren Methoden die aus Sicht der hier vertretenen Position geeignet erscheinen, um mit Klientinnen und Klienten sinn- und wirkungsvoll zu arbeiten, wenn existenzielle Themen im Beratungs- oder Betreuungskontext eine Rolle spielen.
Existenzielle Soziale Arbeit lässt sich grundsätzlich als eine Form der Beratungsarbeit verstehen. Gleichwohl sind, wie sich zeigen wird, einige ihrer Interventionen und Methoden dem therapeutischen Bereich entliehen. Teilweise enthalten die Methoden auch schon den Zusatz *-therapie*, wie z. B. Bibliotherapie oder Logotherapie. Insofern erscheint es mir notwendig, zunächst eine Verortung und Abgrenzung zwischen dem *pädagogisch-beraterischen Bereich* einerseits und dem *therapeutischen Bereich* andererseits der Methodendiskussion voranzustellen.

3.1 Existenzielle Soziale Arbeit: Beratung – oder doch schon Therapie?

Die grundsätzliche Unterscheidung zwischen Therapie und Beratung lässt sich sowohl formal als auch inhaltlich benennen. Formal erfolgt eine Therapie (zumal eine kassenärztlich anerkannte) auf Basis einer entsprechenden medizinischen (in der Regel psychiatrischen) Diagnose. Berater diagnostizieren hingegen nicht und führen auch nur in Ausnahmefällen und unter Vorliegen entsprechender Qualifikationen selbst Therapien durch (klassisch wäre hier der Kinder- und Jugendlichenpsychotherapeut zu nennen). *Beratung* – hier oft auch konkret *psychosoziale Beratung* genannt – ist demgegenüber als berufliche Tätigkeit weitgehend „urheberrechtlich" ungeschützt. Beratungsangebote decken ein weites Feld ab und finden sich in zahlreichen Arbeits- und Handlungsfeldern inner- und außerhalb der Sozialen Arbeit.
Inhaltlich ist die Unterscheidung zwischen Therapie und Beratung entsprechend der jeweiligen Zielsetzung zu markieren. Auf der Internetseite des Verbandes Pro

Psychotherapie e. V. (www.therapie.de) heißt es dazu (vgl. auch Mosak und Maniaci 1999):

> „Psychologische und psychosoziale Berater unterstützen Menschen, wenn sie aktuelle Probleme lösen müssen, unter einer akuten Krise leiden oder bestimmte Fähigkeiten erlernen wollen, um insgesamt besser durchs Leben zu kommen."

In Abgrenzung zur Therapie heißt es an gleicher Stelle:

> Im Unterschied zu einer Psychotherapie dürfen bei Beratungsangeboten jedoch keine psychischen Störungen mit Krankheitswert behandelt werden, es dürfen nicht einmal Diagnosen gestellt werden. Psychische Störungen werden nur unterstützend begleitet, beispielsweise in Form von Soziotherapie."

Beratungsangebote richten sich also einerseits mit dem Ziel an Klientinnen und Klienten, sie in akuten Krisen zu unterstützen und „aktuelle Probleme zu lösen" und können andererseits regelhafte Therapien begleiten und mit eigenen Verfahren unterstützen. Das Beispiel der im Zitat erwähnten Soziotherapie zeigt, dass diese begleitenden Verfahren selbst oft den Therapiebegriff nutzen, ohne im engeren Sinne (Psycho)therapie zu sein.

Das lässt sich nun gut auf ein Verfahren wie die Logotherapie übertragen, die mit ihren Methoden in der existenziellen Sozialen Arbeit eine wichtige Rolle spielt. Viktor Frankl selbst bezeichnete wiederholt die Logotherapie – je nach Fall – als supportives Verfahren (das andere Therapieverfahren unterstützt, ihnen sozusagen „zuarbeitet"), als auch, in bestimmten Fällen, als spezifisch angezeigte Therapierichtung. (vgl. Frankl 1987, 147 und 154ff.)

Die Beachtung der Grenzen zwischen Psychotherapie und Beratung ist von eminenter Bedeutung. Allerdings kann es auch einen negativen Nebeneffekt einer trennscharf formulierten Abgrenzung zwischen beiden Bereichen geben. Ich nenne ihn den „Alibi-Effekt". Dieser tritt dann auf, wenn Fachkräfte der Sozialen Arbeit sich vorschnell und unbegründet von Arbeitsinhalten und Klientenaufträgen distanzieren, sobald diese auch nur ein wenig nach Therapie bzw. therapeutischen Terrain „riechen". Mehr als nur einmal ist mir der Satz zu Ohren gekommen „man mache ja hier keine Therapie", wobei es in den konkreten Kontexten tatsächlich lediglich um rein beraterische Inhalte im Sinne der oben angeführten Definition ging. Jede Sinnkrise, jede wiederkehrende Angst, jedes vom Klienten geäußerte Bedürfnis, über Schuld, Leid oder die Angst vor dem Tod zu sprechen, an den therapeutischen Bereich „wegzudelegieren" hätte aus meiner Sicht, je nach Fall, durchaus Züge einer Arbeitsverweigerung. So einfach sollte man es sich als Vertreter der Profession Sozialer Arbeit jedenfalls nicht machen.

Zusammenfassend lässt sich also festhalten: Nicht überall wo Therapie draufsteht, sind gesetzlich geschützte therapeutische Verfahren „drin". Zwischen dem Bereich der formalen, kassenärztlich abrechenbaren, psychotherapeutischen Verfahren und ihren hochschwelligen Zugangsvoraussetzungen auf der einen Seite und dem klassischen, nicht therapeutischen, Methodenreichtum der Sozialen Arbeit auf der anderen Seite, gibt es einen Bereich von therapeutischen Methoden, die supportiv auch (und mittlerweile sogar ziemlich häufig) von Sozialarbeiterinnen und -arbeitern angewendet werden – oft nach einschlägigen beruflichen Weiterbildungen. Beispiele dafür wären neben den Methoden der Logotherapie, auch Verfahren und Techniken aus der Gestalttherapie, der systemischen Therapie, Soziotherapie, Kunsttherapie u. v. m. Viele Methoden, Konzepte und Gesprächstechniken sind mittlerweile zum festen Bestand im „Werkzeugkasten" der Profession Sozialer Arbeit geworden. Das trifft auch auf einige der im Abschnitt 3.3. gleich vorzustellenden Methoden und Techniken zu.

3.2 Maximen existenzieller Sozialer Arbeit

Unter Maximen existenzieller Sozialer Arbeit werden hier Denk- und Haltungsvoraussetzungen benannt, die Fachkräfte der Sozialen Arbeit mitbringen müssen, um tatsächlich *existenziell* mit Klientinnen und Klienten arbeiten zu können. Sie leiten sich dabei zu einem großen Teil aus den im zweiten Kapitel bereits vorgestellten Themen ab.

In der Sozialen Arbeit stehen wir oft an der Frontlinie menschlichen Leids, begegnen Klienten in schwierigsten Krisen- und Konfliktsituationen. Der Ansatz der existenziellen Sozialen Arbeit eröffnet einen besonderen Weg, diese Herausforderungen anzugehen. Er geht über die Alltagsproblematik und Symptombekämpfung hinaus und richtet das Augenmerk auf die grundlegenden existenziellen Themen menschlichen Daseins wie sie in der Existenzphilosophie beschrieben und diskutiert werden. In diesem Zusammenhang gewinnt die Rolle der Fachkräfte Sozialer Arbeit eine besondere Bedeutung. Sie sind mehr als bloße Vermittler von Ressourcen und Dienstleistungen. Sie sind Begleiter, die gemeinsam mit den Klienten die Tiefen des menschlichen Erlebens erforschen, miterleben und nicht selten auch mit-er-leiden.

Die folgenden Maximen existenzieller Sozialer Arbeit sind ein Versuch, Haltungs- und Handlungsgrundsätze zu formulieren, um dieser Herausforderung gerecht zu werden. Sie sollen Sozialarbeiterinnen und Sozialarbeitern helfen, ihre Klienten in einer Weise zu unterstützen, die deren individuelle Erfahrungen, Gefühle und Bedürfnisse respektiert und würdigt. Sie sind kein starres Regelwerk, sondern vielmehr Leitlinien, die uns in unserer Arbeit Orientierung bieten können. Sie sind in dem Sinne *existentiell*, als sie uns auffordern, den ganzen Menschen in seiner Komplexität, seiner Freiheit, seiner Verantwortung und seiner Suche nach Sinn und Authentizität zu sehen.

Folgende vier Maximen existenzieller Sozialer Arbeit sollen hier genannt und beschrieben werden:

1. **Offenheit für existenzielle Themen und Probleme:** Existenzielle Herausforderungen, wie sie hier beschrieben werden sind fundamentale Aspekte der menschlichen Existenz. Oftmals werden diese Themen in der Gesellschaft gemieden, verdrängt oder tabuisiert. Existenzielle Soziale Arbeit bringt diese Themen in den Vordergrund und gibt den Menschen die Möglichkeit, diese Themen (und damit zusammenhängende Fragen) in einem sicheren und unterstützenden Umfeld zu erkunden.
2. **Individuelle Existenz:** Es ist essenziell, dass Fachkräfte in der Sozialen Arbeit ein tiefes Bewusstsein für die individuelle Existenz ihrer Klienten haben, da dies die Anerkennung der Einzigartigkeit und des unveräußerlichen Wertes jedes Einzelnen bedeutet. Die individuelle Existenz eines jeden Menschen umfasst seine Lebensgeschichte, Erfahrungen, Werte, Überzeugungen und Hoffnungen, die ihn prägen und ihn zu dem machen, was er ist. Als Haltungsmaxime bedeutet dieses Bewusstsein, jeden Klienten in seiner Einzigartigkeit zu erkennen und nicht nur als „Fall" oder „Kategorie" zu sehen. Besonders wichtig im Sinne der existenziellen Sozialen Arbeit ist es, das Individuum auch vor bzw. jenseits seiner sozialen, ökonomischen und sonstigen Verstrickungen wahrzunehmen. Fachkräfte der Sozialen Arbeit sind in der Regel Spezialisten für die sensible Wahrnehmung sozialer Ungerechtigkeiten, politischer und ökonomischer Herrschafts- und Machtverhältnisse sowie systemischer Abhängigkeiten. Das ist auch richtig und gut so. Im Sinne der hier zu beschreibenden Maxime ist es allerdings auch notwendig, den unverstellten Blick auf die individuelle Existenz nicht aus dem Auge zu verlieren. Dann und wann bedarf es dafür vielleicht sogar einer Portion bewusster Naivität, um den Einzelnen in seiner individuellen Existenz zu erkennen und zu erleben.
3. **Freiheit und Verantwortung:** Diese Maxime, gleichnamig im letzten Kapitel als Grundthema existenzieller Sozialer Arbeit schon ausführlich behandelt, vereint zwei fundamentale, sich oft widersprechende Aspekte menschlichen Lebens. Einerseits stehen die menschliche Freiheit, unsere angeborene Fähigkeit und unser tiefes Bedürfnis, unser eigenes Schicksal zu gestalten. Andererseits steht die Verantwortung, das Bewusstsein, dass unsere Entscheidungen Konsequenzen haben, sowohl für uns selbst als auch für andere. Existenzielle Soziale Arbeit ermutigt Menschen dazu, ihre Freiheit zu erkennen und zu nutzen, aber sie lehrt auch, wie man mit den daraus resultierenden Verantwortlichkeiten umgeht. Als Maxime bedeutet das eine bewusste Haltung zum Klienten einzunehmen, die geprägt ist vom Respekt zum Gegenüber, der genauso zur Freiheit verurteilt ist (Sartre) wie man selber auch.
4. **Authentizität:** Es ist von zentraler Bedeutung, dass Fachkräfte in der Sozialen Arbeit eine hohe Authentizität ausstrahlen, da dies nicht nur das Vertrauensverhältnis zwischen Fachkraft und Klient stärkt, sondern auch die Glaubwürdigkeit der Fachkraft erhöht. Authentizität ermöglicht es den Klienten, sich sicher und verstanden zu fühlen, wodurch eine tiefere emotionale Verbindung

und eine offenere Kommunikation gefördert wird. Zudem erlaubt diese Echtheit den Fachkräften, individuell und flexibel auf die spezifischen Bedürfnisse und Herausforderungen der Klienten einzugehen, was wiederum zu effektiveren Interventionen und erfolgreichen Ergebnissen führt. In einem Feld, in dem emotionale Intensität und zwischenmenschliche Beziehungen sehr relevant sind, ist Authentizität der Schlüssel, um wirksame und nachhaltige Veränderungen zu ermöglichen. Konkret bedeutet dies, dass auch Fachkräfte sich im persönlichen Kontakt vermeintliche Schwächen zugestehen dürfen – beispielsweise wenn sie mit einer Situation überfordert sind, wenn sie ratlos sind, aber auch wenn sie glücklich und zufrieden sind. Für die Bearbeitung existenzieller Themen, Sorgen und Nöte ist eine hohe Authentizität notwendig und darf nicht einer falsch verstandenen professionellen Distanz zum Opfer fallen.

Nur in Anerkennung dieser Maximen kann existenzielle Soziale Arbeit gelingen. Dabei darf es nicht bei einfachen „Lippenbekenntnissen" bleiben, ansonsten braucht man in vielen Fällen gar nicht erst versuchen, mit den im folgenden beschriebenen Methoden zu arbeiten. Deren Erfolg hängt maßgeblich von einer Haltung der Fachkraft ab, die die hier beschriebenen Maximen zuvor entsprechend internalisiert hat.

3.3 Methoden existenzieller Sozialer Arbeit

Die folgenden Methoden stellen einen ersten Aufschlag dar. Ich hoffe auch damit, eine Diskussion und weiteres Nachdenken anzuregen, auf welche Art und Weise Soziale Arbeit Menschen in existenziellen Krisen und Problemlagen bestmöglich unterstützen kann.

Eigentlich müsste die erste Methode hier *Existenzielle Beratung* oder *Existenzielle Gesprächsführung* lauten. Anhand der zahlreichen Fallbeispiele im letzten Kapitel wurde deutlich, dass die Thematisierung existenzieller Themen und Probleme seitens der Klientinnen und Klienten oft unerwartet, ja sogar überraschend geschieht. Existenzielle Beratung, so könnte man daher schließen, ist ein eher reaktives, unspezifisches Geschehen. Reaktiv, weil es in der Regel nur stattfindet, wenn der Klient von sich aus entsprechende Themen verbalisiert und unspezifisch, weil es in der Regel im beruflichen Alltag Sozialer Arbeit keinen festen Ort und keine feste Zeit dafür gibt – im Gegensatz etwa zu einer regulären Psychotherapie.

Trotzdem scheint es mir durchaus möglich und notwendig, im Kontext einer existenziellen Sozialen Arbeit in weiterer Folge auch über eine spezifische Beratungs- bzw. Gesprächsführungspraxis nachzudenken, die dabei hilft, auch unter den genannten, unsicheren und flexiblen Bedingungen Menschen zu existenziellen Themen zu beraten. Dies stellt allerdings eine größere Aufgabe dar, der ich mich an anderer Stelle gesondert widmen möchte.

Doch zurück zu dem, was ich an dieser Stelle als Inhalte bzw. Schlaglichter auf eine allgemeine Methodendiskussion einer existenziellen Sozialen Arbeit betrachte.

Zunächst werde ich mich dabei nochmals den beiden, bereits im letzten Kapitel genannten, logotherapeutischen Methoden der Dereflexion und der Einstellungsmodulation widmen und mich dieses Mal auch ausführlicher mit den fachlichen Hintergründen beschäftigen. Danach folgen weitere Methoden, die ihren Ursprung ebenfalls allesamt außerhalb der Sozialen Arbeit selbst haben, aber (so meine Überzeugung) mit großem Gewinn und Nutzen von Fachkräften der Sozialen Arbeit für ihre eigenen Zwecke adaptiert werden können: Bibliotherapie, Biografiearbeit, Sokratisches Gespräch und schließlich noch gebündelt einige weitere Methoden.

3.3.1 Dereflexion nach Viktor Frankl

Ziel der Dereflexion (einführend Frankl 1987, 172–184) ist es, die Aufmerksamkeit von belastenden, obsessiven Gedanken und Gefühlen wegzulenken, die oft durch eine übermäßige Selbstreflexion oder Selbstbeobachtung entstehen, und sie auf andere, weniger belastende und vielleicht auch bedeutsamere Aspekte des Lebens des Klienten zu lenken. Menschen, die beispielsweise zu depressiven Verstimmungen neigen, beobachten oft permanent ihre eigenen Stimmungen, suchen nach Anzeichen der nächsten depressiven Episode oder versteigern sich in grenzenloses Grübeln über diverse Sorgen. Diese permanente Bespiegelung und Beschäftigung mit bestimmten Symptomen, löst die Symptome aber nicht auf – im Gegenteil. Sie neigen durch die gesteigerte Aufmerksamkeit nur dazu, in einer Art Teufelskreislauf immer stärker zu werden.

> „Es wird schon jetzt verständlich, daß es in der Psychotherapie nicht selten viel mehr darauf ankommen wird, die Aufmerksamkeit von irgendeinem Symptom abzulösen, um das diese Aufmerksamkeit fokal zentriert war, als darauf, das Symptom selbst aufzulösen. Man darf hierbei ruhig den Patienten an die bekannte Geschichte von jenem Tausendfüßler erinnern, der elend zugrunde ging, sobald er vergebens versucht hatte, sich selbst beobachtend seine ‚tausend Füße' bewußt in Bewegung zu setzen. Er wußte nicht mehr, mit welchem Fuß er den Gehakt beginnen bzw. in welcher Reihenfolge er die Füße innervieren sollte. Denn die Reflexion stört den Vollzug jener Akte, die normalerweise unbewußt und automatisch vor sich gehen." (Frankl 1987, 178)

Die Methode der Dereflexion basiert bei Frankl auf der Erkenntnis, dass einige psychische Probleme, wie z.B. Angststörungen oder auch Depressionen durch eine übermäßige Fokussierung und Kontrollversuche verschärft werden können. Je mehr ein Individuum versucht, bestimmte Gedanken oder Gefühle zu kontrollieren oder zu vermeiden, desto wahrscheinlicher ist es, dass diese Gedanken oder Gefühle an Intensität und Häufigkeit zunehmen – ein Teufelskreis. Dieses Paradox der Kontrolle ist zentral für das Verständnis der Dereflexion. Im Grund kennt das zugrundeliegende psychologische Prinzip jeder, der schonmal versucht hat, verbissen einschlafen zu wollen (und dadurch erst recht wach geblieben ist). Frankl behandelte sehr erfolgreich Männer und Frauen mit Erektionsproblemen. Gerade für Männer gilt ja: Je verbissener man im Bett sich darauf konzentriert „Leistung" zu bringen (und gleichzeitig sich eine innerliche Angst aufbaut, versagen zu können), desto mehr schwindet auch schon die Lust – und mit ihr die Erektion. Gelingt es aber den Sexualpartnern sich voll und ganz auf das Gegenüber einzulassen, gerät der eigentliche Sexualakt zur Nebensache, er „passiert" dann einfach. Wie kann dies gelingen? Frankl „verbot" einem von ihm betreuten Pärchen den Geschlechtsakt. Sie sollten zwar miteinander kuscheln, sich küssen usw., durften aber „keinesfalls" den Akt selbst vollziehen. Die Folge davon war, dass jeglicher Druck, Leistung zu erbringen, verschwand. Unter diesen Voraussetzungen nun war es den Partnern möglich, sich vollkommen auf das Gegenüber und seine Bedürfnisse zu konzentrieren. Und da der Druck nun weg war, kam die Leidenschaft – und mit ihr natürlich der Bruch des ärztlich angeordneten „Verbots" (zur Auseinandersetzung mit Sexualstörungen vgl. hier Frankl 2007, 205–210).

In der Sozialen Arbeit kann die Methode der Dereflexion immer dann gut eingesetzt werden, wenn Fachkräfte beobachten, dass die Gedanken der Klienten zwanghaft um bestimmte (meist sorgenvolle) Inhalte kreisen. Ein klassisches Beispiel, jenseits des bereits genannten Klienten mit depressiven Neigungen, wären Eltern pubertierender Kinder, die sich den ganzen Tag Sorgen um ihren Nachwuchs machen und dabei immer mehr in negativen Gedankenkreisläufen und Erwartungsängsten festhängen, die (unabhängig davon, ob die Ängste im Einzelfall begründet sind) früher oder später pathologische Auswirkungen haben – z. B. im Versuch, sich mit Beruhigungsmitteln oder Alkohol selbst zu medikamentieren. Wenn es nun gelingt, mithilfe der Dereflexion, die Aufmerksamkeit der Eltern auf andere, sinnvollere Inhalte zu richten (z. B. auf die eigene Partnerschaft, die Arbeit, ein Ehrenamt, eine künstlerische, kulturelle oder sportliche Betätigung, politische Projekte usw.), dann könnte das zu der Erfahrung führen, dass die quälenden Ängste und Sorgen ein Stück weit in den Hintergrund treten. Das hat nichts mit Ablenkung zu tun oder mit plumpen Aufforderungen à la „denk einfach mal an was anderes". Damit Dereflexion funktioniert, muss ein echter Wert von den betroffenen Personen intendiert werden. Auch ein gut gemeinter Rat im Sinne von „entspannen Sie sich und gönnen Sie sich mehr *Me-time*" hat nichts mit Dereflexion zu tun. Denn sobald die Entspannung nach dem Waldspaziergang oder dem Saunabesuch abgeklungen ist, würden sich die Sorgen und Ängste wieder mit aller Wucht in den Alltag der Eltern drängen.

Frankl hatte immer wieder auf die Selbsttranszendenzfähigkeit des Menschen hingewiesen. Gemeint ist, dass eine besondere Fähigkeit des menschlichen Geistes darin besteht, sich zu überschreiten – auf etwas (z. B. eine Aufgabe) oder auf jemand anderen (z. B. geliebte Menschen) hin – und sich dabei selbst gewissermaßen zu „vergessen".

> „Zum Wesen des Menschen gehört das Hingeordnet- und Ausgerichtetsein, sei es auf etwas, sei es auf jemand, sei es auf ein Werk oder auf einen Menschen, auf eine Idee oder auf eine Person." (Frankl 1987, 179)

Der Mensch, so könnte man auch sagen, wird erst er selbst durch die Sache, die er zu der seinen macht und durch die Weise wie er sich liebend anderen Menschen hingibt. Das Kind das völlig in seinem Spiel versunken ist und das Liebespaar, welches sich sehnsüchtig gegenseitig tief in die Augen schaut, stellen Idealbilder dieser Fähigkeit zur Selbsttranszendenz dar. Dereflexion als therapeutisches oder beraterische Methode kann dabei helfen, einen Schritt in die richtige Richtung zu gehen und von sich selbst mehr *abzusehen* (nicht – ich wiederhole mich hier – *abzulenken*!)
Dereflexion als Methode ist letztlich überall dort angezeigt, wo Menschen sich – ob begründet oder nicht – in Gedankenkreisen und Grübeln verstrickt haben und unter den Folgen leiden. Eine Situation, die Fachkräften der Sozialen Arbeit im Allgemeinen sehr bekannt vorkommen dürfte.
Wo genau hilft aber nun die Dereflexion in Bezug auf existenzielle Themen und Probleme? Die Antwort ist offensichtlich: Überall dort, wo Menschen von *overthinking* bzw. *fixation* betroffen sind. Gerade bei existenziellen Sorgen kann es sehr leicht zu einer krankhaften Fixierung bzw. zu unablässigem Gedankenkreisen kommen, aus dem die davon Betroffenen ab einem gewissen Punkt nicht mehr selbst herauskommen. Das betrifft Situationen des Leides (beispielsweise bei langanhaltender Trauer aufgrund des Verlustes eines Angehörigen) genauso wie ein permanentes und zielloses Grübeln über den Sinn des Lebens. Dereflexion kann bei diesen und anderen existenziellen Nöten helfen, einen ersten Akzent zu setzen, um die Aufmerksamkeit auf andere Bereiche zu lenken und damit teuflische Gedankenkreisläufe zu unterbrechen.

3.3.2 Einstellungsmodulation nach Elisabeth Lukas

Auch die Einstellungsmodulation, die gemeinhin neben paradoxer Intention und Dereflexion als dritte Methode der Logotherapie benannt wird, geht auf Elisabeth Lukas zurück, eine der ersten und bis heute bedeutendsten Schülerinnen Frankls.
Frankl behauptete, dass selbst in Situationen, in denen tiefgreifendes, schicksalhaftes Leid es unmöglich macht, schöpferische oder Erlebniswerte umzusetzen – etwa im Falle einer schweren Krankheit – dem Menschen immer noch ein Rest an Freiraum bzw. Freiheit zur Verfügung steht, innerhalb dessen sie sinnvoll handeln können. Die Einstellungsmodulation, wie sie von Lukas entwickelt wurde, bezieht sich direkt auf diese Einstellungswerte.
Lukas (1991, 72–77) argumentiert, dass Menschen ihre Haltung zu einem gegebenen Ereignis bewusst und sinnvoll wählen und gegebenenfalls auch ändern (modulieren) können. Dies ist besonders relevant, wenn die aktuelle Einstellung des Klienten oder Patienten dazu führt, dass sie sich fatalistisch einem Schicksal ergeben oder resignieren.

> „Die Wichtigkeit der Einstellung eines Menschen zu sich selbst, zu anderen, zu einer Sache, zum Leben, zu was immer, war eine echte Sensationsentdeckung auf dem Gebiete der Psychotherapie. Gerade bei einer Klientel aus jenem Zwischenbereich zwischen psychisch

> gesund und psychisch krank, wie sie die psychologischen Beratungsstellen, aber auch nervenärztliche Praxen und Krankenhäuser kennen, ist die persönliche Einstellung zum Leben und zur vorliegenden Problematik nahezu ausschlaggebend, ja oft ist es erst die ungesunde und unglückliche Einstellung, die die innere Not so akut macht, und nicht das Problem an sich." (Lukas 1991, 72)

Einstellungen können auch so gewählt werden, dass sie sich zum Positiven wenden. In diesem Sinne eröffnet die Einstellungsmodulation eine Tür zur Transformation und bietet den Betroffenen die Möglichkeit, trotz widriger Umstände ihre Perspektive zu ändern und eine aktivere Rolle in ihrer eigenen Lebensgestaltung einzunehmen. Elisabeth Lukas weist hier auf den Ressourcen-Charakter hin, den das Leid auch haben kann, insofern es potenziell zur Aktivierung des Klienten führen kann. „Probleme und Sorgen dienen, motivationstheoretisch gesehen, eigentlich der Aktivierung menschlicher Kräfte, sie stellen die Bedingungen, unter welchen der Mensch zeigen kann, wessen er fähig ist." (Lukas 1991, 72f.). Die Autorin spricht an gleicher Stelle von der „vitalen Not". Die hier in jedem Menschen liegenden Potenziale können aber durch ungesunde Einstellungen blockiert und unterdrückt werden.

Einstellungsmodulation meint also im Kern Einstellungsveränderung oder -anpassung um die Selbsthilfe- und Selbstheilungskräfte im Menschen zu „ent-blocken".

So wie die anderen Methoden der Logotherapie auch, hängt ihr Gelingen davon ab, ob seitens der betroffenen Personen ein Wert in einer Einstellungsveränderung entdeckt werden kann. Ist dies nicht der Fall, kommt es auch zu keiner tragfähigen Einstellungsmodulation. Notwendig ist also wiederum, sich mit Klientinnen und Klienten auf die Suche nach Sinn zu begeben, um in der Folge einen Grund darin zu sehen, ungesunde Einstellungen einerseits zu identifizieren, die der Erfüllung dieses Sinns im Weg stehen und andererseits dann alternative Einstellungen zu entwickeln, die die genannten Kräfte freisetzen können.

Bedenkenswert ist hier das Argument von Lukas, dass Einstellungsmodulation nicht nur dort indiziert sein kann, wo sich Menschen in Krisen- und Notsituationen befinden, sondern auch dort, wo es ihnen vielleicht besonders gut geht:

> „Andererseits gibt es auch die ‚Sonnenseite des Lebens', das Glück, die Sorgenfreiheit, den Wohlstand. Auch diese Stadien sollten, motiviationstheoretisch interpretiert, eine Aktivation auslösen, nämlich insofern, als sie Mittel zu einem höheren Zweck sein könnten. Im Zustand der Gesundheit, des Wohlstandes und des hohen Lebensstandards läßt sich vieles aufbauen und schaffen, viel mehr, als wenn um das tägliche Brot gekämpft werden muß oder eine Krankheit ans Bett fesselt. Selbst fremdes Leid läßt sich damit besser lindern. Jedoch auch hier kann eine ungesunde Einstellung die Aktivierung der Kräfte blockieren und den Menschen in die passive Rolle des Nur-Genießen-Wollens hineindrängen, welche innerlich nicht zufriedenstellt, wie die weltweite existentielle Frustration gezeigt hat." (Lukas 1991, 73)

Dieser Hinweis ist – gerade auch für die Praxis Sozialer Arbeit – gar nicht hoch genug einzuschätzen. Immer öfter, so erscheint es mir mit Blick auf unser Leben im 21. Jahrhundert, ist oft keine Form der materiellen Not Ursache psychischen Leidensdruckes, sondern das Unvermögen, mit an und für sich guten und materiell vielversprechenden Lebensumständen sinnvoll umzugehen. Dieses Thema ist dabei durchaus schambehaftet – denn viele Menschen erleben es fast als eine Art gesellschaftliches Tabu, sich schlecht zu fühlen, obwohl die objektiven Umstände kaum besser sein könnten. „Mir müsste es doch eigentlich total gut gehen..." ist ein Satz, den man dann oftmals hört.
Einstellungsmodulation kann in solchen Fällen einen wichtigen Beitrag leisten, indem sie dazu ermutigt, über die eigenen Einstellungen nachzudenken und zu hinterfragen, warum man sich trotz günstiger Umstände schlecht fühlt. Es kann hilfreich sein, die eigenen Werte und Vorstellungen zu überdenken und sich auf die Suche nach einem tieferen Sinn des eigenen Lebens zu begeben. Ebenso wichtig ist es, zu erkennen, dass es kein „richtiges" oder „falsches" Gefühl gibt und dass das Streben nach ständigem Glück oder Zufriedenheit oft unrealistisch ist. Es ist in Ordnung, sich manchmal unsicher, unglücklich oder unzufrieden zu fühlen, auch wenn die objektiven Lebensumstände gut sind. Diese Gefühle können ein Anstoß zur Reflexion und Veränderung sein und dazu beitragen, das eigene Leben und die eigenen Einstellungen in einem neuen Licht zu sehen.
Die Einstellungsmodulation bietet einen wertvollen therapeutischen Ansatz, der dazu beiträgt, die inneren Ressourcen und Fähigkeiten des Einzelnen zu aktivieren und zu stärken. Durch die bewusste Auseinandersetzung mit der eigenen Einstellung zum Leid und durch die Bereitschaft, diese bei Bedarf zu modulieren, kann ein Mensch sein eigenes Leben proaktiv gestalten und sich trotz widriger Umstände oder Herausforderungen entfalten. In diesem Sinne betont die Methode der Einstellungsmodulation die Würde und Autonomie des Menschen und sein Potential, ein sinnvolles und erfülltes Leben zu führen, unabhängig von den objektiven Lebensumständen. Diese Haltung ist zentraler Bestandteil einer existenziellen Sozialen Arbeit.
Abschließend ist es wichtig zu betonen, dass die Einstellungsmodulation trotz ihrer scheinbaren Einfachheit und Zugänglichkeit keine triviale „Küchen-Psychologie" ist. Ganz im Gegenteil handelt es sich hierbei um ein therapeutisches Instrument, das auf solider wissenschaftlicher Grundlage entwickelt wurde und dessen Wirksamkeit in der Praxis vielfach bestätigt wurde. Die Einstellungsmodulation ist das Ergebnis jahrzehntelanger Praxiserfahrung und wurde im Laufe der Jahre verfeinert und angepasst, um den komplexen psychischen Bedürfnissen der Menschen gerecht zu werden (vgl. Lukas 1986, sowie Riedel/Noyon/Deckart 2015).

3.3.3 Bibliotherapie

Die Bibliotherapie (einführend z. B. Heimes 2017, Meyer 2016) ist eine therapeutische Methode, die Literatur nutzt, um psychische, soziale und emotionale Probleme zu behandeln. Sie fördert Verständnis und Mitgefühl durch die Reflexion über literarische Texte. Dabei kann sie sowohl in hoch- als auch in niedrigschwelliger Form angewandt werden, um eine breite Palette von Klienten zu erreichen. Die Anwendung der Methode ist voraussetzungsvoll, aber, bei entsprechender Indikation, lohnend. Die Durchführung kann sowohl im Einzelkontakt als auch mit Gruppen erfolgen.

Noyon und Heidenreich fügten ihrem Buch über *Existenzielle Perspektiven in Psychotherapie und Beratung* (2012) einen eigenen Anhang mit Empfehlungen zur Bibliotherapie bei existenziellen Krisen und Problemen an. Neben zehn Büchern enthält die Liste auch fünf Filme. Sie alle eint, dass sie sich in erzählender Weise den großen existenziellen Fragen wie Leid, Sinn, Tod, Freiheit u. a. annähern. Darin enthalten sind Biografien, Romane, Erzählungen aber auch Science-Fiction-Filme. Sie alle beleuchten auf unterschiedliche Art und Weise jene existenziellen Themen um die es auch hier in diesem Buch geht.

Existenzielle Erfahrungen sind zutiefst individuell und stark geprägt durch das subjektive Erleben derselben. Insofern ist es oft schwierig, fachlich distanziert, gleichsam aus einer Metaperspektive, darüber ins Gespräch zu kommen und systematisch daran zu arbeiten. Bücher und Filme können dabei hilfreich sein, weil sie es dem Leser oder der Zuschauerin ermöglichen, eine Beobachterrolle einzunehmen, ohne sich selbst exponieren zu müssen. Sie ermöglichen so auch ein vorbehaltloses Lesen oder Anschauen von literarischen Darstellungen die Themen zum Inhalt haben, welche womöglich auch in ihrem eigenen Leben gerade eine zentrale Rolle spielen.

Eines meiner Lieblingsbeispiele aus der Bibliotherapie betrifft das auch in diesem Buch bereits diskutierte, schwierige Thema der *Schuld*.

In seinem tiefgründigen Roman *Schuld und Sühne* beschäftigt sich Fjodor Dostojewski mit den Phänomenen von Schuld, Reue und Erlösung. Die Geschichte folgt dem jungen Studenten Raskolnikow, der einen, in seinen Augen, moralisch begründeten Mord an seiner alten, menschenfeindlichen Vermieterin begeht und anschließend mit den psychologischen Folgen seiner Tat konfrontiert wird. Dostojewski zeichnet eindrucksvoll die innere Zerrissenheit und Schuldgefühle seines Protagonisten, was dem Leser einen tiefen Einblick in die menschliche Psyche und die Komplexität von Schuld (und Sühne) bietet.

Nach der Lektüre dieses Romans bietet sich für Sozialarbeiter oder Therapeutinnen die Möglichkeit, mit ihren Klienten über ihre eigenen Erfahrungen im Umgang mit Schuldgefühlen zu sprechen. *Schuld und Sühne* kann als Katalysator dienen, um tiefer liegende Schuldgefühle zu identifizieren und zu adressieren. Es kann dazu beitragen, das Verständnis der Klienten für ihre eigenen Schuldgefühle zu vertiefen und sie dazu ermutigen, Möglichkeiten zur Bewältigung und möglicherweise zur Sühne zu erkunden.

Hier noch einige weitere Beispiele zum besseren Verständnis dieser Methode, die auch als persönliche Empfehlungen zur Lektüre verstanden werden können:

- „Trotzdem Ja zum Leben sagen“ von Viktor E. Frankl ist ein berührendes Zeugnis seiner Erfahrungen als Häftling in NS-Konzentrationslagern und seiner Auseinandersetzung mit der Frage nach dem Sinn des Lebens trotz extremer Leidensbedingungen. Frankl selbst schreibt es seiner Hoffnung während der Inhaftierung zu, dass da draußen, wenn er einst befreit werden sollte, noch etwas auf ihn wartet. Konkret stellte er sich vor, wie er nach der Befreiung Studierende an der Universität über die Psychologie des Konzentrationslagers unterrichtet. Daraus entstand schließlich sein Lebenswerk. Nach der Lektüre dieses Buches können Fachkräfte der Sozialen Arbeit mit ihren Klienten über die Frage diskutieren, wie man Sinn im Leben finden kann, auch inmitten von Herausforderungen und Leid. Dieses Gespräch kann dazu dienen, das Bewusstsein der Klienten für ihre eigene Kraft zur Sinnfindung zu stärken und sie in schwierigen Situationen unterstützen, neuen Mut zu finden.
- „1984“ von George Orwell ist ein dystopischer Roman, der das Bild einer totalitären Gesellschaft zeichnet, in der individuelle Freiheit und Privatsphäre unterdrückt werden. Dieses Werk regt zum Nachdenken über die Bedeutung und den Wert von Freiheit an. Nach der Lektüre des Buches können Sozialarbeiter und -pädagogen mit den Klienten über das Konzept und die Fragilität der Freiheit diskutieren, sowohl in Bezug auf die Gesellschaft als auch auf das individuelle Leben. Es bietet eine Plattform, um über die Bedeutung von Freiheit für das individuelle Wohlbefinden und die Bedeutung von Grenzen und Verantwortung in Bezug auf Freiheit zu reflektieren.
- „Der Tod des Iwan Iljitsch“ von Leo Tolstoi ist eine bewegende Novelle, die den Prozess des Sterbens und die Konfrontation mit der eigenen Endlichkeit thematisiert. Die Geschichte folgt Iwan Iljitsch, einem hohen Gerichtsbeamten, der nach einer ernsthaften Krankheit mit dem eigenen Tod konfrontiert wird. Tolstoi zeichnet eindringlich den inneren Kampf seines Protagonisten, der sein bisheriges Leben reflektiert und den schmerzhaften Prozess des Sterbens durchlebt. Nach der Lektüre dieses Werks bietet sich für den Sozialarbeiter eine wertvolle Gelegenheit, mit den Klienten über das Thema Sterben und Tod zu sprechen. Der kurze, leicht zu lesende Roman kann als Ausgangspunkt dienen, um die Auseinandersetzung mit der eigenen Sterblichkeit zu initiieren und Schmerz, Angst und Akzeptanz zu thematisieren. Das Buch kann Klienten helfen, ihre eigenen Gefühle und Gedanken zum Thema Tod zu erkunden und auszudrücken. Darüber hinaus provoziert Tolstois Novelle eine tiefe Reflexion über das Leben und dessen Sinn. Es fordert die Klienten heraus, über die Qualität ihres eigenen Lebens nachzudenken, was zu wichtigen Erkenntnissen und möglicherweise zu Veränderungsanstößen führen kann. Daher ist die Novelle potenziell ein kraftvolles Werkzeug in der Bibliothe-

rapie, insbesondere bei der Arbeit mit Klienten, die mit Fragen rund um Sterben, Tod und Lebenssinn konfrontiert sind.

Soweit einige wenige konkrete Beispiele, um Sinn und Nutzen der Bibliotherapie auf dem Terrain existenzieller Themen anzudeuten. Zu nennen wären hier auch noch unbedingt die bereits an früherer Stelle genannten Romane von Irvin Yalom, in welchen der Autor die ganze Palette der auch in diesem Buch beschriebenen existenziellen Themen bearbeitet.
Die Bibliotherapie hat ein enormes Potential, die existenzielle Praxis zu bereichern, indem sie eine tiefe Reflexion über das Leben, in all seinen Facetten ermöglicht.
Trotz ihres Potentials unterliegt die Methode auch einigen Limitationen. Zunächst müssen Fachkräfte und Klienten ausreichend Zeit im Kontakt miteinander haben – Zeit, die im Arbeitsalltag oft nur begrenzt zur Verfügung steht und gut gefüllt ist, mit den verschiedenen expliziten Aufträgen zur Hilfe und Unterstützung. Doch wo ein Wille, ist meistens auch ein Weg. Im Rahmen meiner eigenen beruflichen Stationen, beginnend schon mit einem Praktikum während des Studiums in einer psychiatrischen Tagesklinik, über eine berufsvorbereitende Bildungsmaßnahme, die Jahre in einer Einrichtung der Jugend- und Suchthilfe, bis hin zur Tätigkeit in der ambulanten Erziehungshilfe und Betreutem Einzelwohnen bediente ich mich letztlich überall – mal punktuell, mal auch systematisch – der Methode der Bibliotherapie.
Eine weitere Schwierigkeit ist, dass diese Methode bestimmte Voraussetzungen in der Person des Klienten hat, wie zum Beispiel die Fähigkeit zu lesen und Texte zu interpretieren. Dies kann sie zu einer hochschwelligen Angelegenheit machen, die für manche Menschen nur schwer zugänglich ist. Darüber hinaus erfordert sie von den Fachkräften ein hohes Maß an Wissen und Fähigkeiten, sowohl in Bezug auf Literatur als auch auf therapeutische Praktiken. Viele, aber nicht alle Sozialarbeiter sind schließlich „Leseratten".
Jedoch kann die Bibliotherapie auch in einer niedrigschwelligen Form gestaltet werden, um diese Schwierigkeiten zu begrenzen. Auch Jugend- und Kinderbücher können beispielsweise therapeutische Wirkung haben und Klienten dabei helfen, sich mit wichtigen Fragen und Herausforderungen auseinanderzusetzen (vgl. Schulze 2019). Diese Form der Bibliotherapie kann den Zugang erleichtern und eine breitere Palette von Menschen erreichen.
Die Anwendung der Bibliotherapie in der existenziell orientierten Sozialen Arbeit erfordert jedoch nicht nur die Fähigkeit, geeignete literarische Werke auszuwählen, sondern auch die Fähigkeit, die sozialpädagogische bzw. sozialarbeiterische Beziehung zu gestalten und die Reflexion und das Verständnis der Klienten zu fördern. Wenn dies gelingt, kann die Bibliotherapie aus Sicht einer existenziellen Sozialen Arbeit eines der spannendsten und wirkungsvollsten Instrumente überhaupt darstellen.

3.3.4 Biografiearbeit

Die Biografiearbeit ist eine Methode, die sich in verschiedenen Varianten mit der Reflexion und dem Verständnis der Lebensgeschichte einer Person auseinandersetzt. Sie bietet den Klienten eine Plattform, ihr eigenes Leben retrospektiv zu erkunden, zu verstehen und in einen größeren Kontext zu stellen. Indem sie den Klienten hilft, ihren individuellen Werdegang zu verstehen und die Bedeutung ihrer Erfahrungen zu erkennen, bietet sie ein mächtiges Werkzeug zur Selbstreflexion und Selbstverständnis. Zur Einführung empfiehlt sich das Lehrbuch von Ingrid Miethe (2017), sowie Klingenberger und Ramsauer (2017). Als systemische Variante der Biografiearbeit sei hier zudem auf die Arbeit von Röhrbein (2021) hingewiesen.

Biografiearbeit scheint besonders gut für eine existenziell orientierte Soziale Arbeit geeignet zu sein, da sie sich mit grundlegenden Fragen des Lebens auseinandersetzt. Egal ob es um die Auseinandersetzung mit den eigenen Entscheidungen, der Einstellung zu Leid und Schicksal oder die Frage nach dem Sinn im eigenen Leben geht: Sie ermöglicht es Klienten, ihre eigenen Antworten auf Fragen wie „Wer bin ich?", „Woher komme ich?" und „Wohin gehe ich?" zu finden – Fragen also, die sich auf die zeitliche Dimension des eigenen Lebens beziehen. Durch das Verstehen und Akzeptieren ihrer Lebensgeschichte können fruchtbare Prozesse ausgelöst werden.

Um die Biografiearbeit effektiv in die Praxis umzusetzen, ist es wichtig, dass die Fachkräfte eine Reihe von Voraussetzungen erfüllen. Zunächst müssen sie über ausgezeichnete aktive Zuhörfähigkeiten, Empathie und Geduld verfügen, um ein sicheres und unterstützendes Umfeld für die Klienten zu schaffen. Sie müssen auch in der Lage sein, die Klienten dabei zu unterstützen, ihre Lebensgeschichte in einer strukturierten und reflektierten Weise zu erzählen und zu interpretieren. Auch hier eignet sich neben dem Einzelsetting die Arbeit in bzw. mit Gruppen sehr gut. Gerade letztere sollte aber immer von zumindest einer erfahrenen Fachkraft, idealerweise mit einschlägiger Weiterbildung, begleitet werden.

Klassischerweise eignet sich Biografiearbeit in existenzieller Hinsicht besonders gut bei Sinnfragen. Durch die Reflexion seiner Lebensgeschichte könnte ein Klient erkennen, dass bestimmte Ereignisse und Erfahrungen seine Werte und Überzeugungen geprägt haben. Dies könnte ihm helfen, ein tieferes Sinn-Verständnis für die aktuelle Lebenssituation zu erlangen und ihn motivieren, seine Zukunft in einer Weise zu gestalten, die mit eigenen Wertvorstellungen und Überzeugungen kompatibel ist.

Aber auch beim Thema Schuld und Reue eignen sich biografische Methoden. Die Biografiearbeit könnte hier dem Klienten helfen, sein Verhalten und seine Entscheidungen in einen größeren Kontext zu stellen und Wege zur Versöhnung mit der eigenen Vergangenheit zu finden.

Doch wie funktioniert Biografiearbeit ganz konkret? Hier einige Beispiele, die sich meiner Ansicht nach auch für viele Kontexte der Sozialen Arbeit gut eignen:

Bei der Methode der *Lebenslinie* zeichnen Klienten eine Linie, die ihr Leben von der Geburt bis zur Gegenwart und manchmal auch in die Zukunft hinein darstellt. Wichtige Ereignisse, Erfahrungen und Wendepunkte werden entlang dieser Linie markiert. Durch die Visualisierung ihrer Lebensgeschichte können Menschen Muster erkennen, wichtige Momente reflektieren und neue Perspektiven auf ihre Lebensgeschichte gewinnen.
Beim *autobiografischen Schreiben* werden Klienten ermutigt, über verschiedene Aspekte ihres Lebens zu schreiben, sei es über bestimmte Ereignisse, Menschen oder Erfahrungen, die für sie bedeutsam waren. Durch das Schreiben werden Gedanken und Gefühle ausgedrückt, Erfahrungen aus einer neuen Perspektive betrachtet und vielleicht sogar bislang unverstandene Gefühle und Emotionen erhellt.
Die *Fotobiografie* ist eine weitere Methode, bei der die Klienten Fotos aus verschiedenen Phasen ihres Lebens sammeln und die Geschichten hinter diesen Fotos erzählen. Sie kann eine besonders effektive Methode sein, um Erinnerungen hervorzurufen und die Klienten dazu zu ermutigen, über ihre Lebensgeschichte zu reflektieren.
In der Methode der *biografischen Interviews* führen Fachkräfte strukturierte Interviews durch, in welchen Klienten ihre Lebensgeschichte erzählen. Dies kann helfen, Erfahrungen zu verbalisieren und so neue Einblicke in die eigene Lebensgeschichte zu gewinnen. Hierin sieht z. B. auch Krill (2014, 124) einen nützlichen methodischen Ansatz für die Soziale Arbeit (ansonsten ist er eher skeptisch, was eindeutig zuordenbare Methoden zu einer existenziellen Sozialen Arbeit anbelangt).
All diese Methoden können dabei helfen, Klienten einen sicheren Raum zu bieten, um ihre Lebensgeschichte zu erkunden und zu reflektieren.
Trotzdem ich der Überzeugung bin, dass diese Methoden nicht nur von Therapeuten, sondern auch entsprechend erfahrenen und weitergebildeten Fachkräften der Sozialen Arbeit durchgeführt werden können, ist Vorsicht geboten. Biografisches Arbeiten will gut vorbereitet sein und eignet sich auch nicht für alle Adressaten und Zielgruppen gleichermaßen. Je nach Intensität können auch Reaktionen und Emotionen ausgelöst werden, die es aufzufangen und mit denen es seitens der Fachkräfte umzugehen gilt.
Alles in allem bietet die Biografiearbeit eine wertvolle Methodik zur Unterstützung von Klienten – auch und gerade in existenziellen Krisen.

3.3.5 Sokratischer Dialog

Wie aus dem Namen schon ersichtlich wird, geht der Sokratische Dialog auf den antiken Philosophen Sokrates (470–399 v. Chr.) zurück. Im alten Athen machte er es sich zur Gewohnheit, seine Zeitgenossen mitten auf der Straße in philosophische Gespräche zu verwickeln. Dabei gelang es ihm, durch die Art der Fragestellung, in seinem jeweiligen Gegenüber traditionelle, aber in der Regel wenig hinterfragte, Überzeugungen zu erschüttern. Dabei ging es beispielsweise um Fragen wie das Wesen der Tugend, Gerechtigkeit, die Unsterblichkeit der Seele, die Götter und vieles andere mehr. Ohne nur ein Wort selbst zu schreiben, brachte Sokrates es so in der Stadt zu steigender Popularität und scharrte im Laufe der Zeit immer mehr Anhänger um sich. Einer von ihnen war der junge Platon (427–347 v. Chr.) Dieser machte es sich schließlich zur Aufgabe, typische philosophische Dialoge die Sokrates führte, niederzuschreiben. Die Forschung ist sich zwar heute sicher, dass die 24 authentischen Dialoge Platons (bei fünf weiteren ist die Autorenschaft ungewiss) inhaltlich wahrscheinlich größtenteils von Platon selbst stammen (und er Sokrates sozusagen die Wörter in den Mund gelegt hat), aber die Methode als solche dürfte durchaus auf Sokrates selbst zurückgehen.

Wie dem auch sei: Am Ende wurde es dem historischen Sokrates zum Verhängnis, dass die staatliche Obrigkeit sein Treiben mit zunehmender Skepsis sah. Man sah in ihm einen *Verführer der Jugend* und klagte ihn an. Er wurde zum Tode verurteilt und obwohl er hätte fliehen können, trank er den berühmten Schierlingsbecher und erklärte seinen Schülern bei deren letzten Besuch, warum auch dies für ihn im Einklang mit der Gerechtigkeit stünde (obwohl er die Vorwürfe der Anklage zurückwies). Seine entsprechende Argumentation findet sich in Platons Dialog *Kriton*. Zur Vertiefung der folgenden Erläuterungen sei auf die großartige Einführung von Ward Farnsworth (2023) verwiesen (weitere passable Einführungen bieten Birnbacher und Krohn 2002, sowie Nelson 1996).

Sokrates entwickelte also eine Methode, um Menschen dazu zu bringen, ihre tiefsten Überzeugungen zu hinterfragen und ihre Begriffe und Prinzipien zu klären. Im Kern ist der sokratische Dialog ein Prozess der ständigen Fragestellung, Analyse und Reflexion. Sokrates glaubte, dass durch den Einsatz sorgfältig formulierter Fragen eine Person dazu gebracht werden kann, ihre bisherigen Annahmen zu hinterfragen, um auf diese Weise zu einer tieferen und genaueren Erkenntnis zu gelangen. Es ging also genau nicht – wie in den meisten alltäglichen Diskussionen – darum, sein Gegenüber vom eigenen, vorgefassten Standpunkt zu überzeugen. Das Gespräch ähnelte eher einem gemeinsamen Ringen um eine größtmögliche Annäherung an die Wahrheit mit Worten und Argumenten. Dabei *gebärt* der Dialogpartner sozusagen selbst seine Erkenntnisse, ohne dass sie ihm vom Gegenüber (Sokrates) aufgezwungen wurden. Sokrates bezeichnet diesen Akt als *Mäeutik* (Hebammenkunst). Er sieht sich also als eine Art „geistige Hebamme“ die dazu beiträgt, die Ideen und das Wissen seiner Gesprächspartner *zur Welt* zu bringen[15].

15 In Platons Dialog „Theaitetos“ entwickelt Sokrates diese Metapher. Er stellt fest, dass er, wie seine Mutter, keine eigenen „Kinder“ (d.h. Ideen oder Theorien) hervorbringt, sondern anderen hilft, ihre eigenen hervorzubringen. Wie eine Hebamme prüft Sokrates die „Schwangerschaft“ seiner Gesprächspartner (d. h. die Qualität und Wahrheit ihrer Ideen) und hilft ihnen bei der „Geburt“ (d. h. der Formulierung und Klärung) dieser Ideen. Sokrates betont jedoch auch, dass er, anders als eine echte Hebamme, nicht beurteilen kann, ob die Kinder (Ideen), die er hilft zur Welt zu bringen, gesund (wahr) oder missgebildet (falsch) sind. Dies liegt daran, dass die Wahrheit, so Sokrates, nicht einfach von einem Menschen auf einen anderen übertragen werden kann, sondern von jedem Einzelnen selbst erkannt und verstanden werden muss.

Die Mäeutik ist ein zentraler Aspekt der sokratischen Methode. Sie betont die Rolle des Philosophen nicht als Lehrer, der Wissen vermittelt, sondern als Begleiter, der anderen hilft, ihr eigenes Wissen und Verständnis zu entwickeln.
Der Ablauf eines sokratischen Dialogs kann in vier Phasen unterteilt werden:

1. *Ausgangsposition*: Hier präsentiert der Gesprächspartner eine Aussage oder eine Meinung zu einem bestimmten Thema, das diskutiert werden soll. Sokrates beginnt dann, Fragen zu stellen, um die Aussage oder Meinung des Gesprächspartners genauer zu verstehen.
2. *Elenchus*: Dies ist der Kern des sokratischen Dialogs. Sokrates beginnt, Fragen zu stellen, die die Unzulänglichkeiten oder Widersprüche in den Aussagen oder Meinungen des Gesprächspartners aufdecken. Ziel ist es, den Gesprächspartner dazu zu bringen, seine Annahmen zu hinterfragen und selbst zu erkennen, dass seine Aussage oder Meinung ungenau oder unvollständig ist.
3. *Aporie*: In dieser Phase erkennt der Gesprächspartner, dass seine ursprünglichen Überzeugungen fehlerhaft oder unzureichend waren. Dies führt zu einer Art geistiger Blockade oder Verwirrung, welche Aporie genannt wird..
4. *Katharsis*: Schließlich führt der Prozess des Hinterfragens und des Zweifelns zu einer *Reinigung* oder *Läuterung* des Denkens. Der Gesprächspartner erreicht eine neue und verbesserte Verständnisweise, die freier von Widersprüchen und Irrtümern ist.

Um die Methode noch besser zu veranschaulichen, möchte ich an dieser Stelle kurz auf den bekanntesten Dialog Platons, die Politeia (oft übersetzt mit „Der Staat“) eingehen. Hier werden gleich mehrere zentrale philosophische Themen miteinander kunstvoll verknüpft. Platon lässt darin „seinen“ Sokrates mit mehreren Schülern über Gerechtigkeit, Vernunft, die Seele und die richtige Staatsform diskutieren.
Die Diskussion beginnt, als Kephalos, ein reicher, alter Mann, Sokrates seine Definition von Gerechtigkeit vorstellt: Gerechtigkeit bedeute, seine Schulden zu begleichen und die Wahrheit zu sagen. Sokrates hinterfragt diese Definition sofort, indem er fragt, ob es denn auch gerecht wäre, einem Mann seine (von ihm geliehene) Waffe zurückzugeben, wenn dieser zwischenzeitlich unzurechnungsfähig geworden wäre. Wäre es in diesem Fall nicht ungerecht und gefährlich, die Waffe zurückzugeben, obwohl man technisch gesehen eine *Schuld* begleicht?
Kephalos' Sohn Polemarchos übernimmt dann das Gespräch und schlägt eine neue Definition von Gerechtigkeit vor: Diese bestünde darin, Freunden zu helfen und Feinden zu schaden. Aber Sokrates hinterfragt auch diese Definition. Er argumentiert, dass unsere Urteile darüber, wer unsere Freunde und wer unsere Feinde sind, oft falsch bzw. kontingent bzw. wechselhaft sind. Freunde können im Leben schließlich auch zu Feinden werden – und umgekehrt. Daher könnten wir, wenn wir versuchen, „Freunden zu helfen und Feinden zu schaden“, tatsächlich Unrecht tun, indem wir den Falschen helfen und den Falschen schaden.

Im weiteren Verlauf des Dialogs argumentiert Sokrates, dass Gerechtigkeit nicht in den Handlungen selbst liegt, sondern in der Seele des Handelnden. Eine gerechte Seele ist eine gut geordnete Seele, in der Vernunft, Mut und Begierde (die drei Teile der Seele) in Harmonie zusammenarbeiten. Eine gerechte Handlung ist somit eine Handlung, die aus einer gerechten Seele hervorgeht.

In Bezug auf das gute Leben argumentiert Sokrates, dass das gute Leben ein gerechtes Leben ist. Das Glück, so Sokrates, hängt nicht von äußeren Gütern wie Reichtum oder Macht ab, sondern von der inneren Gerechtigkeit der Seele. Ein Mensch mit einer gerechten Seele, unabhängig von seinen äußeren Umständen, lebt das gute Leben.

Dieser Dialog zeigt, wie Sokrates den Dialog nutzt, um Definitionen zu hinterfragen und tiefer in philosophische, auch existenzielle, Fragen einzudringen. Es ist ein Beispiel dafür, wie die Methode dazu beitragen kann, unser Verständnis von komplexen Konzepten wie Gerechtigkeit oder einem sinnvollen Leben zu vertiefen.

Der sokratische Dialog, mit seiner Betonung des kritischen Denkens, der Selbstreflexion und des Verstehens, kann ein besonders wirksames Instrument in der Sozialen Arbeit sein. Er ermöglicht es den Fachkräften, ihre Klienten dabei zu unterstützen, ihre eigenen Überzeugungen, Werte und Verhaltensweisen zu hinterfragen und zu überdenken, und hilft ihnen, neue Perspektiven und Lösungen zu entwickeln.

Folgende Vorteile können gelingende sokratische Dialoge konkret mit sich bringen:

Förderung der Autonomie: Der sokratische Dialog betont die aktive Rolle des Klienten im Prozess. Anstatt Lösungen vorzuschreiben, hilft der Sozialarbeiter dem Klienten, seine eigenen Lösungen zu finden. Dies kann Autonomie und Selbstwirksamkeit beim Klienten stärken.

Entwicklung von kritischem Denken: Durch den sokratischen Dialog können Klienten lernen, ihre eigenen Überzeugungen und Annahmen zu hinterfragen und zu prüfen.

Verbesserung der Selbstreflexion: Der sokratische Dialog fördert die Selbstreflexion und das Bewusstsein für die eigenen Gedanken und Gefühle.

In der existenziellen Sozialen Arbeit stellt der Sokratische Dialog die „Königsvariante" der Gesprächsführungstechniken dar. Gerade bei existenziellen Themen kommt es ja darauf an, kein vorgefertigtes Wissen zu vermitteln, sondern sich vielmehr mit den Klienten auf eine gemeinsame Suche zu gehen, vielleicht sogar auf ein gemeinsames Ringen (um Sinn oder den passenden Umgang mit Leid usw.) einzulassen etc. Insofern kein Wunder, dass auch Viktor Frankl diese Methode so hochschätzt.

Sokratische Gesprächsführung ist anspruchsvoll, aber das Gute ist: Wir alle können sie tagtäglich ausprobieren und üben – innerhalb und außerhalb des Arbeitsplatzes. Beim Blick auf die Gesprächskultur in unseren politischen Talkshows kann einem da richtig wehmütig werden und man würde sich bisweilen wünschen, dass das oft

fruchtlose Gegeneinander in ein sokratisches Miteinander um das Ringen nach Wahrheit und Weisheit wechselt.
Zum Schluss möchte ich an dieser Stelle noch ein praktisches Beispiel bieten, um einen Eindruck davon zu vermitteln, wie das sokratische Gespräch entsprechend der oben beschriebenen vier Stadien verstanden werden kann. Bei dem Fall – der zugegebenermaßen ziemlich idealtypisch wirkt – handelt es sich um die Erzählung einer meiner Studentinnen der Sozialen Arbeit (nennen wir sie Maria), die ihr Praxissemester in der Schulsozialarbeit absolviert hat:
Maria wird in ihrem Büro von einem Schüler namens Tom aufgesucht. Tom ist ein Jugendlicher, der diverse Schwierigkeiten in der Schule hat und häufig in Konflikte mit anderen Schülern und Lehrkräften gerät. Entsprechend der vier Stadien des Sokratischen Dialogs kann der Kontakt zwischen Maria und Tom folgendermaßen skizziert werden:
Ausgangssituation: Tom ist fest davon überzeugt, dass die Lehrkräfte ihn ungerecht behandeln und dass jegliche Anstrengungen in der Schule sinnlos sind. Schulsozialarbeiterin Maria hat das Ziel, Tom dabei zu unterstützen, seine Sichtweise kritisch zu reflektieren und möglicherweise neue Perspektiven zu erarbeiten.
Elenchus (Überprüfung): Maria initiiert den Dialog mit Tom, indem sie zielgerichtete Fragen stellt, die dazu dienen, Toms Überzeugungen herauszufordern. Sie könnte beispielsweise fragen: „Könntest du mir eine konkrete Situation schildern, in der du dich ungerecht behandelt gefühlt hast?“ oder „Was denkst du, könnten mögliche Gründe dafür sein, dass ein Lehrer dich anders behandelt?“ Diese Art von Fragen regen Tom dazu an, seine vorgefassten Meinungen und Überzeugungen gründlich zu überprüfen und zu hinterfragen.
Aporie (Ratlosigkeit): Während der fortlaufenden Diskussion könnte Tom zu der Erkenntnis gelangen, dass seine ursprüngliche Überzeugung nicht völlig zutreffend ist. Es könnte ihm bewusst werden, dass einige seiner schulischen Konflikte möglicherweise auf sein eigenes Verhalten zurückzuführen sind oder dass er mitunter voreilig Urteile über die Lehrkräfte fällt. Diese Phase der Aporie führt dazu, dass Tom seine bisherigen Überzeugungen infrage stellt, gleichzeitig aber unsicher ist, welche alternativen Überzeugungen er stattdessen annehmen könnte.
Katharsis (Reinigung): In dieser entscheidenden Phase unterstützt Maria Tom dabei, seine neuen Erkenntnisse zu verarbeiten und neue Überzeugungen aufzubauen. Sie könnte zum Beispiel fragen: „Wie könntest du dein Verhalten ändern, um deine Beziehungen zu den Lehrern positiv zu beeinflussen?“ oder „Wie könntest du eine konstruktivere Einstellung gegenüber der Schule entwickeln?“ Diese Fragen helfen Tom dabei, neue Perspektiven und Handlungsstrategien zu entwickeln, die sein Schul- und Sozialerlebnis verbessern könnten.

Das Beispiel soll zeigen, wie effektiv der Sokratische Dialog als Methode in der Sozialen Arbeit angewendet werden kann. Er ermöglicht nicht nur eine tiefe Reflexion

und Selbstprüfung, sondern eröffnet auch neue Wege für positive Veränderungen und persönliches Wachstum. Möglich wird dies vor allem durch den Verzicht der Fachkraft auf (moralische) Konfrontation. Maria diskutiert mit Tom auf Augenhöhe. So wie Sokrates mit seinen Mitbürgern auf dem Marktplatz, verzichtet sie, ihm eine bestimmte Meinung oder Haltung aufzwingen zu wollen. Ganz im mäeutischen Sinne müssen diese Erkenntnisse von Tom selbst hervorgebracht werden, ansonsten sind sie nicht nachhaltig und stellen allenfalls Scheinanpassungen dar.
Dieses einfache Beispiel zeigt, dass wir im Alltag als Fachkräfte wahrscheinlich viel öfter sokratisch vorgehen, als wir gemeinhin meinen. Auch die in der Suchthilfe sehr populäre Gesprächstechnik des *Motivational Interviewing* (vgl. Miller und Rollnick 2015) führt letztlich in dieselbe Richtung. Da wir in der Sozialen Arbeit immer auch mit Widerständen auf Seiten der Klienten umgehen müssen, bieten sich diese nicht-konfrontativen Verfahren in vielen beruflichen Alltagssituationen an. Fachkräfte, die sich hier entsprechend fort- und weiterbilden, können massiv profitieren!

3.3.6 Weitere Methoden existenzieller Sozialer Arbeit

Die bislang genannten und beschriebenen Methoden haben eines gemeinsam: Sie allesamt sollen Klientinnen und Klienten darin unterstützen, ins Verbalisieren sowie in einen Nachdenk- und Reflexionsprozess zu kommen. So soll eine oftmals mit existenziellen Krisen einhergehende eigene Sprachlosigkeit überwunden werden.
Neben den bereits beschriebenen, können noch eine Reihe weiterer Verfahren, Techniken und Methoden benannt werden, die Fachkräften der Sozialen Arbeit dazu dienen können, mit ihren Adressatinnen und Adressaten über existenzielle Fragen und Themen zu arbeiten.
Zunächst zählt dazu eine ganz klassische Methode der Sozialen Arbeit, nämlich die **Soziale Gruppenarbeit** . Wie auch schon an einigen Stellen bei den bisher genannten Methoden angemerkt, eignet sich die Gruppenform gut, um über existenzielle Themen ins Sprechen zu kommen – bei der Bibliotherapie genauso wie beim sokratischen Dialog.[16]
Eine gute Gruppendynamik und Vertrauenskultur vorausgesetzt, sind Menschen in Gruppen oft eher bereit, ihre eigenen Erfahrungen und Gefühle zu teilen – insbesondere wenn sie sehen, dass Andere ähnliche Herausforderungen haben. Aus diesem Grund ist z. B. das Konzept der Selbsthilfegruppe sehr erfolgreich. Menschen fühlen sich weniger isoliert und allein mit ihren Problemen. Gruppen können so auch dazu beitragen, ein tieferes Verständnis und Mitgefühl für die Erfahrungen Anderer zu entwickeln, was nebenbei auch die Empathie und die sozialen Fähig-

16 Die Betitelung der platon'schen Dialoge mit dem Namen eines bestimmten Gesprächspartners (z. B. Kriton, Gorgias oder Laches) täuscht darüber hinweg, dass Sokrates in den Dialogen selbst tatsächlich oft mit einer kleineren oder größeren Gruppe zusammensaß (und nicht nur mit einem Gesprächspartner), die alle früher oder später zu Wort kamen.

keiten fördern kann. Eine Gruppe bietet zudem eine Vielzahl von Perspektiven und Erfahrungen. Dies kann wiederum dazu beitragen, die Teilnehmer dazu anzuregen, ihre eigenen Annahmen und Glaubenssätze zu hinterfragen und neue Möglichkeiten und Lösungen zu erkunden. Zum Beispiel könnte eine Person, die mit dem Tod konfrontiert ist, von den Erfahrungen und Einsichten einer anderen Person profitieren, die einen geliebten Menschen verloren hat. Was in der Selbsthilfe funktioniert, kann auch in entsprechend von Sozialarbeiterinnen und Sozialarbeiter moderierten Settings gut funktionieren. Schließlich bieten Gruppen einzigartige Möglichkeiten, um existenzielle Themen zu erkunden. Durch die Nutzung von Gruppendynamiken und -prozessen, wie Konflikt, Zusammenarbeit und Rollen innerhalb der Gruppe, können Sozialpädagoginnen und -pädagogen die Teilnehmer dazu ermutigen, existenzielle Themen auf eine Weise zu erkunden, die in Einzelgesprächen gegebenenfalls nicht möglich ist. Zur Vertiefung in die Methode der Sozialen Gruppenarbeit seien die Einführungen von Simon und Wendt (2022) sowie von Baumann und Gordalla (2020) empfohlen.

Auch die klassische **Krisenintervention** (z. B. Brunner et. al. 2020, Hülshoff 2017) stellt eine Methode dar, die für eine existenziell verstandene Soziale Arbeit von hoher Bedeutung ist. Sie ist eine kurzfristige Hilfe, die darauf abzielt, Personen zu unterstützen, die eine akute psychische oder emotionale Krise durchleben, was bei den hier beschriebenen existenziellen Themen durchaus auch vorkommt, gerade wenn sich beispielsweise Sinnkrisen oder Ängste temporär zuspitzen.

Die Krisenintervention findet in vielen verschiedenen Handlungsfeldern der Sozialen Arbeit Anwendung. Sie ist ein wesentlicher Bestandteil der Arbeit in Notunterkünften, psychiatrischen Kliniken, Suchtberatungsstellen sowie Kinder- und Jugendhilfeeinrichtungen. Sie kann auch in Schulen, im Bereich der häuslichen Gewalt (z. B. Frauenberatungsstellen), in der Flüchtlingshilfe und in anderen Feldern der Sozialen Arbeit, in denen Menschen latent mit akuten Krisen konfrontiert sind, zum Einsatz kommen.

Sie kommt auch zur Anwendung, wenn eine Person aufgrund einer plötzlichen Veränderung oder eines traumatischen Ereignisses in ihrem Leben – wie z. B. Tod, Trennung, gesundheitliche Krise oder Arbeitslosigkeit – in eine Phase intensiver emotionaler Belastung gerät, die sie nicht allein bewältigen kann. In diesen Situationen ist das Ziel der Krisenintervention, die unmittelbare Belastung zu lindern, Sicherheit zu gewährleisten und den Menschen dabei zu helfen, ein Gefühl der Kontrolle wiederzuerlangen. Krisenintervention ist immer dann angezeigt, wenn eine Person starke emotionale oder psychische Belastungen zeigt und Schwierigkeiten hat, diese zu bewältigen, wobei ihr eine besondere Bedeutung zukommt, wenn eine Person Anzeichen von Suizidalität zeigt.

Zu guter Letzt soll hier eine Methode benannt werden, die aus dem Bereich der Gesundheit und Pflege – insbesondere (aber nicht nur) mit sterbenden Patienten

stammt und nach meiner Auffassung auch Potential für die Anwendung in unterschiedlichen Kontexten der Sozialen Arbeit aufweist: **Spiritual Care**.
Als Methode geht Spiritual Care (vgl. z. B. Roser 2017) über die medizinische Versorgung hinaus und berücksichtigt auch die spirituellen Bedürfnisse der Patientinnen und Patienten. Dies kann beinhalten, diesen dabei zu helfen, einen Sinn oder Zweck in ihrer Krankheit oder ihrem Leiden zu finden, sie bei der Auseinandersetzung mit existenziellen Fragen zu unterstützen, oder ihnen Raum für ihre religiösen oder spirituellen Überzeugungen und Praktiken zu geben. Dabei wird berücksichtigt, dass unerfüllte Spiritualität beispielsweise schmerz- und leidverstärkend wirken kann.
Die Umsetzung von Spiritual Care erfordert oft eine interdisziplinäre Zusammenarbeit. Ärzte, Pflegekräfte, Seelsorgerinnen und andere Gesundheitsdienstleister arbeiten zusammen, um eine umfassende Versorgung zu gewährleisten, die alle Aspekte der Gesundheit und des Wohlbefindens eines Patienten berücksichtigt.
Ein zentraler Aspekt von Spiritual Care ist der Respekt vor den spirituellen Überzeugungen und Praktiken der Patienten – unabhängig von jeglicher Konfessionszugehörigkeit. Dies erfordert von den Fachkräften Empathie, Offenheit und Sensibilität, um die individuellen spirituellen Bedürfnisse und Erfahrungen der Patienten zu verstehen und zu unterstützen.
Vor dem Hintergrund einer philosophischen Anthropologie, die den Menschen, neben seiner körperlichen, psychischen und geistigen auch in seiner spirituellen Dimension wahrnimmt, eröffnet Spiritual Care als Handlungspraxis die noch vorwiegend in klinischen und pflegerischen Settings stattfindet, auch der Sozialen Arbeit gewisse Anschlussmöglichkeiten. So können prinzipiell auch in diversen unspezifischen Handlungssettings spirituelle Nöte von Klientinnen und Klienten geäußert werden, die irgendeine Art von Resonanz seitens der Fachkräfte erfordern. Spiritualität kann (und sollte) dann nicht nur als menschliches Bedürfnis sondern auch als mögliche Ressource im Behandlungs- bzw. Betreuungsprozess durch die Soziale Arbeit erkannt und wertgeschätzt werden. Eine weitere methodische Öffnung seitens der Sozialen Arbeit scheint hier vielversprechend (vgl. Frick u. Hilpert 2020)

Zusammenfassung
Es gibt viele Methoden, welche den Zielen einer existenziellen Sozialen Arbeit dienlich sein können. In diesem Kapitel wurden einige von ihnen vorgestellt. Dabei handelt es sich um keine neuen Erfindungen, sondern um vielfach in unterschiedlichen beraterischen und therapeutischen Settings erprobte Instrumente und Techniken. Ihnen allen gemeinsam ist die Anerkennung der Bedeutung existenzieller Sorgen und Nöte. Sie funktionieren, weil sie Klientinnen und Klienten dabei unterstützen, existenzielle Themen an- und auszusprechen. Oft ist dabei allerdings ein gewisses Reflexionsniveau auf Seite der Adressaten notwendig, welches

nicht einfach stillschweigend vorausgesetzt werden darf. Wichtig ist daher ein sorgsames Agieren der Fachkräfte, die im idealen Fall über entsprechende methodische Weiterbildungen verfügen bzw. diese anstreben.

Die vorgestellten Methoden sind Beispiele und können und sollten künftig ergänzt werden. ◀

4 Quo vadis? Die Perspektive existenzieller Sozialer Arbeit im 21. Jahrhundert

Es ist schwierig zu sagen, wie sich die Soziale Arbeit im 21. Jahrhundert weiterentwickeln wird. Momentan prägt vor allem ein Umstand das tägliche Geschehen: Der Fachkräftemangel. Laut dem Institut der deutschen Wirtschaft (IW) war Soziale Arbeit 2022 bundesweit der Beruf mit der höchsten Fachkräftelücke überhaupt (Hickmann/Koneberg 2022). Doch wird dies so bleiben? Oder der Mangel sogar noch größer werden? Neben dieser quantitativen, stellen sich auch eine Reihe qualitativer Fragen zur Zukunft der Profession: Welche Rolle wird sie künftig in der Gesellschaft einnehmen? Welche Aufgaben gewinnen an besonderem Gewicht – und welche verschwinden vielleicht auch – etwa im Angesicht einer sich rasant entwickelnden Künstlichen Intelligenz? Wie wird sich künftig das Verhältnis zwischen Fachkräften und Adressatinnen und Adressaten entwickeln?
Zum Ende dieses Buches wage ich an dieser Stelle zu diesen und anderen Fragen einen – hochspekulativen – Ausblick – natürlich auch mit einem Schwerpunkt auf die in diesem Buch fokussierte existenzielle Dimension.
Dazu möchte ich einige Thesen entwickeln, von denen ich hoffe, dass sie zum Nachdenken anregen und Anlass zur weiteren fachinternen Diskussion bieten. Freilich: Hier ist vieles höchst spekulativ – aber deswegen gleichwohl nicht unbegründet.
Ich lade an dieser Stelle alle Leser herzlich dazu ein, gemeinsam darüber nachzudenken, wie sich Theorie und Praxis der Sozialen Arbeit weiterentwickeln *könnten* – welche Fragen sich daraus ergeben und welche Antworten wir uns womöglich heute schon dafür überlegen müssen.

1. **These**: Die fortschreitenden technologischen Entwicklungen im Bereich Künstlicher Intelligenz werden in der Kombination mit dem medizinischen Fortschritt und der damit weiter steigenden Lebenserwartung dazu führen, dass immer mehr Menschen in Sinnkrisen geraten. Die Profession Sozialer Arbeit wird davon direkt und indirekt betroffen sein.

Während der Abfassung dieses Buches im Frühjahr 2023 sind die Entwicklungen im Bereich der Künstlichen Intelligenz (KI) eines der Hauptthemen in den Nachrichtensendungen. Ausgelöst durch den offenen Zugang des Sprachmodells ChatGPT durch die Firma Open AI überschlagen sich regelrecht die Ereignisse. Neben zahlreichen faszinierenden Chancen, die solche Technologien zweifellos bieten, wächst auch die Sorge, welche Gefahren – über die wir uns vielleicht noch gar nicht bewusst sind – von diesen eruptiven Technologien ausgehen könnten. Dabei muss man gar nicht an aus Hollywoodfilmen bekannte Dystopien denken (der Terminator lässt grüßen!). In einem offenen Brief forderten Ende März 2022 mehr als 1000 Experten aus dem Bereich Technik und Forschung (darunter Branchengrößen wie Elon Musk oder Apple-Mitbegründer Steve Wozniak, aber auch der in diesem Buch bereits zitierte Historiker Yuval Noah Harari) eine mindestens sechsmonatige Entwicklungspause für KI-Technologien um Zeit zu haben als Gesellschaft darüber nachzudenken, wie wir mit diesen Fortschritten umgehen wollen[17].

Momentan sieht es nicht so aus, als würden die Unterzeichner des Briefes mit ihrem Wunsch nach einer Entwicklungspause in der Politik auf allzu offene Ohren stoßen. Mir persönlich scheint es auch fraglich, ob sich ein solches Moratorium in der Praxis wirklich durchsetzen ließe.

Nichtsdestotrotz liegt in dem offenen Brief, der über die gemeinnützige Plattform „Future life" veröffentlicht wurde, viel Bedenkenswertes – u. a. der erwähnte, befürchtete Wegfall von vielen Jobs, die man nicht unbedingt in jenen Bereich verorten kann, die tendenziell für den Menschen so verzichtbar wären wie das Ziehen von Pflugscharen über Felder vor der Entwicklung landwirtschaftlicher Maschinen im 19. Jahrhundert. Jobs also, die Menschen durchaus Lebenssinn jenseits der materiellen Überlebenssicherung zu geben vermögen. Yuval Noah Harari stellt in seinem Buch *Homo Deus* einiger dieser Jobs vor – darunter z. B. den Allgemeinarzt. In bemerkenswerter Weise vermag er zu zeigen, wie die Entwicklung Künstlicher Intelligenz in absehbarer Zeit in der Lage sein dürfte, menschliche Ärzte Stück für Stück überflüssig zu machen (vgl. Harari 2017, 482ff.). Im Gegensatz beispielsweise zu LKW-Fahrern (die schon recht bald durch autonome Fahrsysteme ersetzt werden dürften) oder Supermarkt-Kassiererinnen (deren Jobs durch automatische Scan-Systeme in vielen Ländern bereits jetzt auf der Kippe stehen) hat man bei den durch die KI gefährdeten Jobs bislang wohl eher nicht an Ärztinnen und Ärzte gedacht (vgl. Fuest und Meyer 2023). Da stellt sich zwangsläufig auch die Frage, auf welche Weise die Soziale Arbeit hier betroffen sein könnte – quantitativ wie qualitativ.

Der Arbeitsmarkt der Zukunft wird sich stark verändern, davon kann man wohl fest ausgehen. Meine 1. These greift diese Vermutung auf und erweitert sie um den ebenfalls zu erwartenden medizinischen Fortschritt. Letzterer könnte dazu führen, dass sich die menschliche Lebenserwartung schon sehr bald nochmal deutlich erhöhen könnte. Der Biogerontologe Aubrey de Grey beispielsweise ist davon überzeugt, dass der erste Mensch, der 1000 Jahre alt wird, bereits geboren wurde – und er wird mit seinen Argumenten durchaus ernst genommen (vgl. Büsser 2020).

Natürlich ist hier noch vieles Spekulation und es ist beileibe nicht gesagt, dass es tatsächlich so kommt. Aber davon auszugehen, dass sich unser Arbeitsmarkt und unsere Lebensarbeitszeit nicht weiterhin stark wandeln (wie sie es schon in den letzten Jahrzehnten – fast ohne KI – getan hat), ist noch weitaus unrealistischer und erscheint ziemlich naiv. Mit Blick auf die Lebenserwartung lässt sich Ähnliches vermuten. Seit

17 Tagesschau (2023), abgerufen am 19.04.2023

1870 hat sich diese in Deutschland mehr als verdoppelt (bei Männern von 35,6 auf 78,5 Jahre, bei Frauen von 38,5 auf 83,4 Jahre (vgl. Radtke 2022). Wenn die Medizin bald, auch dank bahnbrechender Entwicklungen im Bereich der KI, in der Lage sein sollte wirkungsvolle Mittel gegen Krebs- und Herz-Kreislauferkrankungen zu finden, dann spricht vieles dafür, dass sich die durchschnittliche Lebenserwartung noch um einige weitere Jahrzehnte steigern lässt. Und das scheint in Fachkreisen fast noch eine eher konservative Schätzung (vgl. Deutsches Ärzteblatt 2017).

Im vorliegenden Buch – und mit Bezug auf die oben formulierte These – interessiert mich vor allen Dingen, wie es uns als Gesellschaft gelingen wird, die zu erwartenden zusätzlichen Lebensjahre bei gleichzeitig stattfindenden radikalen Umwälzungen auf dem Arbeitsmarkt sinnvoll zu gestalten.

In meiner Untersuchung habe ich an vielen Stellen versucht, die Bedeutung der Sinnfrage herauszuarbeiten und mich dabei ganz maßgeblich auf Viktor Frankl bezogen. Dieser unterschied, wir erinnern uns, insgesamt drei *Wertkategorien*, die uns dabei helfen, potenzielle Sinnerfahrungen zu machen. Er erinnert uns daran, dass es zwei Arten von Werten gibt, die wir aktiv anstreben und realisieren können: Schöpferische Werte und Erlebniswerte (vgl. Kapitel 2.1.2.). Schöpferische Werte werden durch aktive Handlungen verwirklicht, während Erlebniswerte sowohl durch persönliche Erfahrungen (wie das Erleben von Natur, Kultur, Musik usw.) als auch durch Liebe und Hingabe an andere Menschen erlangt werden können.

Der Philosoph Michael Bordt (2010) stimmt dieser Ansicht sinngemäß und mit ähnlichen Worten zu, indem er betont, dass tiefe, persönliche Beziehungen und aktive Tätigkeit zwei Hauptpfade zu einem erfüllten Leben sind. Sogar Sigmund Freud, Begründer der Psychoanalyse, äußerte sich sinnverwandt, indem er Gesundheit definierte als die Fähigkeit zu lieben und zu arbeiten.

Auch ich möchte mich daher dieser Auffassung anschließen: Ein erfülltes Leben entsteht durch aktives Engagement und liebevolle, gelingende Beziehungen zu anderen. Auf die Soziale Arbeit übertragen, könnte dies zweierlei bedeuten:

1. Die Anforderung, Menschen – noch mehr als bislang – dabei zu unterstützen, schöpferisch tätig zu werden und Sinn in Tätigkeiten, auch gerade jenseits des klassischen Arbeitsmarktes zu finden.
2. Eine Intensivierung der gesellschaftsgestaltenden Bemühungen als Voraussetzung für die Verwirklichung von Erlebniswerten. Hier geht es um ein, mit Paul Natorp klassisch gewordenes, (aber leider oft stiefmütterlich behandeltes) Anliegen der Sozialpädagogik: Menschen durch und für die Gemeinschaft zu erziehen. Mehr dazu folgt gleich in der zweiten These.

In Zukunft könnte die Soziale Arbeit Menschen bei der Suche nach einer sinnvollen Beschäftigung durch verschiedene Organisationsformen und Methoden unterstützen. Dabei, so eine Vermutung, wird sie immer spezifischer agieren und ihre Kompetenzen im Bereich der individuellen Beratung und des Coachings ausbauen

müssen. Als von der Politik dafür mandatierte Berufsgruppe könnten Sozialarbeiterinnen und Sozialarbeiter verstärkt in wirtschaftlichen Unternehmen zum Einsatz kommen, um dort eine Schnittstelle zu gemeinnützigen Organisationen und Bildungseinrichtungen herzustellen. Vielleicht mag man an dieser Stelle erwidern, dass das nichts neues wäre und Soziale Arbeit schon heute in vielen Handlungsfeldern darum bemüht ist, Klientinnen und Klienten bei ihrer Integration in den Arbeits- und Ausbildungsmarkt zu unterstützen oder mit Hilfe anderer, tagesstrukturierender Maßnahmen Hilfe zur sinnvollen Lebensgestaltung zu bieten. Man sollte hier aber die Dimension und Dynamik des Geschehens nicht unterschätzen. Sollte sich nur im Ansatz bewahrheiten, was seriöse Wissenschaftler schon heute über die Möglichkeiten Künstlicher Intelligenz prognostizieren, dann wird der Mensch sehr schnell in sehr vielen Arbeitsbereichen entbehrlich – und letztlich vielleicht sogar insgesamt für die wirtschaftliche Reproduktion vollständig überflüssig. Es droht das, was Harari auch das Entstehen einer *nutzlosen Klasse* nennt – Millionen von Menschen zukünftiger Generationen, die in naher Zukunft in dem Wissen aufwachsen könnten, dass ihre Existenz für andere und die Gesellschaft insgesamt, zumindest aus ökonomischer Perspektive, völlig entbehrlich ist (vgl. hierzu Harari 2019, 43–74). Und steht die Technologie einmal zur Verfügung – hier sollte sich niemand etwas vormachen – wird sie genutzt und vieles verändern. Wie also damit umgehen?
Soziale Arbeit wird einen Fokus auf lebenslanges Lernen und Weiterbildung legen müssen, um Menschen dabei zu unterstützen, ihre Fähigkeiten kontinuierlich zu erweitern und sich an veränderte Arbeitsmarktbedingungen anzupassen. Die Art und Weise, wie das geschehen könnte, muss an dieser Stelle unbeantwortet bleiben. Spannend und herausfordernd wird aber die Frage sein, was das mit uns Menschen macht. Wie werden wir damit klarkommen, uns gegebenenfalls mehrmals im Leben beruflich neu orientieren zu müssen? Zugespitzt gefragt: Wie *halten* wir diesen Fortschritt *aus*? Wir können uns Szenarien vorstellen, in welchen es uns politisch gelingt, diesen Prozess so zu gestalten, dass wir später alle im Überfluss leben, Armut und Krankheit völlig beseitigt haben – in der es aber auch für einen Großteil der Menschen dann eben nichts mehr sinnvoll zu tun gibt. Zumindest nicht in dem Sinne, wie wir heute Sinn durch Arbeit und berufliche Tätigkeit erfahren.

Elisabeth Lukas sammelte in einem ihrer Bücher verschiedene Geschichten mit „logotherapeutischer Heilkraft“ (Lukas 1996). Eine davon geht sinngemäß so: Ein Mann wacht nach seinem Tod im Jenseits auf. Da er kein besonders moralisches Leben geführt hat, erwartet er die Hölle. Allerdings ähnelt der Ort, an dem er sich wiederfindet, eher seiner Vorstellung des Paradieses: Palmen, Meer, angenehme Temperaturen usw. Ein Diener erklärt ihm zudem, dass er nichts weiter zu tun hat, er könne sich den ganzen Tag ausruhen, essen was er möchte usw.

> Zuerst freut sich der Mann ob dieses vermeintlich guten Loses – aber bald schon wird ihm langweilig und er bittet um eine Aufgabe. Der Diener winkt ab – das sei das Einzige, was er ihm hier nicht bieten könnte. Der Mann schluckt das erst hinunter, die Langeweile wird aber immer quälender und schließlich unerträglich. Er fragt sich, wie das jetzt weitergehen solle – so ganz ohne jede sinnvolle Beschäftigung. „Das Paradies habe ich mir anders vorgestellt, das kommt mir hier eher wie die Hölle vor!", platzt es schließlich aus ihm heraus. Darauf der Diener: „Ja, was glauben Sie denn, wo Sie hier sind?"

Was macht es mit Einzelnen und der Gesellschaft allgemein, wenn ihre Mitglieder für den ökonomischen Reproduktionsprozess völlig entbehrlich werden und auch für das eigene materielle Überleben rein gar nichts mehr leisten müssten? Kritiker der (gerade im sozialen Bereich) enorm populären Idee eines bedingungslosen Grundeinkommens sehen diese Gefahr schon länger: Denn ein solches *Bürgergeld*, das an keinerlei Bedingungen geknüpft ist, könnte einen ersten Schritt in Richtung einer Gesellschaft darstellen, in der Menschen durch Geld quasi „ruhiggestellt" werden. Der Deal lautet: *Du bekommst ausreichend finanzielle Mittel, um deine materiellen Bedürfnisse (ggf. sogar oberhalb einer reinen Grundversorgung) zu befriedigen, akzeptierst dann aber im Gegenzug, dass wir als Staat und Gesellschaft nicht (mehr) dafür zuständig sind, dir eine als sinnvoll empfundene Beschäftigung oder Ausbildung anzubieten* (über diese und andere Für und Wider des bedingungslosen Grundeinkommens verweise ich auf einschlägige Veröffentlichungen, z. B. Kovce und Priddat 2019).

Die Frage, welche Veränderungen uns am Ausbildungs- und Arbeitsmarkt bevorstehen, ist hochkomplex. Die jetzige Generation an Schülern könnte jedenfalls die erste sein, für die heute noch überhaupt nicht absehbar ist, in welchen Arbeitsmarkt sie in den nächsten 20 Jahren eintreten wird. Die Auswirkungen davon bekommt dann mit Sicherheit auch die Soziale Arbeit zu spüren.

Der zentrale Punkt meiner These lautet, dass das Individuum im 21. Jahrhundert nochmal dramatisch mehr freigesetzt wird, als dies im Zuge der Industrialisierung im 19. Jahrhundert der Fall war. Die Frage, wie wir Menschen durch (schöpferisches) Handeln und Tätigsein Sinn finden können, wird sich eindringlicher denn je stellen (vgl. dazu auch Nathschläger 2022). Vor allem in Kombination mit einer womöglich (stark) steigendenden Lebenserwartung. Mein Vater (Jahrgang 1937) promovierte schon mit 23 Jahren in Physik und stieg in den Beruf ein. Mit 59 wurde er in Österreich frühpensioniert. Jetzt ist er 86 Jahre und bei guter Gesundheit. In wenigen Jahren wird er genauso lange im Ruhestand verbracht haben, wie zuvor im Arbeitsleben. Vieles deutet darauf hin, dass in Zukunft die Lebensphase der Arbeitstätigkeit einen immer kürzeren Teil der Gesamtlebensdauer ausmachen wird.

Das macht etwas mit den Menschen und ihrem Bedürfnis, ihren Alltag sinnvoll zu gestalten – vor allem fordert es sie heraus.
Die Profession der Sozialen Arbeit wird daher selbst stark gefordert sein, wenn es darum geht, Menschen dabei zu unterstützen, die für sie passenden Tätigkeiten und Aktivitäten zu finden – jenseits einer herkömmlichen Vermittlung in den ersten oder zweiten Arbeitsmarkt. Es gilt, sich in dieser neuen (Arbeits-)welt zurechtzufinden. Eine Aufgabe, die man keinesfalls unterschätzen sollte.
Natürlich wird sich die Entwicklung der Künstlichen Intelligenz auch auf die Tätigkeiten und Handlungsfelder der Sozialen Arbeit selbst auswirken. Auch hier wird es zu Automatisierungen kommen, die weit über den rein administrativen Bereich hinausgehen. Einschätzungen von Kindeswohlgefährdungen, wie auch viele andere Bereiche können von der Technologie profitieren, aber auch vielfältig herausgefordert werden. Beispiel: Wenn in naher Zukunft eine hochentwickelte KI dem Jugendamt empfehlen sollte, das Kind X aus der Familie Y in Obhut zu nehmen – „trauen" sich die Fachkräfte dann überhaupt noch zu widersprechen, weil ihnen ihre Intuition und Erfahrung vielleicht ein anderes Vorgehen nahelegen? Wer traut sich noch in letzter Konsequenz einer solchen Instanz etwas entgegenzusetzen, die viel mehr Daten verarbeiten kann als man selbst? Und falls man es doch tut und entgegen der KI-Empfehlung handelt – wer übernimmt dann die Verantwortung, falls etwas schiefgehen sollte? Ethische Fragen wie diese können hier nur angedeutet werden, zweifelsohne werden sie in den nächsten Jahren aber immer relevanter.

2. **These:** Die gesellschaftsgestaltende Funktion Sozialer Arbeit wird in Zukunft von noch höherer Bedeutung sein. Denn selbst wenn Künstliche Intelligenz und Roboter einen Großteil der Tätigkeiten übernehmen können sollten, so wird es auch weiterhin einen Lebensbereich geben, wo der Mensch per Definition unersetzbar bleibt: In der sozialen Interaktion. ◀

Bereits bei der Erörterung der 1. These wurde jene zentrale „Ur-Angst" deutlich, die Menschen mit technologischen Entwicklungen, insbesondere der KI und der Robotik, verbinden: Die Angst davor, eines Tages als Mensch „überflüssig" zu werden. Während diese Ängste in Bezug auf bestimmte, bislang durch den Menschen ausgeführte (berufliche) Tätigkeiten durchaus rational nachvollziehbar sind, so gibt es gute Gründe, diese Gefahr in anderen Lebensbereichen als eher unbegründet anzusehen. Der Bereich der *sozialen Interaktion*, wie es in der These heißt, soll hier als Überbegriff für Kommunikationen und Handlungen stehen, die ihre Wertzuschreibung dadurch erhalten, dass sie ausschließlich zwischen zwei oder mehr Menschen stattfinden – auch wenn, zumindest theoretisch – eine oder auch beide Seiten der Interaktion durch Künstliche Intelligenz oder Maschinen durchgeführt werden *könnte*.
Dazu ein Beispiel auf das ich ebenfalls durch Harari (2017, 491f.) aufmerksam geworden bin: Das Schachspiel. Seit den 1970er-Jahren gibt es Schachcomputer.

Gleichzeitig mit ihrer kommerziellen Nutzung ab 1977 und ihrer rasanten Entwicklung mit immer leistungsfähigeren Modellen in den 1980er-Jahren setzte vielerorts die Sorge ein, was es wohl mit der gut 1500 Jahre alten Attraktivität des „königlichen Spiels“ machen würde, wenn Computer bald besser als Menschen spielen sollten. Wäre das Spiel dann überhaupt noch reizvoll? Würde der Mensch resigniert das Nachdenken um den besten Zug sein lassen, wenn von vornherein klar ist, dass der Computer mindestens einen genauso guten, in der Regel aber sogar einen noch besseren kennt?

1997 war es dann schließlich so weit: Der damalige Weltmeister Garry Kasparov verlor gegen den Schachcomputer *Deep Blue* ein auf mehrere Spiele angesetztes Match unter Turnierbedingungen. Danach legte die Entwicklung noch leistungsfähigerer Modelle immer weiter zu. Fortan spielten die Schachcomputer immer seltener gegen menschliche Spitzenspieler (die ihre Unterlegenheit zähneknirschend anerkennen mussten), dafür immer öfter gegen andere Computer. Einen weiteren Meilenstein in der Entwicklung setzte schließlich Google mit der Schach-KI *Alpha Zero*, die 2017 gegen das bis dahin beste Schachprogramm *Stockfish 8* 28 von 100 Spielen gewann, die restlichen 72 Spiele endeten Unentschieden (Teama, o. J.). Das besondere an Alpha Zero: Es handelt sich dabei um keinen klassischen Computer mehr, der zuvor mit Unmengen an Daten gefüttert wurde, um dann mit einer enormen Rechenleistung seine Partien zu bestreiten, sondern um eine selbstlernende Einheit. Soll heißen: *Alpha Zero* kannte zunächst nur die Regeln, spielte dann mit hoher Geschwindigkeit Millionen von Partien gegen sich selbst und brachte sich so gewissermaßen selbst das Spiel bei. Er brauchte dafür neun Stunden. Danach war er in der Lage den besten herkömmlichen Computer zu schlagen und in 100 Partien kein einziges Mal zu verlieren. Vom blutigen Anfänger zur absoluten Perfektion in neun Stunden. Chapeau!

Soweit ein kurzer Ausflug in diese faszinierende Welt. Was das Beispiel aber nun eigentlich zeigen soll: All diese unglaublichen Entwicklungen im Bereich der Schach-Software bzw. Schach-KI haben mitnichten dazu geführt, dass das Spiel, wie einst von vielen befürchtet, seine Attraktivität für den normalen Menschen verloren hätte. Ganz im Gegenteil: Schach ist heute – gut 25 Jahre nach Kasparovs Niederlage gegen Deep Blue – so beliebt wie nie! Die Netflix-Serie *Das Damengambit* mit Anya Taylor-Joy in der Hauptrolle der fiktiven Schachgroßmeisterin Elisabeth Harmon (die gegen ihre männlichen Konkurrenten genauso kämpft wie gegen ihre inneren Dämonen), war eine der erfolgreichsten Fernsehproduktionen 2020 und wurde mit Preisen überhäuft. Gleichzeitig scheint Schach in der Breite der Gesellschaft so populär wie noch nie· Geschätzt spielen über 600 Mio. Menschen weltweit – analog oder virtuell – regelmäßig Schach gegeneinander (vgl. Gersemann/Chlebna 2023). Die Menschheit, so könnte man schließen, hat gelernt, mit der maschinellen Überlegenheit zu leben und sich aufs Wesentliche zu besinnen. Schach behält seine Attraktivität durch die menschliche Interaktion. Und Menschen wollen hauptsächlich gegen andere Menschen spielen (und nicht z. B. gegen „schwache" Schachprogramme), selbst wenn sie sich online nie gegenseitig zu Gesicht bekommen und kein Wort miteinander sprechen. Das Spielen gegen andere Menschen ist selbstzweckhaft. Es braucht kein höheres Ziel. Genauso wenig wie andere Aktivitäten, welchen eine Interaktion zwischen zwei oder mehr Personen zugrunde liegt.

Für die Zukunft Sozialer Arbeit könnte dies bedeuten, dass ihre gesellschaftsgestaltende Kraft künftig sogar mehr denn je gefragt sein wird. In einer Zeit, in welcher ein Großteil der Menschen von „lästigen" Aufgaben befreit sein wird und zudem aufgrund einer womöglich deutlich verlängerten Lebenserwartung über immer mehr Freizeit verfügt, wird es notwendig sein, als Gesellschaft Antworten zu finden. Antworten auf die Frage, wie sich so viel frei gewordene Zeit sinnvoll „bewältigen" lässt.

Ein weiteres Beispiel aus meiner eigenen Lebenswelt: Aktuell trainiere ich vier Stunden pro Woche Kinder und Jugendliche als Übungsleiter im Sportverein im klassischen Gerätturnen. Der Bedarf an Übungsleitern und Helfern ist riesig – und ich hätte – falls ich als Hochschullehrer eines Tages durch die KI überflüssig werden sollte – überhaupt kein Problem, künftig, sagen wir, 20 Stunden pro Woche Training zu geben. Außerdem bin ich mir sicher, dass es noch sehr lange dauern wird, bis Roboter diese Aufgabe zufriedenstellend übernehmen könnten (spätestens bei der Hilfestellung zu einer Kippe am Stufenbarren ist, neben glaubhaftem „Mut-zusprechen", doch auch sehr viel Feinmotorik und Reaktionsvermögen notwendig). Und selbst wenn: Ähnlich wie beim Schach glaube ich, wären die meisten Eltern und Kinder froh, wenn diese Aufgabe weiterhin von Menschen durchgeführt wird – selbst wenn Maschinen es vielleicht tatsächlich besser können sollten.

Soziale Arbeit wird, so ist die zweite These gemeint, künftig vermehrt die gesellschaftliche Funktion und Aufgabe zukommen, Menschen miteinander in Kontakt zu bringen und gezielt die Vielfalt sozialer Interaktionen zu fördern, die wir nur äußerst ungern komplett einer KI-Software oder einem Roboter übertragen wollen würden. Dazu ist es hilfreich, über jene Bereiche im menschlichen Leben nachzudenken, wo dies der Fall sein dürfte:

Emotionale Unterstützung: In schwierigen Zeiten suchen Menschen oft emotionale Unterstützung bei anderen Menschen, da sie emotionale Intelligenz, Empathie und persönliche Erfahrungen teilen können. KI und Roboter dürften Schwierigkeiten haben, diese Art von Unterstützung zu bieten, da sie bislang keine echten (bewussten) Emotionen oder persönlichen Erfahrungen haben. Sozialer Arbeit hingegen liegt die emotionale Unterstützung anderer regelrecht in der DNA.

Bildung und Erziehung: Obwohl KI und Roboter in der Bildung eingesetzt werden können, um den Lernprozess zu ergänzen, ziehen es viele Menschen bislang vor (so zumindest meine Vermutung), die Hauptverantwortung für die Erziehung und Bildung, gerade auch von Kindern, beim Menschen zu belassen. Um in einem vollumfänglichen (nicht nur rein formalen) Sinne zu lernen, benötigt es wahrscheinlich auch weiterhin ein menschliches Gegenüber.

Pflege und Betreuung von Angehörigen: Viele Menschen möchten die Pflege und Betreuung von älteren oder kranken Familienmitgliedern nicht (zumindest nicht vollständig) KI oder Pflegerobotern überlassen. Wie auch bei Bildung und Erziehung handelt es sich hier um Aufgaben und Verantwortlichkeiten, die wir wohl nicht vollständig aufgeben können ohne uns und unsere Intuitionen darüber, was menschliches Leben und menschliche Würde bedeutet, fundamental infrage zu stellen.
Beziehungen und Freundschaften: Menschen bauen tiefe emotionale Bindungen und Vertrauensverhältnisse mit anderen Menschen auf, und es ist unwahrscheinlich, dass sie diese Art von Beziehungen künftig ausschließlich mit Robotern eingehen möchten. Michael Bordt (2010, 100) vertritt mit Rückgriff auf Aristoteles die These, dass der Mensch als *zoon politikon* (also als ein auf Gemeinschaft mit anderen angelegtes Lebewesen) nach tiefen Beziehungen zu anderen strebt und dass das Gelingen solcher Beziehungen ein essenzieller Bestandteil eines guten Lebens sind.
Religion und Spiritualität: KI und Roboter fehlt die Fähigkeit, spirituelle Erfahrungen oder den Glauben an eine höhere Macht zu teilen. Daher würden Menschen wahrscheinlich ihre religiösen oder spirituellen Bedürfnisse nicht gerne einer KI oder einem Roboter anvertrauen. Spiritualität kann verstanden werden, als dem Menschen ureigenes Bedürfnis, das er nicht mit anderen Arten (Tieren, Pflanzen – oder eben KI und Robotern) teilt.
Auch in manchen der genannten Bereiche (insbesondere z. B. der Pflege) kommen zwar Künstliche Intelligenz oder Roboter bereits jetzt vermehrt zum Einsatz, jedoch erscheint es, wie gesagt, fraglich, ob Roboter den Menschen dort vollständig ablösen.

In einem optimistischen Szenario wird es unseren Gesellschaften in naher Zukunft gelingen, die freiwerdende Lebenszeit vieler Menschen als Ressource sinnvoll und produktiv in und für die Gemeinschaft einzusetzen. Der Sozialen Arbeit würde dabei mit hoher Wahrscheinlichkeit eine Schlüsselfunktion zukommen. Denn welche andere Profession oder Berufsgruppe besitzt eine vergleichbare Expertise, wenn es einerseits darum geht soziale Bedürfnisse und Probleme zu identifizieren, zu analysieren und schließlich andererseits auf Basis von Prinzipien wie Subsidiarität, Netzwerkarbeit und Ressourcenorientierung nachhaltige Lösungen zu kreieren? Zu denken ist dabei beispielsweise an Sozialraumkoordinatoren und Gemeinwesenarbeiterinnen, die hier gesellschaftsgestaltend in deutlich größerem Umfang gefragt sein könnten, als dies bislang schon der Fall ist. Und falls uns ansonsten gar nichts mehr zu tun bliebe, könnten wir ja immer noch Schach spielen…

3. **These**: Das Studium der Sozialen Arbeit sollte künftig noch mehr als bisher darauf ausgelegt sein, neben kritischem Denken auch die philosophische Reflexion als beruflich notwendige Fundamentalfähigkeit auszubilden und zu fördern. Pädagogisches Ziel muss es sein, dass künftige Fachkräfte der Sozialen Arbeit philosophisch gesprächsfähig *und* gesprächswillig sind. ◀

Die Forderung nach philosophischer Gesprächsbereitschaft zog sich wie ein roter Faden durch dieses Buch. Eine sensible Aufmerksamkeit für die existenziellen Themen, Fragen und Krisen von Menschen bedarf im gleichen Atemzug der Bereitschaft, über genau diese Themen mit Klientinnen und Klienten gemeinsam nachzudenken, zu reden, zu diskutieren und zu philosophieren. Möglich ist dies natürlich nur, wenn sich Fachkräfte – das sollte hier keinesfalls unterschlagen werden – ihrer eigenen Themen und Nöte gewahr sind und diese – an anderer Stelle – regelmäßig zu reflektieren bereit sind.

Jemand das Attribut zu verleihen, er oder sie sei „ein Philosoph" ist, im Gegensatz zu anderen Berufsgruppen, nicht unbedingt ein Hinweis darauf, dass man eine philosophische Ausbildung oder Studium durchlaufen hat. Alltagssprachlich verwenden wir diese Zuschreibung vielmehr auch bei Menschen, die gerne tiefgründigere Gedanken äußern oder weise Sprüche zitieren. Umgekehrt scheuen selbst viele Absolventen eines Philosophiestudiums davor zurück, sich selbst „Philosophen" zu nennen, nur weil sie eben das Fach studiert haben. Es scheint so, als ob man erst dann Philosoph oder Philosophin genannt werden *darf*, wenn man damit sein Geld verdient, dicke Bücher schreibt, oder komplizierte Vorlesungen über Kants *Begriff der reinen Vernunft* hält.

Die hier sichtbar werdende Ambivalenz, die mit der Verwendung und Zuschreibung des Attributs des *Philosophen* verbunden ist, scheint unvereinbar mit einer praktisch-pragmatisch ausgerichteten Profession wie der Sozialen Arbeit, die als Handlungswissenschaft von der Disziplin der Sozialen Arbeit klar benenn- und beschreibbare Konzepte und Methoden für die tägliche Arbeit fordert. Bringt es also etwas, zu fordern, dass Fachkräfte philosophischer werden müssen – und vor allem: Was ist damit gemeint?

Im Wesentlichen erhoffe ich mir von einer stärkeren Förderung philosophischer Kompetenzen im Zuge des Studiums folgende Vorteile:

a. *Vertiefung des empathischen Verständnisses*: Eine fundierte philosophische Bildung ermöglicht es Sozialarbeiterinnen und Sozialarbeitern, sich tiefer in die Denk- und Gefühlswelt ihrer Klienten und Klientinnen hineinzuversetzen. Dieses Verständnis erlaubt es, die individuellen Bedürfnisse, Werte und Überzeugungen besser zu erfassen, wodurch eine gezielte und wirksame Unterstützung gewährleistet wird. Dies ist beispielsweise in der Arbeit mit traumatisierten Personen oder Opfern von Gewalt von besonderer Bedeutung, da hier ein tiefes Einfühlungsvermögen und Verständnis für die individuellen Erlebnisse und Emotionen der Klienten und Klientinnen unerlässlich ist. Und trotz allem gilt: Mein Gegenüber bleibt mir in gewisser Weise immer *fremd* – eine zwingende Konsequenz aus der Überzeugung, dass wir alle einmalige *Individuen* sind, die sich niemals auch nur annähernd vollständig *dechiffrieren* lassen.
b. *Fähigkeit zur nuancierten und differenzierten Kommunikation*: Durch die Auseinandersetzung mit philosophischen Fragestellungen entwickeln Sozialarbeiterinnen und Sozialarbeiter differenzierte und reflektierte Kommunika-

tionsfähigkeiten. Dies ermöglicht ihnen, sensible und komplexe existenzielle Themen wie Sinn, Leid, Schuld und Verantwortung angemessen und respektvoll mit ihren Klienten und Klientinnen zu besprechen und gemeinsam Lösungsansätze zu erarbeiten. Das ist etwa in der Suchtberatung besonders relevant, wo oft eine Auseinandersetzung mit den zugrundeliegenden Problemen und Schuldgefühlen erforderlich ist, um Klienten bei der Bewältigung ihrer Sucht zu helfen.

c. *Unterstützung bei der Identifikation und Verarbeitung existenzieller Krisen* wie sie in diesem Buch thematisiert wurden: Fachkräfte mit einer vertieften philosophischen Bildung sind in der Lage, ihre Klienten besser bei der Auseinandersetzung mit grundlegenden existenziellen Fragen und der Bewältigung von Lebenskrisen zu begleiten. Sie können Perspektiven und Denkweisen aufzeigen, die den Klienten helfen, ihre Situation zu verstehen, Sinnzusammenhänge herzustellen und mit damit einhergehenden Herausforderungen umzugehen.
d. *Anregung zur kritischen Selbstreflexion und persönlichen Entwicklung*: Durch die Fähigkeit, über existenzielle Themen zu sprechen, können Sozialarbeiterinnen ihre Klientinnen dazu ermutigen, ihre eigenen Wertvorstellungen, Glaubenssätze und Lebensziele zu hinterfragen und gegebenenfalls zu revidieren. Diese Reflexion kann dazu beitragen, dass Klienten und Klientinnen ein stärkeres Bewusstsein für ihre persönliche Identität entwickeln und somit besser in der Lage sind, authentische Entscheidungen zu treffen und ihre Lebenssituation aktiv zu gestalten.

Eine solide philosophische Grundlage kann dabei helfen, konzeptionelle und ethische Fragen anzugehen und den Blick für die vielen Dimensionen menschlichen Seins zu öffnen. Sie lehrt, über den Tellerrand der konkreten Interventionen hinauszuschauen und einen ganzheitlichen und reflektierten Ansatz in der Sozialen Arbeit zu verfolgen. Ein weiterer – aus meiner Sicht äußerst begrüßenswerter – Nebeneffekt: Philosophisch geschulte und philosophisch denkende Menschen geben sich in der Regel nicht mit der erstbesten Antwort zufrieden (vgl. die Methode des Sokratischen Gesprächs im dritten Kapitel).

4. These: Das klassische Triplemandat (Staub Bernasconi 2007) muss aufgrund des rasanten gesellschaftlichen und sozialen Wandels ein Update erhalten. Notwendig ist die Erweiterung des 2. Mandates (Kontrolle), welches die Soziale Arbeit von der Gesellschaft erhält – hin zu einem Mandat von *Kontrolle und Gestaltung*. Damit wird dem Anspruch Rechnung getragen, dass Soziale Arbeit als *Schlüsseldisziplin* eine exponierte Funktion sowohl bei der gesellschaftlichen Bearbeitung von existenziellen Fragen wie auch dem Umgang mit globalen Krisen und den Folgen des technologischen Fortschrittes zukommt. ◀

Existenzielle Fragen sind ein zentrales Element der menschlichen Erfahrung und beeinflussen, wie Menschen ihr Leben gestalten und mit Herausforderungen um-

gehen. Indem Soziale Arbeit ein eigenes Mandat zur gesellschaftlichen Gestaltung annimmt, wird anerkannt, dass diese Fragen eine wichtige Rolle im Leben aller Menschen (nicht nur der „klassischen", in irgendeiner Weise der professionellen Hilfe „bedürftigen", Klientel) spielen und dass sie adäquat und systematisch adressiert werden sollten.
Im Modell des Triplemandates fokussiert Silvia Staub-Bernasconi auf Klientenbedürfnissen (Hilfemandat), gesellschaftliche Verantwortung (Kontrollmandat) und fachliches Selbstverständnis (Professionsmandat). Ein erweitertes zweites Mandat, das sich auf existenzielle Fragen und deren systematische gesellschaftliche Reaktion im Sinne einer wahrzunehmenden Gestaltungsaufgabe konzentriert, könnte dazu beitragen, einen ganzheitlicheren Ansatz in der Sozialen Arbeit zu fördern, der sowohl die materiellen als auch die immateriellen, emotionalen und spirituellen Aspekte des menschlichen Lebens berücksichtigt.
Zudem sind existenzielle Fragen im Zusammenhang mit künftigen Krisen und technologischen Entwicklungen eng mit Veränderungsprozessen, persönlichem Wachstum und der Bewältigung von Lebensübergängen verbunden. Indem Soziale Arbeit ein Mandat zur existenziellen Lebensbegleitung und -gestaltung annimmt, kann sie dabei helfen, die Resilienz und das Wohlbefinden von Menschen in herausfordernden Situationen zu stärken und sie dabei unterstützen, Veränderungen und Krisen besser zu bewältigen. In der Praxis geschieht dies nach meiner Überzeugung und Erfahrung auch schon vielerorts, wurde aber theoretisch bislang noch nicht (oder nur fragmentarisch, z. B. Mührel 2017) diskutiert.
Ein solcherart erweitertes Mandat könnte helfen neue Perspektiven, Methoden und Theorien in der Profession zu fördern und Soziale Arbeit auf innovative Weise weiterzuentwickeln. Eine direkte Verbindung kann hier zu einem Gedanken von Eric Mührel gezogen werden, welchem dieser in einem Aufsatz 2017 thesenhaft ausformuliert hat:

> „Sozialpädagogik steht zuallererst in der pädagogischen Frage, wie Menschen ihren Garten der Existenz zu entwerfen und zu pflegen vermögen; und eben dabei behandelt sie sekundär jene sozialen Probleme und gesellschaftliche Umstände, die dies ermöglichen oder verhindern! Sie ist eben nicht zuerst Angewandte (Sozial-)Politik, sondern – dialogische – Grundlegung, Begleitung, in einem weiten Verständnis Erziehung zur Bildung und Gestaltung eines Gartens der Existenz." (Mührel 2017, 91)

Beim Begriff der Gestaltung eines *Gartens der Existenz* bezieht sich Mührel auf eine Wortschöpfung des französischen Philosophen Robert Misrahi. Worauf Mührel, wenn ich ihn richtig verstehe, hinauswill, ist eine Besinnung der Profession Sozialer Arbeit auf das Leben und die existenziellen Bedingungen ihrer Klienten. Diese hängen zwar auch an sozioökonomischen Grundlagen, die wiederum u. a. abhängig sind von sozialpolitischen Voraussetzungen. Allerdings darf mit Mührel die Frage gestellt werden, ob hier der Fokus noch stimmt, wenn man sich so manche „kritische" Position durchliest, die zum hundertundersten Mal das „System" in Frage stellen und mit einem Abgesang auf die bewährten Feindbilder des Kapitalismus und Neoliberalismus verknüpfen.

5. **These**: Ein gelungenes Verhältnis von Nähe und Distanz zwischen Fachkräften und Klienten ist von entscheidender Bedeutung für jede professionelle Hilfe in der Sozialen Arbeit. Um einerseits der Relevanz existenzieller Fragen gerecht zu werden, andererseits die möglichen Folgen des technologischen Fortschritts zu antizipieren, könnte es künftig notwendig sein, mehr Nähe im Klientenkontakt zuzulassen, als dies bislang opportun schien. ◀

Ein gutes, situativ angemessenes Verhältnis von Nähe und Distanz zwischen Fachkräften und Klienten ist für eine gelingende, professionelle Beziehung in jeder Hinsicht wichtig. Freilich bleibt die Frage schwer zu beantworten, wo und wieviel Nähe seitens der Fachkräfte zugelassen werden sollte. Das hängt einfach an sehr vielen Faktoren: Umstände, Zeit, Alter – und auch das Geschlecht des Gegenübers spielen hier eine Rolle. Was in einer Situation als angemessene Nähe empfunden wird, könnte in einer anderen Situation als grobe Grenzverletzung eingeordnet werden.
In der Zukunft wird Soziale Arbeit durch technologische Fortschritte und Digitalisierung von vielen herkömmlichen, vor allem administrativen Aufgaben entlastet. Gleichzeitig rücken pädagogische Herausforderungen – besonders im Umgang mit existenziellen Themen und der Vertiefung sozialer Interaktionen (wie in These 2 und 4 beschrieben) – stärker in den Mittelpunkt. Dies wird zwangsläufig das persönliche Verhältnis zwischen Klienten und Fachkräften beeinflussen und erfordert eine Anpassung ihrer Beziehung.
So gehe ich beispielsweise optimistisch davon aus, dass schon bald nur noch wenige Menschen Unterstützung bei der Ausfüllung eines Antrages durch die Soziale Arbeit benötigen – das wird die KI übernehmen. Das Sprechen und Nachdenken über die Angst vor dem Sterben (um nur ein Beispiel aufzugreifen) wird beim Menschen (respektive Sozialarbeiter) bleiben –und zwar wahrscheinlich selbst dann, wenn die KI das technisch auch können sollte. Die Beziehungsqualität könnte sich – bei aller Spekulation und Unvorhersehbarkeit – entsprechend verändern, ja intensivieren.

Fazit: Soziale Arbeit als Gestaltungsprofession
Wohin könnten diese thesenhaften Überlegungen nun führen? Wie wird sich die Rolle der Profession Sozialer Arbeit weiterentwickeln? Denn dass sie sich weiterentwickelt, steht nach den Erfahrungen der letzten gut 150 Jahre außer Frage. Das bedeutet nicht, dass bisherige Gegenstandsbestimmungen zu Aufgabe und Funktion künftig völlig anders ausfallen werden. Aber einzelne Aspekte der Zuständigkeit werden sich mit Sicherheit – wie auch schon in der Vergangenheit – verändern. Es ist nicht ausgeschlossen, dass es dabei (aus heutiger Sicht) zu Überraschungen kommt.

Meine fragmentarischen Überlegungen führen mich zu der Vermutung, dass sich Soziale Arbeit insgesamt auf dem Weg zu einer *Gestaltungsprofession* befindet.
Gestaltung scheint dabei jetzt kein besonders innovativer Terminus zur Begriffsbestimmung. Nicht nur deshalb bedarf es einer Begründung, die hier aber nur noch angerissen und an anderer Stelle weiter ausgeführt und vertieft werden muss.
Gestaltung als Anspruch bedeutet zweierlei: Zum einen beziehe ich mich an dieser Stelle auf das vorhin angeführte Bild Eric Mührels der Gestaltung eines *Gartens der Existenz*. Dieses Bild fokussiert die Bemühungen eines jeden Einzelnen, sein eigenes Leben zu führen und zu gestalten. Unter anderem bei der Begegnung mit existenziellen Themen, Krisen und Nöten kann Soziale Arbeit hier unterstützen. *Gestalten* bezieht sich hier übrigens nicht nur auf ein etwaiges positives Geschehen. Auch Leid, Schuld, Krankheit oder Sterben gehören diesem Garten der Existenz an und müssen gestaltet werden.
Gestalten bezieht sich zum anderen aber auch auf die gesellschaftliche Dimension. Hier führten mich meine Überlegungen im letzten Kapitel vor allem zu einem Wandel des Verständnisses von *Gestaltung*. In einer sich rasant veränderten Gesellschaft bedarf es einer Profession Sozialer Arbeit, die eine positive Vision entwickelt, wie Gesellschaft im 21. Jahrhundert – entsprechend dem existenziellen Bedürfnis jedes Einzelnen nach Sinn und Orientierung – gestaltet werden kann.
Diese beiden Aspekte – der individuelle Auftrag zur Unterstützung des Einzelnen bei der Gestaltung seines existenziellen *Gartens* als auch der sozialpolitische Auftrag zur aktiven Gestaltung von Gesellschaft und Gemeinschaft im Angesicht eruptiver Technologien wie KI und Robotik – könnten zu einer positiven Wende im Selbstverständnis von Profession und Disziplin führen, die sich damit auch systematisch emanzipiert von defizitorientierten Selbstbeschreibungen. Ein solches Verständnis würde weit über bisherige theoretische Reduktionen wie die Bearbeitung sozialer Probleme, die Bewältigung von Lebenslagen oder der Vermeidung von Exklusionsproblemen hinausgehen.

5 Epilog

Ich habe mit diesem Buch versucht, das theoretische Konzept einer existenziellen Sozialen Arbeit zu entwickeln. Beim Nachdenken über dieses Thema haben mich biografisch bedingt, drei unterschiedliche Blickwinkel geprägt.
Zunächst war da die Erinnerung an meine eigene Beschäftigung mit Theorien der Sozialen Arbeit als Student Anfang des Jahrtausends in Berlin. Wie wohl für die meisten Studierenden, war diese theoretische Auseinandersetzung zunächst ein sehr befremdliches Terrain, zumal wir als junge Studienanfänger in der Regel auch nur sehr begrenzt praktische Erfahrung hatten, die uns dabei geholfen hätte, dieses theoretische Wissen auf die Praxis zu denken. Das änderte sich dann später während meiner Jahre als fertig studierte Fachkraft in unterschiedlichen Handlungsfeldern (zweiter Blickwinkel). Plötzlich war da sehr viel Praxis – aber die theoretische Auseinandersetzung während des Studiums lag gefühlt schon wieder ewig zurück – Namen wie Thiersch und Staub-Bernasconi verschwammen da schon wieder im Rückspiegel am Horizont zu einer vagen Erinnerung. Theorie und Praxis griffen für mich einfach nicht ineinander, sondern waren die Folge einer strikt chronologischen Begegnung.
Der dritte Blickwinkel ist nun schließlich der des Professors für Theorien, Konzepte und Methoden Sozialer Arbeit. Seitdem ich in diesem Lehrgebiet Vorlesungen und Seminare durchführe, fügt sich beides wundersam zusammen. Viele meiner beruflichen Erfahrungen kann ich durch die theoretische Beschäftigung heute ganz anders bewerten und einordnen, als es mir während der Praxisjahre selbst möglich gewesen wäre. Für mich ist das bisweilen sehr erhellend – aber wie geht es meinen Studierenden? Stecken sie womöglich in derselben Situation wie ich vor 20 Jahren?
Das vorliegende Buch stellt eine Art Kulminationspunkt dieser drei Perspektiven – Student, Praktiker, Dozent – dar. Die Beschäftigung mit existenziellen Fragen prägte alle Stationen meines Berufsweges als Sozialpädagoge. Im Studium selbst spielten sie aber keine Rolle. Diese Diskrepanz gab und gibt mir sehr zu denken. Denn am Ende des Tages *muss* Soziale Arbeit sich genau mit diesen Themen im beruflichen Alltag beschäftigen und ein spezifisches Interesse daran entwickeln, wie und wo sie hier Menschen am besten begleiten, unterstützen, beraten, kurzum: ihnen *helfen* kann.
Es gibt eine ziemlich spöttische Aussage, welche viele Studierende der Sozialen Arbeit an ihren ersten Arbeitstagen während des Pflichtpraktikums in der einen oder anderen Abwandlung zu hören bekommen: „Vergiss mal das Studium, du bist jetzt hier in der Praxis. Und da ist alles anders."

Man kann darüber lächeln. Aber der Satz sollte dem akademischen Bereich auch zu denken geben. Wenn wir das allseits geteilte Ziel erreichen wollen, dass sich Theorie und Praxis wirkungsvoll aufeinander beziehen und rekonstruieren lassen sollen, dann muss es dafür ein paar unübersehbare Brücken zwischen beiden Ufern geben. Eine ernsthafte philosophische Auseinandersetzung mit Sinn, Freiheit, Leid, Schuld, Tod und anderen existenziellen Erfahrungen stellt eine solche Brücke dar.
Als Fachkräfte müssen wir nicht nur die Lebenswelt der Klienten, ihre Regeln und Routinen verstehen wollen. Unser Interesse darf auch nicht bei systemischen Betrachtungen über Familiendynamiken oder anderer selbstreferentieller Systeme stehen bleiben (wenngleich sie beide, ohne jede Frage, ganz wichtige theoretische Fundamente darstellen). Es reicht nicht, sich in den Alltag der Adressatinnen reinzudenken. Wir müssen uns vielmehr auch in die Existenz *einfühlen* – also dort, wo das eigentliche Ringen, der eigentliche Kampf eines jeden Menschen stattfindet. Wo er sich den jasper'schen Grenzsituationen gegenübersieht, mit dem Sinn ringt und für ein authentisches Dasein kämpft.
Dazu notwendig ist eine philosophische Grundkompetenz. Philosophie ist weder nur eine triviale Freizeitbeschäftigung noch eine strikte Geheimdisziplin im akademischen Elfenbeinturm. Die Existenzphilosophie beschäftigte sich mit Themen, die uns alle in ihrer Dringlichkeit und Unabweisbarkeit angehen. In Paris, *dem* Zentrum des Existenzialismus, berührten Sartre, de Beauvoir und Camus die Menschen mit ihren philosophischen Büchern, Romane, Essays und Theaterstücken in einer Art und Weise, wie es selten Philosophen zuvor oder danach in dieser Intensität vermocht hätten. Zehntausende begleiteten 1980 Sartres Sarg über den Boulevard du Montparnasse. Umso bedauerlicher, dass dieses philosophische Feuer von den Nachfolgerinnen und Nachfolgern in den Cafés und Berghütten[18] dieser Welt bislang nur sehr eingeschränkt am Leben gehalten werden konnte. Doch die Themen der Existenzphilosophie bleiben, solange es uns Menschen gibt. Und damit auch die Notwendigkeit, über sie zu sprechen und nachzudenken. Im Privaten, wie im Beruflichen – und ganz besonders auch in der beruflichen Sozialen Arbeit.

18 Eine Anspielung auf Martin Heidegger. Während die französischen Existenzialisten hauptsächlich in Cafés verkehrten (u.a. im Café de Flore und im Les Deux Magots, beide im Saint-Germain-des-Prés-Viertel) und dort Treffpunkte von Intellektuellen entstanden, zog sich Heidegger am liebsten in eine einsame Hütte in Todtnauberg im Schwarzwald zurück. Dort schrieb er viele seiner berühmten Werke, darunter auch Teile von "Sein und Zeit". Die Hütte wurde für Heidegger zu einem Ort der philosophischen Reflexion und des Rückzugs vom akademischen Leben. Es wird oft gesagt, dass die natürliche Umgebung der Hütte einen starken Einfluss auf seine Philosophie und insbesondere auf seine späteren Überlegungen zur Technik und zur Natur hatte.

Existenzielle Soziale Arbeit

Existenzphilosophie als metatheoretisches Bezugswissen

Zentrale gedankliche Übernahmen:

- Die *Existenz geht der Essenz voraus* (Sartre): Der Mensch als *sich-selbst-bestimmendes-* und *sich selbst-verantwortendes Sein.*
- *Grenzsituationen* (Jaspers): Im Versuch, das eigene Leben selbstbestimmt zu führen, gerät der Mensch unweigerlich in Grenzsituationen wie Kampf, Leid, Schuld und Tod mit denen er umgehen muss.
- *Existenzerhellung* (Jaspers): Prozess der kritischen Bewusstwerdung über die eigene Existenz, der zur individuellen Erkenntnis führt.
- *Eigentliches und uneigentliches Sein* (Heidegger): Wille des Menschen, aus einer, durch die Anonymität eines Lebens im „man" geprägten, Lebensweise auszubrechen und zu einer authentischen Existenz zu finden.
- *Wille zum Sinn* (Frankl): „Mensch sein heißt Sinn finden" – der Mensch lebt auf Sinn bezogen. Findet er keinen, kann dies zu einem „existenziellen Vakuum" und damit verbundenen (psychischen) Störungen führen.

Existenzielle Soziale Arbeit:

Umgang mit existenziellen Themen und Fragen als (zumindest implizite) Querschnittsaufgabe in allen Handlungsfeldern:

- Freiheit, Verantwortung und Schuld
- Sinn und Sinnlosigkeit
- Isolation und Einsamkeit
- Krankheit, Leid und Tod
- Authentizität und authentisches Leben

Methoden existenzieller Sozialer Arbeit

Existenzielle Beratung/Gesprächsführung – sokratischer Dialog – Dereflexion – Einstellungsmodulation – Bibliotherapie – Biografiearbeit und weitere Verfahren und Techniken, die dabei helfen auf existenzielle Themen in unterschiedlichen Arbeitskontexten zu reagieren.

Professionstheoretische Reflexion: Soziale Arbeit als *Gestaltungsprofession*

- *Individuelle Ebene*: Gestaltung eines „Gartens der Existenz" (Misrahi/Mührel)
- *Gesellschaftliche Ebene*: Wie wollen wir im 21. Jahrhundert als Gesellschaft sinnvoll leben und unsere Gesellschaft entsprechend gestalten?

Dank

Dieses Buch ist meinem Lehrer und Mentor Dr. Otto Zsok gewidmet. 2008 bis 2010 absolvierte ich am Süddeutschen Institut für Logotherapie und Existenzanalyse unter seiner Leitung meine Ausbildung zum Logotherapeuten. Er fachte in dieser Zeit nicht nur mein geistiges „Feuer" für das Gedankengut Viktor Frankls weiter an, sondern gab mir auch den Tipp, mein philosophisches Interesse in einem Studium zu vertiefen, was ich ab 2009 schließlich an der Hochschule für Philosophie der Jesuiten in München machte. Außerdem erkannte er in mir einen leidenschaftlichen Dozenten (und heutigen Hochschullehrer) von dem ich selbst damals noch nichts ahnte. Ich habe ihm also sehr viel zu verdanken. Mehr als in eine solche kurze Danksagung reinpasst. Lieber Otto – mögest du in Frieden ruhen. DANKE für alles!

Zum zweiten möchte ich meiner Frau Sophia und meinen drei Töchtern Josefine, Afra und Leonora danken, die mir im Mai 2023 gestattet hatten, mehrere Wochen allein nach Kroatien zu reisen, um an der wunderschönen adriatischen Küste in Umag einen Großteil dieses Buches in Ruhe zu verfassen.

Alina Jakubik-Quasinowski möchte ich für den jahrlangen existenziellen Austausch, der dem Entstehen dieses Buches vorausgegangen ist, ebenso danken, wie für die vielen inhaltlichen Anregungen und Rückmeldungen zur Verbesserung des ersten Manuskriptentwurfcs.

Meinem Arbeitgeber, der Katholischen Hochschule NRW, möchte ich schließlich für die Genehmigung eines Forschungssemesters danken, ohne welches dieses Buch wahrscheinlich erst Jahre später hätte geschrieben werden können.

Literaturverzeichnis

Adler, A. (1974). *Praxis und Theorie der Individualpsychologie: Vorträge. Zur Einführung in die Psychotherapie für Ärzte, Psychologen und Lehrer*. Fischer

Albert, K. (2017). *Lebensphilosophie: Von den Anfängen bei Nietzsche bis zu ihrer Kritik bei Lukács*. Verlag Karl Alber

Bakewell, S. (2019). *Das Café der Existenzialisten. Freiheit, Sein & Aprikosencocktails*, 3. Aufl. C. H. Beck

Batthyány, A. & Lukas, E. (2020). *Logotherapie und Existenzanalyse heute: Eine Standortbestimmung*. Tyrolia

Baumann, M. & Gordalla, C. (2020). *Gruppenarbeit: Methoden – Techniken – Anwendungen*. UTB

Birnbacher, D. & Krohn, D. (2002). *Das sokratische Gespräch*. Reclam

Böhnisch, L. (2016). *Lebensbewältigung: Ein Konzept für die Soziale Arbeit*. Beltz Juventa

Bordt, M. (2010). *Philosophische Anthropologie*. Komplett-Media

Brunner, F., De Dominicis, R., Hintenberger, G., Hofer-Moser, O. & Schwarzmann, M. (2020). *Krisenintervention kompakt: Theoretische Modelle, praxisbezogene Konzepte und konkrete Interventionsstrategien*. Vandenhoeck & Ruprecht

Brüntrup, G. (2017). *Willensfreiheit*, in: IRP Impulse, 2017(Frühjahr)

Bryant, C. (2003). *Handbook of Death & Dying*. SAGE Publications

Büsser, H. (2020). «*Der erste Mensch, der 1000 Jahre alt wird, wurde bereits geboren*». Handelszeitung. https://www.handelszeitung.ch/panorama/der-erste-mensch-der-1000-jahre-alt-wird-wurde-bereits-geboren-312960, abgerufen am 15.08.2023

Camus, A. (1942/1996). *Der Fremde*. Rowohlt Taschenbuch

DBSH. (2014). *Definition der Sozialen Arbeit (deutsche Fassung)*. https://www.dbsh.de/profession/definition-der-sozialen-arbeit/deutsche-fassung.html

de Beauvoir, S. (1949/2000). *Das andere Geschlecht. Sitte und Sexus der Frau*. Rowohlt Taschenbuch.

Deutsches Ärzteblatt (2017). *Lebenserwartung: Menschen könnten in Zukunft bis zu 140 Jahre alt werden*. Deutscher Ärzteblatt Verlag. https://www.aerzteblatt.de/nachrichten/86809/Lebenserwartung-Menschen-koennten-in-Zukunft-bis-zu-140-Jahre-alt-werden, abgerufen am 15.08.2023

Engelke, E., Borrmann, S. & Spatschek, C. (2018). *Theorien der Sozialen Arbeit. Eine Einführung*, 7. Aufl. Lambertus

Farnsworth, W. (2023). *Die Sokratische Methode. Das Handbuch der praktischen Philosophie*. FBV

Flynn, T. R. (2017). *Existenzialismus. Eine kurze Einführung*. Turia + Kant

Fong, J. (2018). *The Death Café Movement: Exploring the Horizons of Mortality*. Palgrave Macmillan UK

Frankl, V. E. (1984). *Der leidende Mensch. Anthropologische Grundlagen der Psychotherapie*, 2. Aufl. Verlag Hans Huber

Frankl, V. E. (1987). *Logotherapie und Existenzanalyse. Texte aus fünf Jahrzehnten*. Piper

Frankl, V. E. (1996). *Zeiten der Entscheidung*. Verlag Herder

Frankl, V. E. (2007). *Ärztliche Seelsorge. Grundlagen der Logotherapie und Existenzanalyse*, 11., überarb. Aufl. dtv Verlagsgesellschaft

Frick, E. & Hilpert, K. (2020). *Spiritual Care von A bis Z*. De Gruyter

Fröhlich, G. (2015). *Platon und die Grundfragen der Philosophie*. UTB

Fromm, E. (2006). *Authentisch leben*, 3. Aufl. HERDER Spektrum

Fuest, B. & Meyer, L. (2023). *KI: Schon „besser als viele Ärzte" – die dunkle Seite von ChatGPT und Co.* Die WELT. https://www.welt.de/wirtschaft/plus245195512/KI-Schon-besser-als-viele-Aerzte-die-dunkle-Seite-von-ChatGPT-und-Co.html, abgerufen am 15.08.2023

Galle, R. (2009). *Der Existenzialismus.* UTB
Garcia, H. & Miralles, F. (2023). *Ikigai: Simple secrets to a long and happy life.* Cornerstone Press
Gersemann, O. & Chlebna, R. (2023). Schach: Der große Boom – Die Schachwelt am Scheideweg. Die Welt.
https://www.welt.de/sport/schach/plus244096879/Schach-Der-grosse-Boom-Die-Schachwelt-am-Scheideweg.html, abgerufen am 15.08.2023
Griffiths, M. (2017). The Challenge of Existential Social Work Practice. PALGRAVE.

Hakenesch, C (2005). *Jean-Paul Sartre. Ein Lesebuch mit Bildern.* Rowohlt Taschenbuch.
Hammerschmidt, P., Aner, K. & Weber, S. (2017). *Zeitgenössische Theorien Sozialer Arbeit.* Beltz Juventa.
Hammerschmidt, P. & Stecklina, G. (2023). *Klassische Theorien der Sozialen Arbeit.* Beltz Juventa
Harari, Y. N. (2017). *Homo Deus. Eine Geschichte von Morgen.* C. H. Beck
Harari, Y. N. (2019). 21 Lektionen für das 21. Jahrhundert
Heidegger, M. (1994). *Ein Meister aus Deutschland: Heidegger und seine Zeit.* Carl Hanser Verlag
Heidegger, M. (1927/2006). *Sein und Zeit.* De Gruyter
Heimes, S. (2017). *Lesen macht gesund: Die Heilkraft der Bibliotherapie.* Vandenhoeck & Ruprecht
Hickmann, H. & Koneberg, F. (2022). IW-Kurzbericht 67/2022. Die Berufe mit den aktuell größten Fachkräftelücken. Institut der deutschen Wirtschaft
Hochuli Freund, U. & Stotz, W. (2021). *Kooperative Prozessgestaltung in der Sozialen Arbeit: Ein methodenintegratives Lehrbuch*, 5. Aufl. W. Kohlhammer
Hülshoff, T. (2017). *Psychosoziale Intervention bei Krisen und Notfällen.* UTB

Jaspers, K. (1956). *Philosophie II*, 3. Aufl. Springer

Kierkegaard, S. (1846/1957). *Abschließende unwissenschaftliche Nachschrift zu den Philosophischen Brocken.* Jena: E. Diederichs, 1957. E. Diederichs
Kierkegaard, S. (1843/2005). *Entweder – Oder. Teil 1 und 2.* dtv Verlagsgesellschaft
Kleve, H. (2000). *Die Soziale Arbeit ohne Eigenschaften. Fragmente einer postmodernen Professions- und Wissenschaftstheorie.* Lambertus
Kleve, H. (2007a). *Ambivalenz, System und Erfolg: Provokationen postmoderner Sozialarbeit.* Carl-Auer Verlag
Kleve, H. (2007b). *Postmoderne Sozialarbeit. Ein systemtheoretisch-konstruktivistischer Beitrag zur Sozialarbeitswissenschaft*, 2. Aufl. VS Verlag für Sozialwissenschaften
Kleve, H. (2011). *Aufgestellte Unterschiede: Systemische Aufstellung und Tetralemma in der Sozialen Arbeit.* Carl-Auer Verlag
Kleve, H. (2016). *Komplexität gestalten: Soziale Arbeit und Case-Management mit unsicheren Systemen.* Carl-Auer Verlag
Kleve, H. (2020). *Freiheit, Verantwortung und Selbsthilfe. Streitschrift für eine liberale Soziale Arbeit.* Carl-Auer Verlag
Kleve, H. (2021). *Systemisches Case-Management: Falleinschätzung und Hilfeplanung in der Sozialen Arbeit*, 6. Aufl. Carl-Auer Verlag
Kleve, H. & Wirth, J. V. (2019). *Die Ermöglichungsprofession: 69 Leuchtfeuer für systemisches Arbeiten.* Carl-Auer Verlag
Klingenberger, H. & Ramsauer, E. (2017). *Biografiearbeit als Schatzsuche: Grundlagen und Methoden. Für Erwachsenenbildung und Beratung.* Don Bosco Medien
Kovce, P. & Priddat, B. (2019). *Bedingungsloses Grundeinkommen: Grundlagentexte.* Suhrkamp.
Krill, D. F. (2014). *Existential Social Work.* Advances in Soc, 2014(15), 117–128.
Krüger, T. (2017). *Sterben und Tod: Kernthemen Sozialer Arbeit.* Ergon

Lambers, H. (2020). *Theorien der Sozialen Arbeit. Ein Kompendium und Vergleich*, 5. Aufl. Verlag Barbara Budrich

Lukas, E. (1986). *Von der Trotzmacht des Geistes. Menschenbild und Methoden der Logotherapie.* Verlag Herder
Lukas, E. (1991). *Auch Dein Leben hat Sinn. Logotherapeutische Wege zur Gesundung.* Verlag Herder
Lukas, E. (1996). *Wie Leben gelingen kann: 30(31) Geschichten mit logotherapeutischer Heilkraft.* Quell Verlag

Marquard, O. (2013). *Der Einzelne. Vorlesungen zur Existenzphilosophie.* Reclam
May, M. & Schäfer, A. (2021). *Theorien für die Soziale Arbeit,* 2. Aufl. Nomos
Mead, G.H. (1934/2015). *Mind, Self and Society.* University of Chicago Press
Mennemann, H. (1997a). *Sterbebegleitung aus sozialpädagogischer Perspektive.* LIT
Mennemann, H. (1997b). *Sterben lernen heisst leben lernen: Sterbebegleitung aus sozialpädagogischer Perspektive.* LIT
Meyer, S. (2016). *Bibliotherapie: Eine aktuelle Bestandaufnahme.* Mainzer Institut für Buchwissenschaft
Miethe, I. (2017). *Biografiearbeit: Lehr- und Handbuch für Studium und Praxis.* Beltz Juventa
Mill, J.S. (1843/2022). *System der deduktiven und induktiven Logik: Eine Darlegung der Prinzipien wissenschaftlicher Forschung, insbesondere der Naturforschung.* e-artnow
Miller, W. & Rollnick, S. (2015). *Motivierende Gesprächsführung: Motivational Interviewing,* 3. Aufl. Lambertus
Mosak, H.H. & Maniacci, M.P. (1999). *Beratung und Psychotherapie: Die Kunst, im richtigen Moment das Richtige zu tun.* RDI Verlag
Mührel, E. (2017). *Ethik und Politik des Glücks: Der Garten der Existenz und seine gesellschaftlichen Bedingungen als Perspektive Sozialer Arbeit.* In G. Perko (Hrsg.), *Philosophie in der Sozialen Arbeit,* S. 85–97. Beltz Juventa.

Nathschläger, J. (2012a). *Motivation als „Wille zum Sinn" – das psychologisch-philosophische Konzept der Logotherapie Viktor Frankls,* in: *Warum wir handeln – Philosophie der Motivation* (S. 153–174). Kohlhammer
Nathschläger, J. (2012b). *Sucht und Sinn: Logotherapeutische Anwendungen in der Praxis der Suchthilfe,* in: Deutsche Gesellschaft für Logotherapie und Existenzanalyse (Hrsg.) Existenz und Logos, 13–29.
Nathschläger, J. (2014a). *Martha Nussbaum und das gute Leben: Der „Capabilities Approach" auf dem Prüfstand.* Tectum Wissenschaftsverlag
Nathschläger, J. (2014b). *Philosophie und Soziale Arbeit. Was die Soziale Arbeit von Viktor Frankl lernen kann.* Soziale Arbeit 2/2014, 62–69.
Nathschläger, J. (2015). *Platon als Pädagoge. Vom vermeintlichen Wissen zur wahren Erkenntnis.* Zeitschrift Jugendhilfe, 240–245.
Nathschläger, J. (2016). *Jugend sucht Sinn. Anregungen für eine logopädagogische Gesprächsführung in der Jugendhilfe.* Zeitschrift Jugendhilfe, Heft 1/2016, 51–58.
Nathschläger, J. (2022). *Zwischen Sinn und Dystopie: Der „Wille zum Sinn" und die Vision des „Homo Deus".* In: Frick, E. & Brüntrup, G. (Hrsg.), *Motivation, Sinn und Spirtual Care* (S. 79–93). De Gruyter
Nelson, L. (1996). *Die sokratische Methode.* Reclam
Nietzsche, F. (1883/2005). *Also sprach Zarathustra. Ein Buch für Alle und Keinen.* Anaconda Verlag
Nietzsche, F. (1882/2013). *Die fröhliche Wissenschaft.* Createspace Independent Publishing Platform
Nietzsche, F. (1908/2013). *Ecce Homo: Wie man wird, was man ist.* Createspace Independent Publishing Platform
Nietzsche, F. (1886/2006). *Jenseits von Gut und Böse. Genealogie der Moral.* Anaconda Verlag
Noyon, A. & Heidenreich, T. (2012). *Existenzielle Perspektiven in Psychotherapie und Beratung.* Julius Beltz
Nussbaum, M. (2015). *Fähigkeiten schaffen: Neue Wege zur Verbesserung menschlicher Lebensqualität.* Verlag Karl Alber

Perko, G. (2017). *Philosophie in der Sozialen Arbeit.* Juventa Verlag ein Imprint der Julius Beltz
Plessner, H. (1928/2003). *Die Stufen des Organischen und der Mensch. Einleitung in die philosophische Anthropologie.* Suhrkamp
Precht, R. D. (2021). *Künstliche Intelligenz und der Sinn des Lebens.* Goldmann

Radtke, R. (2022). *Entwicklung der Lebenserwartung in Deutschland.* Statista. https://de.statista.com/statistik/daten/studie/185394/umfrage/entwicklung-der-lebenserwartung-nach-geschlecht/, abgerufen am 15.08.2023
Retzler, T. (2022*). IKIGAI: Die japanische Philosophie. Wofür es sich zu leben lohnt.* Readers Round
Riedel, C., Deckart, R. & Noyon, A. (2015). *Existenzanalyse und Logotherapie. Ein Handbuch für Studium und Praxis,* 2. Aufl. wbg Academic in Wissenschaftliche Buchgesellschaft.
Röh, D. (2013). *Soziale Arbeit, Gerechtigkeit und das gute Leben: Eine Handlungstheorie zur daseinsmächtigen Lebensführung.* Springer
Röhrbein, A. (2021). *Und das ist noch nicht alles: Systemische Biografiearbeit.* Carl-Auer Verlag
Roser, T. (2017). *Spiritual Care: Der Beitrag von Seelsorge zum Gesundheitswesen,* 2. erweiterte und aktualisierte Aufl. Kohlhammer

Sartre, J.-P. (1943/1993). *Das Sein und das Nichts. Versuch einer phänomenologischen Ontologie.* Rowohlt Taschenbuch
Sartre, J.-P. (1938/1975). *Der Ekel.* Rowohlt Taschenbuch
Sartre, J.-P. (1946/2000). *Der Existenzialismus ist ein Humanismus.* Rowohlt Taschenbuch
Schlittmaier, A. (2018). *Philosophie in der Sozialen Arbeit: Ein Lehrbuch.* W. Kohlhammer.
Schlüter, W. (1995). Sozialphilosophie für helfende Berufe. UTB.
Schmiljun, A. (2017). *Emanzipation, Individualität und Macht in der „Flüchtigen Moderne": Warum wir eine Philosophie der Sozialen Arbeit brauchen,* in G. Perko (Hrsg.), *Philosophie in der Sozialen Arbeit* (S. 15–28). Juventa Verlag
Schnell, T. (2020). *Psychologie des Lebensinns.* Springer
Schopenhauer, A. (1818/2009). *Die Welt als Wille und Vorstellung.* Anaconda Verlag
Schulze, C. (2019). *Morgensterne: Bibliotherapie für Kinder.* Eigenverlag
Schumacher, T. (2011). *Philosophie.* In ders. (Hrsg.) *Die Soziale Arbeit und ihre Bezugswissenschaften* (S. 145–164). Lucius & Lucius
Seibert, T. (2016). *Existenzphilosophie.* J. B. Metzler
Simon, T. & Wendt, P. U. (2022). *Lehrbuch Soziale Gruppenarbeit: Eine Einführung,* 2. Aufl. Beltz Juventa
Singer, W. (2020). *Ein neues Menschenbild?: Gespräche über Hirnforschung,* 8. Aufl. Suhrkamp
Sommerfeld, P., Hollenstein, L. & Calzaferri, R. (2011). *Integration und Lebensführung. Ein forschungsgestützter Beitrag zur Theoriebildung der Sozialen Arbeit.* Springer
Staub-Bernasconi, S. (2007). *Soziale Arbeit als Handlungswissenschaft.* UTB

Tagesschau. (2023). Künstliche Intelligenz: Experten fordern Pause bei KI-Entwicklung. tagesschau.de. https://www.tagesschau.de/wissen/musk-tech-pause-ki-entwicklung-101.html, abgerufen am 15.08.2023
Teama, E. (o. J.). *Software chess.* https://softwarechess.com/how-did-alphazero-destroy-stockfish-in-100-games-match/, abgerufen am 07.06.2023
Thiersch, H. (2020). *Lebensweltorientierte Soziale Arbeit – revisited.* Beltz Juventa
Thompson, N. (1992/2017). *Existentialism and Social Work.* Routledge
Thurnherr, U. & Hügli, A. (2007). *Lexikon Existenzialismus und Existenzphilosophie.* wbg Academic in Wissenschaftliche Buchgesellschaft (WBG)

Uhle, C. (2022). *Wozu das Alles? Eine philosophische Reise zum Sinn des Lebens.* S. FISCHER

Vogel, R. T. (2020). *Existenzielle Themen in der Psychotherapie.* W. Kohlhammer

Wagner, B. (2019). *Psychotherapie mit Trauernden: Grundlagen und therapeutische Praxis.* Beltz
Wilson, E. O. (2015). *Der Sinn des menschlichen Lebens.* C. H. Beck
Wirth, J. V. (2014). *Die Lebensführung der Gesellschaft. Grundriß einer allgemeinen Theorie.* Springer

Yalom, I. D. (2007). *Die Schopenhauer Kur.* Roman. btb
Yalom, I. D. (2008). *Und Nietzsche weinte.* Roman. btb
Yalom, I. D. (2010). *Existenzielle Psychotherapie*, 5. korr. Aufl. EHP Edition Humanistische Psychologie

Zehnpfennig, B. (2017). *Platon zur Einführung.* Junius Verlag
Zsok, O. (2005). *Der Arztphilosoph Viktor E. Frankl: Ein geistiges Profil.* EOS-Verlag

Der Autor

Johannes Nathschläger hat Soziale Arbeit und Philosophie in Berlin und München studiert und war mehr als 12 Jahre in verschiedenen Handlungsfeldern als Sozialpädagoge tätig. Seit 2016 lehrt er als Professor Theorien, Methoden und Konzepte Sozialer Arbeit an der Katholischen Hochschule NRW in Münster.